U0368339

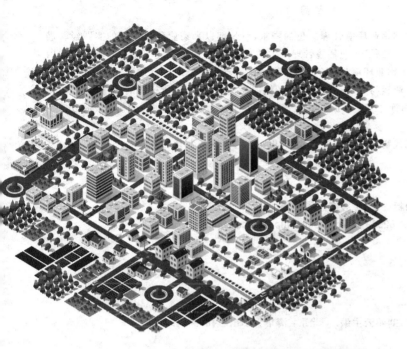

物业
环境管理

黄如跃　虞琼芳　刘丽云 ■ 主　编
高玉春　李志乔　刘登伟 ■ 副主编

清华大学出版社
北　京

内 容 简 介

　　本书立足于物业行业管理实践和物业环境管理岗位的需求,对长期以来物业环境管理的实践经验进行理论的总结与概括,从历史的角度回顾了物业环境管理产生的背景,从理论上阐述了物业环境管理的内容、目标与手段。书中详细地介绍了物业环境污染的种类、环境污染产生的原因以及预防和治理的措施;卫生保洁管理的要求、垃圾的收集、清运与处理;物业管理区域内绿化的设计、绿化植物的栽种、养护与管理等;从治安管理、消防管理和车辆管理三个方面对安全管理进行了较为深入的阐述与分析;最后分析了和谐社区建设及其管理。

　　本书既可作为高等职业院校现代物业管理专业的教材,也可作为物业从业者的参考书。

图书在版编目(CIP)数据

物业环境管理/黄如跃,虞琼芳,刘丽云主编.—北京:清华大学出版社,2024.2
ISBN 978-7-302-65168-0

Ⅰ.①物…　Ⅱ.①黄…②虞…③刘…　Ⅲ.①物业管理-环境管理　Ⅳ.①F293.33②X322

中国国家版本馆 CIP 数据核字(2024)第 031925 号

责任编辑:强　溦
封面设计:曹　来
责任校对:袁　芳
责任印制:杨　艳

出版发行:清华大学出版社
　　　网　　　址:https://www.tup.com.cn,https://www.wqxuetang.com
　　　地　　　址:北京清华大学学研大厦 A 座　　邮　　编:100084
　　　社 总 机:010-83470000　　　　　　　　邮　　购:010-62786544
　　　投稿与读者服务:010-62776969,c-service@tup.tsinghua.edu.cn
　　　质量反馈:010-62772015,zhiliang@tup.tsinghua.edu.cn
印 装 者:三河市科茂嘉荣印务有限公司
经　　销:全国新华书店
开　　本:185mm×260mm　　印　张:12.25　　插　页:5　　字　　数:308 千字
版　　次:2024 年 4 月第 1 版　　　　　　　　印　　次:2024 年 4 月第 1 次印刷
定　　价:49.00 元

产品编号:104905-01

前 言
FOREWORD

20世纪90年代商品房在我国开始兴起。商品房的出现催生了一个新的行业——物业管理行业。物业管理行业需要物业管理专业人才,需要懂物业环境管理的技术型人才。物业环境管理课程的开设适应了物业管理行业发展对人才培养的需求。

我国许多高等院校开设了物业管理专业,其中高等职业院校占有较高的比例。随着经济发展水平的提高,人们对居住和工作环境质量的要求也在不断地提升,物业环境管理作为一门单独的课程,越来越得到专业的教学工作者与物业管理的实践者重视。这要求物业环境管理的教材随着行业的发展不断地更新、完善,以适应行业发展对人才培养的需求。

本书的编者中有从事物业环境管理教学十余年的教师,也有从事物业环境管理实践的工作人员和管理者,真正实现了校企深度融合、校企共同开发教材的目标。希望本书的出版能给从事物业环境管理教学工作的教师和物业环境管理课程的学习者带来全新的感受,也希望本书的出版能促进物业环境管理的教学与研究,为物业行业的爱好者提供有益的读本,更希望本书的出版能为党的二十大报告中指出的"增进民生福祉,提高人民生活品质"尽绵薄之力。

本书由黄如跃、虞琼芳、刘丽云担任主编,由高玉春、李志乔、刘登伟担任副主编,具体编写分工如下:项目一至项目三由安徽水利水电职业技术学院黄如跃编写;项目四由安徽审计职业学院刘丽云编写;项目五至项目七由安徽审计职业学院虞琼芳编写;黄如跃负责统稿,合肥湖滨物业公司刘登伟协助统稿,安徽水利水电职业技术学院李志乔参与了本书内容的修改,滁州职业技术学院高玉春为本书提供了典型案例。本书的图片主要由绿城物业安徽分公司人力资源部门负责人王静娟提供。在编写过程中,本书得到了安徽省物业管理专业带头人、安徽水利水电职业技术学院管理工程学院党总支书记陈时禄的大力支持。

由于编者水平有限,书中难免存在疏漏或不足之处,恳请广大读者批评、指正。

编 者

2024 年 1 月

项目一

物业环境管理的历史发展

学习目标

（1）了解物业环境管理的历史。

（2）熟悉现代物业环境管理的产生与发展。

（3）掌握物业环境管理未来发展的趋势。

素质目标

（1）培养用历史的眼光看待事物的思维方式，通过了解历史，更好地把握未来。

（2）树立唯物主义观点，明白经济的发展是社会发展的基石。

（3）培养环境意识，注重创造一个美好的生活、工作环境。

能力目标

（1）学会从历史的角度认识物业环境管理。

（2）培养把握物业环境管理未来发展趋势的能力。

（3）理解物业环境管理的发展趋势，增强自我学习的能力。

任务一　了解物业环境管理的雏形

学习准备

（1）查找原始社会与村落时代人们生活的文字资料与图片。

（2）调查城市产生时期的物业环境管理状况。

（3）查找过去城市产生时期物业环境管理的图片。

（4）与室友或同学探讨城市产生的物业环境管理的状况。

请把(2)和(4)两个问题答案的主要内容写在下方方框中。

 相关知识

一、村落时代的物业

在远古时期,人口稀少、居住分散、生活简单。人们的生活垃圾数量少,能够依赖自然的分解作用得以解决。人们生活在一个大自然赋予的绿色植物世界里,各种植物生长茂盛,人们对绿化美化的追求处于最原始的阶段。

在当时的条件下,人们面临的外界威胁主要有自然界中野生动物的袭击、盗贼偷盗与抢劫,以及村落之间的冲突。人们进行人身防卫的方式较为简单,即依靠村民自己的力量,当单个力量无法抵御时则依靠互助产生的力量,实施相互帮助、自我保护。同时,人们开始制造简单的生活设施设备,如用来去稻谷壳的舂、去小麦皮的石磨等。这些简单的生活设施设备一般属于家庭所有,其保管、维修和养护依赖家庭完成。

由此可见,村落时代基本上不需要专门的物业服务,与落后的科技条件、稀少的人口环境、自给自足的生活方式相适应,没有现代社会的物业需求,或者说物业尚处于萌芽阶段,物业的需求是靠家庭自身或互助的力量解决的。

二、城市产生期的物业

随着社会生产力的不断提高、社会分工的不断发展,工商业的诞生促使城市兴起。城市人口相对集中,工业和商业活动聚集。城市的卫生不能再依靠大自然的自我净化,需要由专门的人员负责城市的卫生。在个体层面上,每一个工业、商业集散地都需要由专门的清洁卫生人员负责日常的保洁卫生。

我国传统的四世同堂大家庭,因人口众多,酷似现代社会的单位,多人、多房聚在一起,其清洁卫生是家庭正常生活必不可少的条件。解决家庭卫生问题主要有两种方式:一种是家人打扫;另一种是仆人打扫。当然,打扫卫生只是仆人在大家庭里工作的一部分,不是其专职工作。

法制的不健全、法治意识的淡薄、贫富的差距,社会财富集中于地主、富商和官宦等大家族,以及司法体系的腐败等因素的影响,抢、盗等现象频发。出于对家庭财产和家庭成员人身安全的考虑,大家庭开始配备家丁,专门负责安全保卫工作。

工商业聚集地的管理者在收取税收或管理费的同时,要保证进入该地的每位工商业者的人身和货物的安全,为达到此目的,仅靠官府的保护显然是不够的,还需要工商业聚集地的管理者为辖区内的工商业者提供必要的安保,作为官府保卫的必要补充。其提供安保的方式有:招收安保人员,建立辖区内的安保组织,负责安保工作;从社会上的专门安保机构,如镖局,购买安保服务,保障辖区内工商业者的人身和财产安全。

城市产生之后的很长时期,因战争、疾病、落后的医疗技术以及自然灾害等因素,社会人口数量相对较少,对自然绿色植物的破坏小,对植物的索取和植物的自然贡献趋向平衡。另外,科学技术的落后,人们还无法意识到植物对人类的重要性。因此,植物绿化、美化的要求没有出现。

城市产生期人口居住、货物分布的聚集程度不高,人们的火灾意识淡薄,火灾发生时的救助方法也十分简单:邻里互助、地面取水、地面扑火。国家没有专门的消防机构,单位和家庭也没有专门的消防设施设备与专职的消防人员。

三、城市发展期的物业

城市的产生与发展给人们提供了便利的生活条件,吸引着大量的人口加入其中。城市发展、规模扩大,一些与物业有关的问题随之出现。如果说在城市产生期,这些问题还不是很突出、很明显,那么在城市发展期,这些问题则必须思考、必须解决,如环境卫生、绿化美化、安全保卫等问题。

城市产生期与城市发展期都是科学技术较为落后、人口总量相对较少的时期。面对城市带来的、与物业环境管理相关的问题,在这两个阶段所表现的显性程度不同。但由于受科技条件、思想状况和行为方式等方面的限制,两者解决问题的方式大致相同,只不过在城市发展期时解决问题的方式更为成熟、更为完善。

🔍 任务实施

撰写一份远古时期人们的生活状况和城市产生时期物业环境管理状况发言稿,在下一节课的课堂上交流发言。可以从满足人类生活需求的角度,结合当时的生产、生活条件、科技发展水平等方面撰写,具体写在下页方框中。

任务评价

对教师、同学在课堂交流中的发言进行评价,将评价简要写在下表中并赋予分值。

序号	评价项目	教　师	同　学
1	发言内容的思政性(满分 20 分)		
2	发言内容的合理性(满分 20 分)		
3	发言内容的科学性(满分 20 分)		
4	发言内容的创新性(满分 20 分)		
5	发言内容的完整性(满分 10 分)		
6	发言方式的条理性(满分 10 分)		
合计	满分 100 分		

任务二　了解现代物业环境管理的产生与发展

 学习准备

(1) 查找关于历史上曾出现的大瘟疫的资料,了解大瘟疫产生的背景。

(2) 了解改革开放以来我国的住房制度改革。

(3) 了解我国物业行业、物业环境管理产生的时间和地点。

(4) 观察、思考现阶段我国物业环境管理的现状。

(5) 思考我国物业环境管理发展的原因。

　　请把上述(2)、(3)、(5)三个问题准备的内容简要列举在下方方框中。

 相关知识

一、世界现代物业环境管理的出现

　　大城市的出现是人类社会发展的必经阶段,城市的出现方便了人们的生活,形成了积聚效应,促进了经济文化的交流。但是人口的大量积聚自然带来一系列问题,如环境卫生、治安维护和文化思想建设等。人类历史上发生的几次大瘟疫,如中世纪的黑色瘟疫,1665—1666年的伦敦大瘟疫等,都使人口数量锐减。沉痛的历史提醒后来的城市居民,城市环境卫生必须给予重视。21世纪的现代城市规模已经远远超过17世纪的城市规模,城市人口的密集程度也是过去城市无法相比的,因此必须高度重视现代城市居住区的环境卫生。

　　随着教育的发展和人口素质的提高,人们对环境的要求也在不断提高。人们既需要城市生活的便捷;也需要美好的环境,如干净整洁的卫生条件、优美宜人的花草树木;更需要一个安全稳定、秩序井然的社会环境。社会的发展与科技的进步,为满足城市居民的环境要求提供了条件。

　　现代社会科学技术水平大幅度提高,物质生产能力增强,使得社会上能够有一部分人专门从事物业环境管理工作,不断发展的绿化美化等知识技术也为物业环境管理的专业化服务提供了技术支持。以美国为代表的发达国家在解决城市化问题的过程中出现了现代物业管理。

二、我国现代物业环境管理的产生

　　我国现代物业环境管理的产生与我国的住房体制改革相生相伴。改革开放之前,我国城市住房体制是以国家统包、无偿分配、低租金、无限期使用为特点的实物福利性住房制度。

在这种住房制度下,包括物业环境管理在内的物业管理全部由国家承担,物业环境服务十分简单,即最基本的卫生保洁。因为国家的负担沉重、财力有限,人们也无较高的物业环境服务需求。另外,与现在相比,我国的城市人口较少,城市人口的居住也不集中。随着我国城市化水平的快速提高,商品房普及,城市居民住宅高度集中,迫切需要现代化的、包括物业环境管理在内的物业管理服务。物业环境管理作为物业管理的重要组成部分应运而生。

三、现代物业环境管理的发展

现代物业环境管理的发展主要归于以下几个方面的原因。

(1) 城市规模的不断发展、扩大。城市规模的扩大是现代城市物业环境管理发展原始的动力。高度聚集的生活、工作人群必须解决物业环境问题,防止疾病、疫情的产生和蔓延,维持人们最基本的生存状态。在解决城市物业环境问题的过程中,现代物业环境管理得以同步发展。

(2) 环境意识普遍被人们所接受。环境污染造成的严重问题使人们开始注意环境问题,环境意识与物业管理的有机结合就形成了物业环境管理。在物业环境管理的过程中,人们注重生活、工作周围的环境,对自己生活、工作周围的环境不再持无所谓的态度。

(3) 城市居民对美好环境的追求。社会经济发展、人口素质提高、环境意识深入,人们开始追求美好的生活环境和工作环境。人们在追求城市生活带来方便的同时,也追求田园生活的优美环境;在追求现代设施设备带来便捷的同时,也追求设施设备运行的安全保障;在追求私家车带来便捷的同时,也追求车辆在物业区域内的安全停放和顺畅出入。

(4) 物业环境管理研究的不断深入。随着物业管理专业的设立,物业环境管理被人们高度重视,物业环境管理成为物业管理中的重要组成部分,成为物业管理专业的核心课程。物业环境管理方面的研究不断深入,提高了物业环境管理的水平,促进了物业环境管理的发展。

(5) 国家物业管理政策、法律法规及相关条例、规定的出台与完善。省级以上政府机关根据物业环境管理的实践要求,分别制定、出台和完善相关的法律、条例,约束物业环境管理各方当事人的权利与义务,维护着物业环境管理的秩序,促进物业环境管理的发展。我国现在还没有一部专门的物业环境管理法,但《中华人民共和国物业管理条例》中的相关规定,对物业环境管理的发展发挥着重要作用。

在多种因素的作用下,现代物业环境管理得到较好发展,主要表现在以下方面。

(1) 有专门的物业服务企业、专门的部门负责物业管理中的物业环境管理,且专门的物业环境管理部门在整个物业管理中发挥着重要的作用。在市场经济的大环境下,物业服务的需求方通过市场寻找物业服务企业、购买物业服务。购买方与提供方通过合同的形式确定双方当事人的权利与义务。在物业服务合同里,关于物业环境的条款往往是合同的基础部分。

(2) 物业环境是广大业主能直接感知的物业管理内容,是物业使用人评判物业企业服务好坏的重要标准,因此从事物业环境服务的人员在整个物业服务人员中的比重较大。另外,用于物业环境管理的设施设备不断被研发与更新,改变物业环境的新理念、新设计层出不穷。

（3）物业环境的状况发生根本改观。这在新旧小区的对比中体现得更加明显。新建小区在规划设计过程中就明确新建小区的绿化比例、绿地面积，一改过去无绿化规划要求的局面。在保证绿化面积达标的条件下，新建小区还引进了园林设计的理念和方式，以确保绿化的效果。新建小区的环境卫生保洁、垃圾的收集等方面都发生较大的改观。

 任务实施

撰写一篇我国物业环境管理发展现状与发展原因的讲稿，要求有自己个人的见解。请将讲稿的提纲写在下方方框中。

 任务评价

对教师、同学在课堂交流中的发言进行评价，将评价简要写在下表中并赋予分值。

序号	评价项目	教　师	同　学
1	发言内容的思政性(满分 20 分)		
2	发言内容的合理性(满分 20 分)		
3	发言内容的科学性(满分 20 分)		
4	发言内容的创新性(满分 20 分)		
5	发言内容的完整性(满分 10 分)		
6	发言方式的条理性(满分 10 分)		
合计	满分 100 分		

任务三 了解物业环境管理未来的发展趋势

 学习准备

（1）了解未来物业环境管理的发展趋势。

（2）思考满足未来物业环境管理发展的现实条件。

（3）思考未来物业环境管理发展的方向和具体内容。

（4）回顾我国物业环境管理发展的方式。

（5）思考我国物业环境管理未来的发展方式。

请选择上述问题中的（1）、（2）、（3）三个问题的答案简要列举在下方方框中。

 相关知识

一、物业环境管理发展的动力

回顾物业环境管理的发展历史，联系当代物业环境管理的现实，物业环境管理的发展动力应该有以下方面。

（1）社会生产力发展。社会生产力发展，物质财富更加丰富，从事物质资料生产的人口数量大大减少，从而有更多的人从事包括物业环境管理在内的服务行业。物业环境管理的发展离不开社会生产力的发展。

（2）生活更加富裕。生产力的发展能够带来经济的发展、富裕的生活，但两者不能画等号。经济发展的成果只有在惠及民生的时候，人们的生活才会更加富裕，人们才会追求更好的生活、工作环境，才会有更高的物业环境需求，才会有推动物业环境管理发展的可能性。

（3）科学技术不断发展。物业环境管理的发展需要科学技术的不断发展，并提供强有力的支持和保障。物业环境管理是第三产业，是服务业，但不同于宾馆、酒店等服务业，其服务的范围更大、人口更多，收费较低。在人力成本不断攀升的社会里，物业环境管理的发展必须依赖不断发展的科学技术。

（4）物业环境管理政策、法律法规的完善。物业环境管理的政策、法律法规是随着物业管理的实践发展并完善的，落后的物业环境管理政策、法律法规、条例等会阻碍物业环境管理的发展。

（5）物业环境管理研究的深入。物业环境管理的发展既需要实践的发展，也需要物业环境管理研究的深入。深入研究是对实践的总结、思考和分析，具有较强的针对性，有助于管理问题的解决，也有利于环境管理中的技术性问题的解决，促进物业环境管理的发展。另外，物业环境管理研究的深入，也有助于引进其他学科或其他领域的先进理论，指导物业环境管理不断迈上新台阶。

二、物业环境管理发展的方向

明确物业环境管理的方向，能够增强物业环境管理的自觉性，促进物业环境管理的健康发展，及时关注与满足物业使用人的物业环境需求。要把握物业环境管理的方向，必须认识社会发展的方向、人类发展与需求的规律，分析物业环境发展的历程。

人类社会发展的历史告诉我们，社会由低级向高级发展，社会生产力按照同方向运行，生产物质资料的能力越来越强，社会财富越来越丰富，人们的生活水平越来越高，生活条件越来越好，对生活和工作环境的要求也越来越高，对物业环境需求的内容更加丰富，对物业环境质量的要求标准也会逐步提高。物业环境服务企业应该及时发现并满足物业使用人的环境服务需求；或者提前研究物业使用人的物业环境需求，引导其物业环境需求并加以及时满足。物业环境服务企业应及时研究国内外物业环境管理或服务的新动态、新标准，不断更新环境服务标准，提高物业环境服务的标准和水平。

物业环境服务的对象是物业使用人，提供的所有环境服务必须以服务对象为中心，即物业环境服务的对象需要的物业环境服务，这些服务需求在客观条件许可的前提下都应该得到满足。例如，现在的物业环境服务提供的是公共场所的绿化美化，设想未来当物业使用人需要提供室内私人空间的绿化美化时，物业环境服务的供应商同样可以提供相应的服务。

在社会分工不断加剧、经济条件不断改善、人们需求不断增长的前提下，物业环境服务的内容应该是逐渐丰富与完善的。社会分工加剧在物业环境管理领域的具体表现是物业环境管理、环境服务的进一步分化与细化。物业使用人在经济上日益富裕的条件下，会产生更多、更细化的物业环境服务需求。一方面是细化的物业环境服务需求者，另一方面是基于分工不断细化的物业环境服务的供给者，从而形成物业环境服务内容日趋丰富的发展方向。

科学技术自诞生之日起就改变着世界、改变着人类的生活。现代科学技术也必将运用于物业环境管理领域。科学技术应用于物业环境管理，改变着物业环境服务的提供方式，一方面降低了物业环境服务的成本,另一方面提高了物业环境管理的服务质量。因此,科学技术日益渗透物业环境管理,物业环境管理的科技含量日益提高,也将是物业环境管理的发展方向之一。

三、物业环境管理发展的方式

总体而言,物业环境管理发展的方式主要有外来型、内生型、混合型三种。

(1)外来型是指物业环境管理的发展主要是借鉴外国物业环境管理的经验模式。这种发展方式一般发生在物业环境管理的初期。在物业环境管理的初期通常没有相关的经验,最好的方式是借鉴外来的成功经验,照搬外面的物业环境管理模式。例如,我国20世纪包括物业环境管理在内的整个物业管理基本上是借鉴外来的经验模式。

外来型物业环境管理发展模式能够在较短时间内开展物业环境管理、提供物业环境服务,其效果具有不确定性。在外来模式适应本地物业环境管理实践时,物业环境管理的效果较为明显;在不适应时,就会出现不理想的效果。

(2)内生型是指物业环境管理的发展主要依靠自我的经验积累,基于自我物业环境管理实践的理论分析、研究和总结。内生型物业环境管理发展模式要求具有一定的物业环境管理实践经验和一定数量、一定深度的理论研究成果,不仅要有专业的物业环境管理一线工作人员,还要有专业的教学研究人员,且两者应紧密联系、相互沟通与交流。

内生型物业环境管理发展模式能很好地适应本区域的物业环境管理实际,具有较强的适应性。物业环境管理效果的好坏很大程度上取决于自身理论研究的成果。但这种发展模式往往需要较长的时间,期间要经过对物业环境管理实践的调查、分析、研究,上升到理论高度,用研究的理论成果去指导实践,在物业环境管理的实践中检验并完善前期的理论,再用完善的理论去指导物业环境管理实践。内生型物业环境管理模式是一个循环往复的发展过程。

(3)混合型物业环境管理发展模式,概括而言,是外来型与内生型的结合。在结合的过程中,其侧重点有所不同。一种是重点参照外来型物业环境管理发展模式,以外来的发展模式为基准,针对物业环境管理发展中的问题,结合问题产生的具体情况,加以分析、研究和解决。另一种是立足内生的物业环境管理发展实际,对外来的物业环境管理发展经验与模式加以关注、分析和研究,借鉴和吸收有益的部分来完善自己的物业环境管理发展。

在具体实践中,物业环境管理的发展模式多数是混合型,侧重点有所不同。不同的侧重点取决于物业环境管理发展所处的阶段,以及对物业环境管理的发展程度和研究水平。物业环境管理的发展程度越高,内生型所占的比重越大;物业环境管理的研究水平越高,内生型所占比重越大,反之亦然。

 任务实施

构想未来物业环境管理发展的前景,越详细越好,在下页方框中列出发言提纲,并指出构思的依据。

 任务评价

对教师、同学在课堂交流中的发言进行评价,将评价简要写在下表中并赋予分值。

序号	评价项目	教　师	同　学
1	发言内容的思政性(满分 20 分)		
2	发言内容的合理性(满分 20 分)		
3	发言内容的科学性(满分 20 分)		
4	发言内容的创新性(满分 20 分)		
5	发言内容的完整性(满分 10 分)		
6	发言方式的条理性(满分 10 分)		
合计	满分 100 分		

 案 中 学

宁波某园区业主胡女士反映,由于之前有一个快递件是由物业服务中心接收的,但包裹里面有破损,因此不再让物业服务中心代收快递件。某天,有一个快递件寄到,胡女士在网上看到快递件被物业服务中心代收了,便到物业服务中心查询。物业服务中心的工作人员表示没有代收其快递件,胡女士就给快递人员打电话,快递人员表示已将快递件放在物业服务中心了,还将电话给了工作人员接听。胡女士要求尽快解决问题,否则就走法律途径。

1. 案例分析

随着网购的流行,小区居民网购的物品越来越多,可当快递件送到小区时,业主不在家怎么办? 不少快递公司的做法是将物品送至小区的物业服务中心,以便业主回来的时候自取。但如果快递件被别人领走了呢？业主取错包裹，或是不能及时取走，就会导致包裹无故丢失，或是出现损坏等问题。这些问题的出现，引起业主不满，自然而然认为是物业服务中心的工作人员没有做好登记和检查工作。

2. 建议措施

若业主有迫切需要物业服务中心代收快递件的愿望，物业服务中心也不能蛮横拒绝，否则不利于很好地为业主服务，更不利于和业主培养良好和谐的关系。物业服务中心应与业主签订快递件代件收协议，明确双方的责任和义务。

物业服务中心应规范快递件代收流程，代收的快递件可以按照幢数、房号或是按照快递类别进行分类登记摆放，方便业主领取。在业主因找不到快递件不满时，一方面应先对其进行安抚，缓和业主的情绪，可以请当事员工先回避，由物业服务中心负责人或是主管出面进行沟通；另一方面应积极帮业主查找快递件，或与快递员联系。

如果未签署过代收协议业主的快递需要物业服务中心临时帮忙代收，必须请快递员与业主打电话联系，物业服务中心确认业主需要代收后再帮忙接收。物业服务中心可与快递公司合作，经过业委会同意后在园区找空旷位置设置快递柜，一方面可以保证业主快递的安全性；另一方面可以减轻物业服务中心收发快递的压力。

 **章后复习自测**

一、选择题

1. 物业环境管理首次出现在（　　　）。
 A. 村落时代 　　　　　　　　　B. 城市产生期
 C. 城市发展期 　　　　　　　　D. 现代社会

2. 世界范围内物业环境管理产生的主要原因是（　　　）。
 A. 人口的快速增长 　　　　　　B. 环境的日益恶化
 C. 城市的出现 　　　　　　　　D. 社会的不断分工

3. 我国现代物业环境管理产生的重要条件是（　　　）。
 A. 20 世纪的住房体制改革 　　　B. 20 世纪的城市化运动
 C. 农村人口大量进入城市 　　　D. 联产承包责任制的改革

4. 物业环境管理未来发展的根本动力在于（　　　）。
 A. 经济的发展 　　　　　　　　B. 生产力的发展
 C. 人口的发展 　　　　　　　　D. 科学技术的发展

5. 不是物业环境管理未来发展方向的是（　　　）。
 A. 环境管理的内容日益丰富 　　B. 更加专业化
 C. 更加智能化 　　　　　　　　D. 更加行政化、政府化

6. 适合我国物业环境发展的方式应该是（　　　）。
 A. 外来型 　　　　　　　　　　B. 以外来型为主的混合型
 C. 内生型 　　　　　　　　　　D. 以内生型为主的混合型

二、判断题

1. 在我国漫长的封建社会时期，不存在物业环境管理。　　　　　　　　　　（　　　）

2. 城市高楼林立、人口高度集中,需要物业环境管理;农村地域广阔、人口稀少、居住分散,不需要物业环境管理。　　　　　　　　　　　　　　　　　(　　)

3. 物业环境管理产生的初期,就是做卫生保洁。　　　　　　　　(　　)

4. 世界范围内物业环境管理被足够重视的主要原因是早年大瘟疫给社会带来的巨大危害。　　　　　　　　　　　　　　　　　　　　　　　　(　　)

5. 在我国自 1949 年以来物业环境管理都是由社会机构具体负责实施,政府部门只负责监督指导。　　　　　　　　　　　　　　　　　　　　　(　　)

6. 与西方发达国家相比,我国城市的物业环境管理独具特色。　　(　　)

7. 城市规模的扩大是现代城市物业环境管理发展最原始的动力。　(　　)

8. 物业环境是广大业主能直接感知的物业管理内容,是人们评判物业企业服务好坏的一个重要标准。　　　　　　　　　　　　　　　　　　　　　(　　)

9. 未来的物业环境管理应该注重科学技术的应用,不断提高智能化水平。(　　)

三、简答题

1. 现代物业环境管理发展的主要原因有哪些?

2. 未来物业环境管理发展的动力和条件有哪些?

3. 物业环境发展的方式有几种?请回答每种方式的适用条件及利弊。

四、论述题

1. 查阅资料,论述我国 1949 年前、1949 年到改革开放前夕、改革开放住房体制改革之后,三个阶段的物业环境管理状况。

2. 合理设想、详细描述我国未来物业环境管理的发展状况,并指出你设想的依据。

五、案例分析题

党建引领协商议事解决小区共同管理纠纷

(1) 基本情况

经开区某小区围墙有 50m 倾斜、地基开裂,此处不仅靠近小区主干道,还紧邻一排室外机动车停车位,存在一定的安全隐患。要彻底消除这个隐患,需要对此段围墙进行翻建。但由于该段围墙牵涉周边 3 个小区 1600 多户居民,意见难以统一,解决难度大,且很容易引发纠纷。

(2) 处理结果

了解到此情况后,属地社区党委立即启动社区"三位一体"议事协调机制,由社区党委书记主持召集 3 个小区的党支部、业主委员会和物业公司先后召开 6 次专题协商会议,对翻建方案、经费支出、施工单位选择和施工监督等具体事项反复协商,充分征求居民意见,最终达成共识。随后在短短 1 个月时间即完成了围墙翻建工作,彻底消除了安全隐患,居民对此感到满意。

(3) 问题思考

此次纠纷涉及重大安全问题,请思考并指出物业环境管理的重要性、物业环境管理的发展趋势,以及如何发挥物业环境管理的党建引领作用。

项目二

物业环境管理的基本理论

学习目标

（1）掌握物业环境管理的基本概念。

（2）理解物业环境管理的特征。

（3）掌握物业环境管理的内容和目标。

（4）深刻领会物业环境管理的原则。

（5）熟悉物业环境管理的方式。

（6）熟悉物业环境管理的法律依据。

（7）了解《中华人民共和国物业管理条例》《中华人民共和国民法典》对物业环境管理的法律规定。

素质目标

（1）引导学生通过事物的表象把握事物的实质，并发掘其中的规律性。

（2）培养学生的法制意识和法治精神，养成依法办事的习惯。

（3）培养学生分析问题的能力。

（4）培养学生做事树立明确目标的思想意识和习惯。

（5）培养学生做事讲究方法、注重效率的意识。

能力目标

（1）能够简要描述物业环境管理主要的基本概念。

（2）能够依据物业环境管理的特点有效开展物业环境管理实践活动。

（3）能够根据物业环境管理的内容快速进入物业环境管理的工作角色。

（4）清楚广大业主对物业环境管理的诉求与物业环境管理目标之间的关系。

（5）在物业环境管理实践中坚持正确的物业环境管理原则，做好物业环境管理工作。

（6）根据实际物业项目选用适当的物业环境管理方式。

（7）掌握《中华人民共和国物业管理条例》与《中华人民共和国民法典》中常用法律条文并解决物业环境管理中的实际问题。

任务一　掌握物业环境管理的基本概念

 学习准备

（1）查找"环境""物业环境""物业管理""物业环境管理"等概念的含义。

（2）思考你所知道的物业业态种类。

把上述两项内容的要点填写在下方方框中。

 相关知识

一、物业环境

物业环境是物业管理区域内自然环境、社会环境、半自然环境的总称。

自然环境是人们生活、工作周围的，没有加工、改造和利用过的各种自然因素的总和，如阳光、大气、水、自然植物、野生动物、土壤、岩石矿物等。这是人类赖以生存的物质基础。

社会环境是指人与人之间构成的，对生活、工作和心理产生影响的各种关系因素的总和，如朋友关系、亲情关系、同事关系、邻里关系等。

半自然环境是指人类通过长期有意识的、有目的社会活动，在自然环境的基础上，经过加工、改造和利用而形成的环境体系。半自然环境是带有人类意愿再现的自然环境,体现了人对自然的需要。例如,物业管理区域内的花草树木,这些花草树木基本上是经过人工设计、种植、养护形成的,不同于山林田野中自然形成的花草树木。

在物业环境中半自然环境占有较高的比例,自然环境所占的比重较小。人们不仅追求城市生活的便捷,也追求优美的自然环境,物业管理区域内精心打造的假山、流水、园林美景等都是人们环境意愿的体现,是典型的半自然环境。

二、物业环境的类型

(1) 居住环境,是指提供给住宅区物业使用人居住的物业环境,包括建筑物内部物业环境和建筑物外部物业环境两个方面。建筑物内部物业环境是指建筑物内部公共部分的物业环境,如楼梯、走廊、过道、电梯、楼顶、地下车库等。建筑物外部物业环境是指建筑物的外部表面和在物业管理区域内独立于建筑物以外的公共场所或场地的物业环境,如物业管理区域内的草坪、花木和公共道路等。

物业使用人室内的温度、湿度、采光、绿化等环境,通常情况下不应该属于物业环境,因为物业环境管理针对的是物业环境区域内的公共部分,不是私人部分。物业环境的实践也印证了这一点,如住宅小区电、水、气的公共管线发生故障由物业负责,物业使用人家庭的电、水、气等发生故障需要维修时,物业往往收取一定的服务费。

(2) 工业生产环境,是指工业生产所在地的物业环境,主要是厂区的物业环境,包括绿化、卫生、景观、交通设施、大气、垃圾、噪声等。

(3) 商业环境,是指商业活动所在地的物业环境。影响商业物业环境的因素主要包括噪声、光照和通风、室内空气、绿化、环境卫生状况、设施设备、交通条件、治安、消防等。

(4) 办公环境,是指以各种行政办公为目的的建筑物、场地的物业环境,主要包括各级政府机关办公场所与商务写字楼两类。影响办公物业环境的因素主要包括隔声条件、日照条件、室内空气、室内景观布置、环境卫生状况、绿化美化效果、治安状况等。

(5) 医院环境,是指医疗机构实施诊疗活动场所的物业环境,主要是医院的物业环境。影响医院的物业环境的主要因素有秩序维护、设施设备、卫生保洁,以及医疗垃圾的收集与处理等。

三、物业管理

《中华人民共和国物业管理条例》第一章第二条明确规定:"物业管理,是指业主通过选聘物业服务企业,由业主和物业服务企业按照物业服务合同约定,对房屋及配套的设施设备和相关场地进行维修、养护、管理,维护物业管理区域内的环境卫生和相关秩序的活动。"

对此定义剖析,物业管理的内涵包括以下几点。

(1) 物业管理的主体是物业服务企业。物业服务企业在物业管理过程中处于主导地位,具体负责物业管理的组织与实施。业主或业主委员会是配合物业管理,政府物业行政主管部门则是指导与协调物业管理。

（2）物业服务企业实施物业管理的依据是物业服务合同。业主与物业服务企业之间签订的物业服务合同，明确了双方的权利与义务。物业服务企业按照合同行使物业管理权利，承担相应义务。

（3）物业管理的对象是房屋、配套的设施设备和相关的场地。配套的设施设备主要有电梯、泵房、配电房、建筑小品等；相关场地主要有草坪、活动广场、停车场等。

（4）物业管理的方式是维修、养护、管理、维护。包括维修、养护物业设施设备；管理相关场地；养护物业管理区域内的绿化；维护相关区域内的卫生和秩序。

（5）物业服务企业的来源。物业服务企业来源于业主的选聘。业主选聘物业服务企业的方式主要有招标和邀请。前者是面向社会公开向不特定的多数物业服务企业发出邀约；后者是向特定的物业服务企业发出邀请，就物业服务事宜协商、谈判，达成协议、签订物业服务合同。

（6）物业服务的主要目的是物业服务区域内的环境卫生和秩序。具体而言，物业服务追求的目标是物业服务区域内清洁卫生、环境优美、秩序良好。清洁卫生是基本要求，环境优美是不断追求的目标，秩序良好是物业服务的一项重要内容。

四、物业环境管理

物业环境管理是指物业管理公司或物业服务专业公司按照物业服务合同中有关物业环境管理条款的规定，对所管辖区域的物业环境进行管理的活动，以营造良好的环境氛围。

物业环境管理的内涵包括以下几点。

（1）物业环境管理的主体是物业管理公司或物业服务专业性公司。物业管理公司一般为综合性的物业服务企业，提供综合性服务。物业服务专业性公司提供与物业相关的专业服务，如提供专门的保洁服务、专门的安保服务或专门的绿化服务等。

（2）物业环境管理的依据是物业服务合同中有关物业环境管理条款的规定。物业环境服务企业提供环境服务的范围、标准和方式等，需要按照合同里相关条款的规定实施，否则构成违约，需要承担相应的法律责任。

（3）物业环境管理的对象是所管辖区域的物业环境。国家对物业环境范围没有明确的界定，从物业管理的实践考察，物业环境的范围应包括物业管理区域内的污染防治、卫生保洁、绿化美化、秩序维护，以及和谐人文环境的营造等。

（4）物业环境管理的根本目的是营造良好的环境氛围。通过一系列的物业环境管理行为，创造安全、宜人的环境，为物业管理区域的物业使用人提供良好的生活、办公和生产环境。

🔍 任务实施

请在下页方框中写出教师课堂上没有讲过的一种或一种以上物业环境管理的新业态，并指出这种业态在物业环境管理方面的独特之处。

```




```

 任务评价

对教师、同学在课堂交流中的发言进行评价,将评价简要写在下表中并赋予分值。

序号	评 价 项 目	教　师	同　学
1	发言内容的思政性(满分 20 分)		
2	发言内容的合理性(满分 20 分)		
3	发言内容的科学性(满分 20 分)		
4	发言内容的创新性(满分 20 分)		
5	发言内容的完整性(满分 10 分)		
6	发言方式的条理性(满分 10 分)		
合计	满分 100 分		

任务二　熟悉物业环境管理的特征、内容和目标

 学习准备

(1)思考物业环境管理的内容有哪些?

(2)思考物业环境管理要达到的目标有哪些?

把上述两项内容的要点填写在下页方框中。

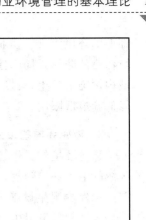

 相关知识

一、物业环境管理的特征

1. 管理范围的局限性

物业环境管理是由特定物业服务企业或专业的物业环境管理企业承担,其管理范围局限于特定的物业项目或园区,如一个住宅小区或一个商业中心,甚至是一栋办公楼房等。

2. 管理对象的特定性

物业环境管理对象的特定性主要表现在针对物业管理区域内的物业环境实施管理,物业环境以外的内容不再是其管理的对象,如物业设施设备的维修与养护不是物业环境管理的对象。

3. 管理的服务性

物业环境管理的服务性是由整个物业管理的服务性所决定,也是由物业管理的行业性质所决定。物业管理行业属于服务业,其本质是根据业主或物业使用人的需要提供相关服务。

4. 管理的配合性

物业环境管理的配合性主要体现在两个方面:一方面,物业环境管理应该与物业管理区域内其他相关的物业管理工作相互配合,如设备管理、工程管理等;另一方面,物业环境管理应该与政府相关部门的工作密切配合,如所在城市的城市绿化部门、环境管理部门等。

5. 管理个体的差异性

物业环境管理个体的差异性主要是指针对不同类型的物业项目,其环境管理的要求不同,物业环境服务提供的内容、方式、标准等存在着差异,如高档商业与普通住宅物业的环境管理就存在着较大差异。

二、物业环境管理的内容

1. 物业环境的污染防治

依据污染的范围,环境污染总体上可以分为全球性的环境污染、区域性的环境污染和局部性的环境污染。物业环境管理中的污染防治是针对物业管理范围内的污染,因此物业环境污染的防治是局部性的污染防治。物业环境服务企业应该采取措施防止物业环境管理区域内污染的发生,对发生的污染应及时采取有效应对措施,迅速制止污染,并把污染的损害降低到最低限度。

2. 物业环境的卫生管理

物业环境的卫生管理是一项经常性、基础性的环境管理工作,其主要内容有:①对管理区域的卫生保洁管理,包括垃圾的清扫、公共设施设备外表污渍的清除、垃圾的收集和清运、维护和保养卫生设施等;②灭杀公共场所的各种有毒害虫,对公共场所设施进行消毒管理等。良好的环境卫生可以减少疾病的发生与蔓延,促进物业使用人或业主身心健康,提升物业环境管理区域的整体形象。

3. 物业环境的绿化、美化

物业环境的绿化、美化由绿化和美化两部分组成的,统称为物业环境绿化管理。环境绿化主要是在物业管理的公共场所种植和养护花草树木,在楼宇公共场地布置和维护绿化植物。物业环境美化主要涉及绿化地块的形状设计,绿色植物形态、色彩的搭配,绿色植物与建筑物的匹配程度,景观水体,假山雕塑,以及其他环境小品和建筑小品等。

4. 物业环境的安全管理

物业环境的安全主要包括物业管理区域内的治安保卫、交通安全和消防安全,其基本任务是保护管理区域内居民的生命和财产安全,维护管理区域内的治安秩序、交通秩序和消防安全秩序,防范各种事故的发生,创造安全、和谐的物业。

物业环境的安全管理是非执法管理,不同于公安局、交警大队、消防大队的执法管理。但是,物业环境安全管理业务要接受区内公安局、交警大队、消防大队等行政和执法部门的指导和管理,并协助其对相关案件的查处。

5. 人文环境建设

良好的物业环境离不开和谐的人文环境,和谐的人文环境在物业环境管理中处于重要的位置,是物业环境管理的重要内容。

6. 物业环境宣传

物业环境宣传实质上是物业软环境建设的一项重要措施,主要是普及环境意识,宣传国家政策、法规,引导居民自觉遵守公民行为准则和道德规范,倡导居民爱护身边环境,保护各种设施,共同建设美好的家园。

三、物业环境管理的目标

1. 零污染的健康环境

零污染的健康环境为物业使用人或业主的生活、工作提供基本的健康保障,也是物业环境管理的基础性目标。零污染的健康环境是其他物业环境管理目标实现的前提。没有零污染的健康环境,其他物业环境管理的目标就失去了存在的基础。例如,即使小区绿化美化做到极致,如果大气污染解决不了,小区的业主也会流失。

2. 整洁的卫生环境

整洁的卫生环境是物业环境管理的基本目标。物业管理区域的卫生是否干净、设施是否整洁最能直观体现物业环境的好坏和管理水平的高低。如果物业管理区域内道路及绿地内随处可见杂物、楼道墙角灰尘覆盖、各种设施锈迹斑斑、各种设备破坏严重、公共网线杂乱交织、路面"疤痕"累累等,那么相应的物业环境管理就没有达到物业环境管理的目标。

3. 美好的绿色环境

随着人民生活水平的不断提高,仅有洁净的卫生环境还不能满足人民群众日益提高的物质和精神文明的要求,因此,物业环境管理不仅要创造良好的卫生环境,还要对物业环境管理区域进行绿化美化,建设一个适合业主生活、工作的绿色生态环境。

4. 放心的安全环境

物业管理公司有责任和义务贯彻国家关于物业环境保护的政策、法规、条例、规划等,并具体制订物业环境安全管理的方案和措施,做好物业环境安全的维护和管理工作,采取有效途径保护和改善物业环境的安全,形成一个生活、工作安全、放心的物业管理区域。

5. 和谐的人文环境

物业环境管理应实现和谐人文环境建设的目标。在和谐的人文环境里,邻里和睦,助人为乐蔚然成风,生活、工作其中的物业使用人心情愉悦。和谐的关系包括物业使用人之间的关系、物业环境管理工作人员与物业使用人之间的关系。和谐人文环境的建设目标的实现需要长期的、多方面的努力。

6. 积极向上的舆论环境

积极向上的舆论环境,有利于和谐人文环境的建设,有利于克服物业环境管理过程中存在的问题与困难,有利于物业环境管理区域内的安全与稳定。积极向上的舆论环境的营造,一要有正确的舆论导向;二要有积极的宣传教育;三要树立典型的榜样。

任务实施

谈谈如何形成物业服务企业与业主的良好关系,在下方方框中写出主要想法。

任务评价

对教师、同学在课堂交流中的发言进行评价,将评价简要写在下表中并赋予分值。

序号	评 价 项 目	教　　师	同　　学
1	发言内容的思政性(满分 20 分)		
2	发言内容的合理性(满分 20 分)		
3	发言内容的科学性(满分 20 分)		
4	发言内容的创新性(满分 20 分)		
5	发言内容的完整性(满分 10 分)		
6	发言方式的条理性(满分 10 分)		
合计	满分 100 分		

任务三　了解物业环境管理的原则、方式和法律依据

 学习准备

(1)思考物业环境管理应坚持哪些原则。

(2)了解你居住的小区或所在学校的物业,采取的是何种物业环境管理方式。(是自己管理,还是全部委托,或者是部分委托)

把上述两项内容的要点填写在下方方框中。

相关知识

一、物业环境管理的原则

1. 依法行事的原则

物业环境管理是在我国社会主义市场经济条件下进行的,而市场经济就是一种法治经济。因此,物业环境管理必须符合国家法律法规、有关物业管理条例等规范性文件的规定。

2. 业主主导的原则

物业环境服务企业是业主选聘的,业主在物业环境管理中应处于主导地位,物业环境管理应以物业管理区域内的业主(或业主委员会)为权力核心。物业环境管理企业在接受了业主委托后,应按照业主的意志和要求,通过专职的环境管理服务人员,对物业的环境进行管理。

3. 服务第一的原则

服务是物业环境管理的本质特点,是由物业服务合同的性质所决定的。业主或物业使用人花钱购买物业环境服务,物业服务企业在收取物业环境服务费用后则应该提供相关服务。现代物业环境管理企业始终坚持服务业主的理念,为业主和使用人提供优质、高效、经济的服务。

4. 权责分明的原则

物业环境管理是物业管理的一个重要内容。物业环境管理涉及多方当事人:物业环境服务企业、企业内部各部门、业主委员会及广大业主等。为保证物业环境管理各项活动的有效实施,并取得良好的效果,物业环境管理中各方的权责必须明确。

5. 专业高效的原则

物业环境管理包括许多方面,但其性质和功能不完全相同,如绿化和安全。其管理人员、服务人员必须专业化,具有专业的技术和技能,这样才会创造高效的物业环境管理与服务,才能满足广大业主或物业使用人的需要。随着人们对物业环境需求标准的不断提高,物业环境的专业化程度要求也会更高。

6. 统一管理的原则

物业环境管理涉及绿化、美化、保洁、消防、装修装潢和秩序等多个方面、多个环节,因此要实行统一管理,避免各个环节在协调上出现差错。例如,在绿化、美化的过程中会产生垃圾,如美化时修剪的枝叶、绿化植物时造成的枯枝、散落的泥土等,需要保洁部门安排人员及时清理。只有坚持统一管理的原则,保证各部门、各环节协调一致,才能取得良好的整体效果。

7. 共建共享的原则

良好的物业环境必须依靠多方的共同努力。物业服务企业各个部门需要协调一致、紧密配合、共同努力,绿化、美化、保洁、秩序维护等部门缺一不可。一个环节、一个部门出现问题,都会影响整体的环境效果。同时也需要物业服务企业、广大业主、社区、街道与政府物业管理部门等多方面的共同努力。

二、物业环境管理的方式

1. 法规规定的方式

《中华人民共和国物业管理条例》第三十四条规定:"业主委员会应当与业主大会选聘

的物业服务企业订立书面的物业服务合同。物业服务合同应当对物业管理事项、服务质量、服务费用、双方的权利义务、专项维修资金的管理与使用、物业管理用房、合同期限、违约责任等内容进行约定。"

根据此条规定,代表广大业主的业主委员会可以把物业区域内的环境管理、服务事项,与其他物业管理事项一并委托给一家物业服务企业,也可以把该事项拆分后,分别委托给不同的物业服务企业或专门的物业环境服务企业。

《中华人民共和国物业管理条例》第三十九条规定:"物业服务企业可以将物业管理区域内的专项服务业务委托给专业性服务企业,但不得将该区域内的全部物业管理一并委托给他人。"

根据此条规定,物业服务企业在与业主签订包括环境管理事项的物业服务合同之后,本物业服务企业可以提供物业环境服务,也可以把物业环境服务事项委托给其他专业性服务企业,只要不是把该区域内的全部物业管理一并委托给他人即可。

2. 实践运用方式

结合物业管理的实践考察分析,物业环境管理的方式如下。

(1) 对自有项目物业环境的管理。此类型适用于大型房地产集团化企业。大型房地产集团化企业,其业务范围通常包括房地产开发、经营和物业服务等。在集团旗下的房地产项目开发之后,一般由本集团从事物业服务的子公司通过招投标的形式获得物业服务的资格。

对自有项目进行物业环境的管理,是大型房地产集团的通行做法。这有利于集团整体业务的拓展,有利于集团形象的维护,有利于集团后期房地产的开发与销售。但是这种方式往往不利于后期的物业环境服务的质量。物业交付之后,开发商会不惜代价做好交付物业的环境管理和服务,目的是为后来的房屋销售树立典范、做好宣传,促进房屋的销售。在特定的时间、特定的区域,开发商不需要销售的时候,或者是开发商需要物业服务公司为集团做贡献时,开发商就会切断对物业环境服务的支持性投入,或者是从物业服务公司抽取资金支持集团其他业务。

(2) 对他有项目物业环境的管理与服务。他有项目与自有项目相对应,项目不是由本集团负责开发,本集团的物业服务公司通过招投标的形式获得为项目提供物业环境服务的资格。此类物业项目的开发商通常规模较小,经营范围十分有限,往往局限于项目的前期开发与销售。对于后期的物业环境管理,只能通过招投标的形式,聘请其他物业服务企业提供。这种方式提供的物业环境服务一般比较平稳,不会出现大起大落的现象,也有利于后期物业服务企业的更替。

(3) 联合服务的方式。一家物业服务企业通过招投标的方式获得对项目提供物业服务的资格,但获得资格的物业服务企业由于一段时间内项目数量较多、人力有限、无法实施有效的环境服务提供,便联合专门的物业环境服务企业,为项目的物业环境提供服务。

在具体联合服务的过程中会出现三种类型。

① 分别委托。将物业环境服务的不同内容委托给不同的专业公司,如环境卫生委托给专业的保洁公司、治安环境委托给专业的安保公司、绿化服务委托给专门的园林公司。

② 技术、管理指导。获得物业服务资格的物业服务企业,与优秀的环境管理企业联合,由物业服务企业提供技术、管理指导,由环境管理企业负责招聘和人员安排。

③ 一并委托。获得物业服务资格的企业把涉及物业环境服务的各项事务打包一并委

托给一家符合条件的相关企业。委托的物业环境服务事务,是由被委托的企业自己完成,还是可以再次委托,由双方协商决定,并以合同的形式予以明确。

三、物业环境管理的法律依据

物业环境管理的内容、质量、服务费用、服务期限、违约责任的承担等,其直接依据是物业环境服务企业与房地产开发企业或业主签订的物业服务合同。当双方发生争议或纠纷,上诉至具有管辖权的法院时,法院首先要对他们之间的物业环境服务合同进行有效性审查。

人民法院对物业环境服务合同进行有效性审查时,实施的依据主要有《中华人民共和国民法典》第三编中有关合同的规定和《中华人民共和国物业管理条例》等法律规范。

根据《中华人民共和国民法典》第三编中有关合同的规定是判断物业服务合同的有效性的主要法律依据。在物业服务合同不违反《中华人民共和国民法典》的有关规定,保证合同有效性的前提下,可对合同的内容逐一审查。审查其内容有无违反《中华人民共和国民法典》《中华人民共和国物业管理条例》的有关规定。违反《中华人民共和国民法典》《中华人民共和国物业管理条例》和物业环境服务合同约定的一方,将承担败诉的法律后果。

《中华人民共和国民法典》《中华人民共和国物业管理条例》等法律规范,均是《中华人民共和国宪法》的具体体现。因此,物业环境管理的法律依据分为直接层次和间接层次。直接层次是《中华人民共和国民法典》《中华人民共和国物业管理条例》的相关规定;间接层次是根本层次,是《中华人民共和国宪法》。

🔍 任务实施

(1)你觉得物业环境管理采用何种方式比较好,是自主式管理,还是全部委托式,或者是部分委托式呢?

(2)一业主长期不缴纳物业服务费,你会怎么解决?

把上述两问题的回答要点填写在下方方框中,准备课堂讨论。

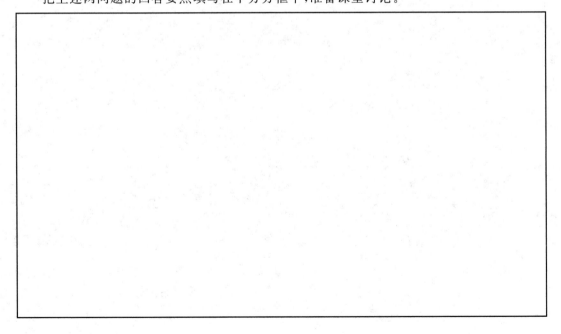

任务评价

对教师、同学在课堂交流中的发言进行评价,将评价简要写在下表中并赋予分值。

序号	评 价 项 目	教　　师	同　　学
1	发言内容的思政性(满分 20 分)		
2	发言内容的合理性(满分 20 分)		
3	发言内容的科学性(满分 20 分)		
4	发言内容的创新性(满分 20 分)		
5	发言内容的完整性(满分 10 分)		
6	发言方式的条理性(满分 10 分)		
合计	满分 100 分		

任务四　了解物业环境管理的组织机构设置

 学习准备

(1) 了解一家中型以上物业服务企业的组织构架。

(2) 查阅资料(可以是网上查阅),了解管理幅度和管理层次(或管理层级)有关概念的含义。

把上述两项内容的要点填写在下方方框中。

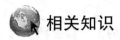相关知识

一、机构设置的原则

物业环境服务的提供涉及众多物业环境服务的从业人员、众多物业环境服务事项,还涉及广大业主和社区、街道等组织。物业环境服务的组织机构应按以下原则进行设置。

1. 统一指挥,统一目标

任何组织体系都是一个完整的统一体,任何局部都是有机整体的组成部分,它们各自发挥不同的功能,互为条件、互为依存,要保证各部分、各成员统一行动,就必须统一指挥、统一号令。事实上,任何协作劳动都或多或少地需要统一指挥、统一意志。这是协作劳动顺利进行的条件。物业环境管理与物业环境服务的提供涉及许多人员及繁杂的事务。每个人的想法、意志各异,因此必须保证统一的指挥,在统一指挥下服务于统一目标。

机构设置统一是统一指挥的保证。在一个组织中,要明确各种机构之间的指挥隶属关系,划清各职能部门之间的权限。如果几个部门的领导同时对同一工作下命令、各自认为是属于自己职责范围之内的事,将会导致下属无所适从的情况出现。

2. 分层管理,分权治事

分层管理、分权治事是组织中存在的普遍现象,也是组织管理的准则。要实现有效的分层管理、分权治事,就必须处理好管理幅度和管理层次之间的关系。

管理幅度是指一个管理人员能够有效地领导或控制的下级人员的数目。管理层次是指组织系统中划分的管理层级的数量。由于每一个管理人员的能力都是有限的,当他组织和协调的下级人员超过一定的数量时,就不可能实施有效的管理,因此必须划分管理层次,逐级进行管理。在被管单位和人员数量不变的条件下,管理幅度与管理层次成反比。一般来说,管理幅度越小,管理层次越多,否则相反。但是,管理层次过多会降低工作效率,因为层次过多容易导致组织失控,协调困难。

3. 职位明确,权责一致

任何组织都是一个职位、权力、责任体系,在组织活动中,职位、权力、责任是互为条件、融为一体的,组织内职位明确、权责分明、事有归属、责无旁贷。有责无权,不能完成工作;有权无责,则可能导致官僚主义、不负责任和滥用权力。根据管理实践,在组织中要体现这一原则,必须做到以下两方面。

(1)明确事权范围。本着权责一致的原则,明确划分各个机构的事权,建立权责分明的组织系统,使一事不分归两部管理,两部不同办一事;本着分层负责、层级授权的原则,使人人有定事,事事有定人。

(2)建立奖惩机制。建立奖惩机制是达成事权明确的手段和途径,要对每个部门及人员进行考核和监督,并依法进行客观、公正的奖惩。

4. 以人为本,人性管理

人是组织系统中最主要、最基本的要素,是实现组织目标的决定性力量。组织的活力在于发挥组织成员的积极性、智慧和创造力,因此组织设计和管理必须讲求以人为本。在组织

设计时,要注意以下两个方面。

(1) 工作分配要符合组织成员的主动性与兴趣。要尽可能地把组织的工作需要同个人的兴趣、把实现目标和发挥个人长处结合起来。这既有利于调动员工个人的积极性,又有利于工作目标的实现。

(2) 创造条件满足组织成员合理和正常的需要。一方面为员工创造良好的工作环境和条件,包括技术设备、工作环境等;另一方面要满足成员维持生存的需要、归属的需要、尊重的需要和自我发展的需要。

5. 经济效能,讲求效率

效率是组织追求的目标之一,达到效率目标的途径也是多种多样的。在组织设计时,还应注意下列事项。

(1) 组织机构、人员要精简。组织机构、人员的精简,会减少机构的各项开支,降低物业环境服务的成本,增强物业服务企业的盈利能力,增强物业服务企业的市场竞争能力。

(2) 机构层次要简化。层次过多是导致机构臃肿、机构运转不灵、效率低下和影响企业盈利能力的重要原因。在设计组织机构时,要尽量减少机构层次,以减少中间环节。

6. 适应环境,保持弹性

从环境系统来看,组织是环境系统的一个组成部分,组织与环境系统的其他各个部分之间有着依赖与影响作用,因此,其他各个部分的重大变动均会对组织发生影响,为保持组织与环境间的平衡,组织必须做出适当调整以求适应。从组织本身来看,组织本身也自成系统,由若干子系统构成,如果任何一个子系统有重大变动,则其他各个子系统也必须做出适当的调整,以期保持平衡。因此,组织设计必须讲求与环境相适应,富于弹性。

二、管理机构的组成

物业环境服务内容不同,提供服务的机构各异,如保洁服务机构提供卫生保洁服务、绿化服务机构提供绿化植物的种植与养护、安保服务机构提供秩序维护与安全保护的服务。但是这些服务机构在设置上存在着一定的共性。

依据管理学上提出的机构设置的宽度和层级理论,同时兼顾物业环境服务的实践,物业环境服务机构的设置方式有委托式、自主式、混合式。

1. 委托式

委托式即物业服务区域的环境服务与管理工作委托给专业的物业环境服务公司负责。采用此种方式时,获得物业服务资格的公司一般采取招标、协议等方式选聘专业的物业环境服务公司。物业服务企业无须设置专门的物业环境服务机构,只需指定1名或2名物业企业分管人员,根据委托协议或委托服务合同对提供物业环境服务的公司进行检查、监督、评议。例如,把物业服务区域内的卫生保洁一并委托给专业的保洁公司。

委托式的机构设置方式又称无机构设置的物业环境管理方式,物业服务企业只负责委托区域内物业环境服务的监督、检查。但这种方式会影响物业服务企业的总体利润水平。

2. 自主式

自主式即物业服务与管理区域的物业环境服务与管理工作完全由获得服务资格的物业

公司负责。物业服务企业规模大,在普通环境服务人员、管理人员、技术和设备充足、齐全的条件下,物业环境服务均由物业服务企业自身提供。例如,公司设置安保部门、配备安保部门的负责人、招聘安保人员、购买安保器材,进行安保人员的岗前培训。

自主式的机构设置方式,尽管需要安排物业环境服务的各部门领导人员,需要招聘普通的工作人员和技术人员,需要购置、保管和维修相关的设施设备,但这种方式能够较大地保证物业服务企业的整体利润水平。

3. 混合式

混合式即委托式与自主式的有机融合。一般在物业服务企业内部设置专门的机构、配备专门的管理人员或部门负责人,在此基础上把部分或全部的物业环境服务事项委托给专门的物业环境服务组织。例如,绿化机构的设置,物业服务企业既设置绿化部门,也配备部门负责人和普通的绿化人员,但对于园区绿化病虫害的防治这类比较专业的事项,则可以委托给专门的植物保护部门或组织。

混合式的机构设置方式,通常是立足于企业自身条件设置机构、委托相关业务,保证企业利润水平的最大化。

三、组织机构的人员配备与运行

1. 组织机构的人员配备

组织机构的人员配备依据部门大小、所提供物业环境服务事务的多寡,通常采用两种方式。

一种是一正两副为部门领导,部门领导下面为班组长,其余为部门普通的工作人员。此类组织所提供的物业环境服务事项多,组织规模大,组织人员多。部门副职领导会有分管的事项。其构架如图 2-1 所示。

另一种是只有一位领导,其余均为部门一般的工作人员。此类组织机构适用于物业环境服务的事务少、组织规模小、人员少的组织机构。例如,一个部门只有五六个人,则只需一位领导即可。一个部门的主任或部长、主管直接管理下属工作人员。其构架如图 2-2 所示。

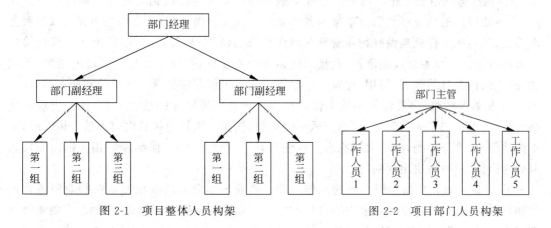

图 2-1 项目整体人员构架　　　　图 2-2 项目部门人员构架

2. 组织机构的运行

为确保物业服务组织机构的运行,应做好以下工作。

（1）经费保障。组织的运行离不开必要的活动经费，如人员工资、办公经费，以及通过物业环境服务的、必要的设施器材费用。物业环境服务所需要的经费一般来自收取业主或物业受益人的物业费。物业费用收缴顺利时，物业服务机构的活动经费便有了保障。但在物业费收缴困难、收缴率低下的时候，物业环境服务便失去了有效的经费支撑，物业环境服务组织往往则不能正常运行。

因此，物业费用的收缴是物业项目全体工作人员的重要工作。物业服务企业会采取种种措施，花费一定的时间和精力，确保物业费用的收缴率。在物业费用的收缴过程中，可以采取的措施主要有：加强宣传教育，增强业主的缴费意识；及时提醒应当缴费的业主；奖励缴费表现突出的业主；集中向欠费的业主催款；对恶意拒缴、长期拖欠的业主及时向法院起诉，注意催缴过程保持记录、留有证据。

（2）职责明确。职责明确是组织机构有效运行的基本条件。职责不清极易造成组织运行的混乱。物业环境服务机构的职责主要有以下几个方面。

① 人员的招聘与培训。物业环境服务机构一般都会有人员招聘的需求，因为现阶段物业行业人员流动频繁，而且在物业环境服务企业服务的物业项目数量增加的条件下，也会产生人员招聘的需求。招聘进入企业的人员在上岗之前，有必要对其进行岗前培训，使其熟悉项目的基本情况、了解企业的规章制度，以及基本的技术与技能的培训或强调。

② 工具、器材的购买、使用、保管、养护与维修。物业环境服务机构、部门在提供环境服务的过程中，不可避免地需要一定的工具、器材。这就会产生工具、器材的购买、使用、保管等事务及其相关的职责。例如，绿化物的种植与养护所需要的割草机、打药机、喷雾器与电锯等，购买、使用完毕需要妥善保管，出现故障时的维修等都要明确职责。

③ 制订工作计划与工作方案。物业环境服务的提供，事务繁杂、人员众多，因此需要制订详细、完整的工作计划与工作方案，确保工作中能够分清轻重缓急、抓住主要问题、兼顾次要事务，使得各项工作有序推进，最终取得良好的物业环境服务效果。例如，安全、放心治安环境的创造，涉及门岗、巡逻与监控的看管等方面，每一个方面又包含着许多正常事务处理与紧急事项的应对，所以必须制订工作计划和工作方案。

④ 做好各项本职工作。每个物业环境服务部门均是为提供相应的物业环境服务而设置，它所要提供的物业环境服务事项为其本职分内职责。例如，保洁部门是为提供保洁服务而设置，其本职工作就是做好物业管理区域内垃圾的清扫、收集，并协助城市环卫部门搞好垃圾的清运。围绕着垃圾的清扫、收集与清运等中心工作，会派生出保洁人员的招聘、培训和安排，保洁工具的购买、使用、保管与维修等。这些工作都应是保洁部门的本职工作。

⑤ 做好临时性、突发性的相关工作。在提供物业环境服务的过程中，往往会出现一些临时性、突发性的事务。例如，夏季狂风暴雨降临，物业环境管理区域内树木被大风吹断，下水沟被阻塞，水流不畅，出现大量积水。这些临时性、突发性的工作都需要相关部门积极采取应对措施，及时解决出现的问题。

⑥ 完成上级领导或组织交办的其他事项。物业环境服务的事项通常在物业服务合同中加以约定，物业环境服务企业按照合同约定提供物业环境服务。但是，当地政府物业管理部门为响应国家的相关方针、贯彻执行相关物业的政策，会安排辖区内的物业环境服务企业一些具体事务。对此类政策性、行政性的物业环境事务，物业环境服务企业应按照上级的部署和要求保质保量完成。

（3）制度建设。在人员、器材设备充足、齐全，事务明确的条件下，要使各项工作有序、有效进行，还需要有一套完善的工作制度。例如，按时上下班制度，设备器材的保管、保养制度，门岗工作人员的交接班制度，请假制度等。这些制度将明确要求工作人员按时上下班，设备器材的保管、保养，以及保管、保养人员的职责。规章制度的内容应包括遵守制度的奖励与违反制度的惩罚，奖罚分明，促进相关人员积极遵守规章制度，使制度得以顺利执行，各项物业环境服务事务按照制度的设计运行。

 任务实施

假如你是一名物业项目的经理，你所在的项目面积大、人员多，包括安保人员 20 人、保洁人员 30 人、工程部 5 人、园林绿化人员 3 人、楼管 5 人、客服 3 人等。请设计出你所在项目的管理组织构架，在下方方框中画出组织构架图。

 任务评价

对教师、同学在课堂交流中的发言进行评价，将评价简要写在下表中并赋予分值。

序号	评 价 项 目	教　师	同　学
1	发言内容的思政性（满分 20 分）		
2	发言内容的合理性（满分 20 分）		
3	发言内容的科学性（满分 20 分）		
4	发言内容的创新性（满分 20 分）		
5	发言内容的完整性（满分 10 分）		
6	发言方式的条理性（满分 10 分）		
合计	满分 100 分		

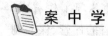 案 中 学

　　杭州某小区范女士反映,去年房子一直在维修,维修过程中钥匙放在物业服务中心,但是范女士去看房时发现室内很脏,也没有做成品保护。范女士问管家负责维修人是谁,管家说不知道;物业服务中心对进出房子的人员没有登记,维修时也没有通知自己。范女士觉得管家服务很不到位,对物业服务很有意见。范女士要求减免物业费,物业服务中心经理不同意。

1. 管理启示

空关房的维修管理工作该如何进行?

2. 建议措施

（1）为有问题的业主建立维修整改档案（电子版）,详细记录问题发现的时间、情况、是否已发出工作联系单等方面,将相关问题与工程技术部对接后,明确时间、方案并主动跟进,对整改的进度进行记录,明确每次维修的时间、人员、维修完成情况等,并及时更新完善,方便新入职人员在需要时进行查看。

（2）对开发商的工程维修人员,应建立花名册,配置工作牌,并进行相关注意事项的提醒;对于多次发现有不妥行为的,应及时告知相关单位对接人。

（3）建立入户维修登记表,设定时间、工号、姓名、联系电话、维修事项、维修完成情况等栏目,放置在每一户的入门处,建立登记制度,强化执行,让相关人员养成登记习惯,尽量保证每一次入户维修都有据可查。

（4）按照团队的分工设定责任人,畅通内部沟通渠道,确保信息的有效发散和集中,实现收放有度。具体来讲,散碎的信息要按照分工集中到相关责任人,以进行更新和跟进;而集中到每个责任人那里的最新信息要集中到经理、主管、前台处,实现信息共享。

（5）即将离职的员工必须做好工作交接,清楚梳理出自己目前跟进维修的工作,必须确认已经交接给下一任接受员工,避免存在因信息交接疏漏导致业主产生不满情绪。

 章后复习自测

一、选择题

1. 物业管理区域内的物业环境主要是指（　　　）。
　　A. 自然环境　　　　　　　　　　B. 社会环境
　　C. 以自然环境为主的社会环境　　D. 以社会环境为主的自然环境

2. 以下不是普通情况下的物业环境的是（　　　）。
　　A. 住宅物业环境　　　　　　　　B. 商业物业环境
　　C. 工业生产环境　　　　　　　　D. 农业生产环境

3. 物业环境管理的主体是（　　　）。
　　A. 业主　　　　　　　　　　　　B. 物业服务企业
　　C. 政府部门　　　　　　　　　　D. 建设单位

4. 物业服务企业实施物业管理最直接的依据是（　　　）。
　　A. 宪法　　　　　　　　　　　　B. 法律
　　C. 法规　　　　　　　　　　　　D. 物业服务合同

5. 下列不是物业管理对象的是( )。

    A. 业主   B. 房屋

    C. 配套的设施设备   D. 相关场地

6. 下列( )不是法定的物业管理方式。

    A. 安装   B. 维修   C. 养护   D. 管理

7. 物业环境服务的主要对象是( )。

    A. 环境卫生   B. 物业使用人

    C. 绿色植被   D. 政府部门

8. 物业环境管理的根本目的是( )。

    A. 保证小区的安全   B. 栽种赏心悦目的花草树木

    C. 营造良好的环境氛围   D. 创造和谐的人文环境

9. 在物业环境管理中最为经常性的工作是( )。

    A. 污染防治   B. 卫生保洁

    C. 绿化美化   D. 安全管理

10. 不适合用于营造积极向上舆论环境的方式是( )。

    A. 有正确的舆论导向   B. 积极的宣传教育

    C. 树立典型的榜样   D. 警示案例教育

11. 物业服务企业实施物业环境管理的依据是物业服务合同,在实践中是由( )与物业服务企业签订。

    A. 业主   B. 业主委员会   C. 业主大会   D. 居委会

12. 一组织机构的正常运行,首先要有( )保证。

    A. 经费   B. 制度   C. 设备设施   D. 工作计划

二、判断题

1. 商业物业中的物业环境主要是人文环境。   ( )

2. 住宅物业中的物业环境主要是自然环境。   ( )

3. 业主选聘物业服务企业的方式主要有招标和邀请两种。   ( )

4. 物业服务的主要目的是物业服务区域内的环境卫生和绿化美化。   ( )

5. 物业环境管理的主体只有物业管理公司。   ( )

6. 环境管理表面上是管理环境,实质是服务业主。   ( )

7. 物业环境管理个体具有同质性。   ( )

8. 和谐的人文环境也是物业环境管理的主要内容。   ( )

9. 在物业环境管理过程中,物业服务企业总体上处于主导地位。   ( )

10. 物业环境管理中不断提高智能化水平,体现了物业环境管理专业高效的原则。

                                               ( )

11. 一业主委员会可以把物业管理事项一并委托给一家物业服务企业,也可以把该事项拆分后,分别委托给不同的物业服务企业或专门的物业环境服务企业。   ( )

12. 一个物业服务项目只能有一个总负责人,也只能由一个主管负责项目的环境管理。

                                               ( )

13. 物业管理的组织机构设置应该遵循分层管理,分权治事的原则。   ( )

14. 在物业环境管理的过程中,对相关人员的管理应创造条件满足其合理和正常的需要。　　　　　　　　　　　　　　　　　　　　　　　　（　　）

15. 在和谐人文环境的建设方面应注意管理区域内的宣传教育管理。　（　　）

三、简答题

1. 物业环境的常见类型有哪些?

2. 简要说出物业环境管理的内涵。

3. 简要说出物业环境管理的特征。

4. 物业环境管理的主要内容有哪些?

5. 简要指出物业环境管理的目标。

6. 物业环境管理要坚持哪些原则?

7. 物业环境管理组织机构的设置应该坚持哪些原则?

8. 物业环境管理机构有哪些组建方式?

四、论述题

在一般的物业管理项目中,从事物业环境管理的工作人员大约占据整个项目人员的80%。请论述如何管理好这些工作人员。(从此类工作人员的知识层次、人员构成、成长背景、家庭环境、工作环境、工作要求、工资待遇等方面考虑。)

五、案例分析题

物业公司拒绝撤场纠纷

(1) 基本情况

2023年年初,某小区召开业主大会,决定不续聘原物业公司,授权业委会公开重新选聘物业公司。业委会通过第三方招标确定新的物业公司后,发函至原物业公司,要求其按期撤离小区并做好交接工作。然而经多次沟通、协调,该原物业公司拒绝撤场。

(2) 处理结果

管委会相关部门主动介入,约谈原物业公司,要求其按照业主大会表决结果执行,配合做好新老物业交接。为推动平稳交接,管委会成立政法、建设、城市管理、公安及属地社区中心为主的联合工作组。同时,依据相关规定,对原物业公司及相关责任人做出信用处理,限制在本地承接新的物业服务项目。通过及时有效行政介入处理,控制了矛盾冲突,原物业公司完成了撤场交接工作。

(3) 问题思考

请分析在此次纠纷处理的过程中,体现了物业环境管理的哪些原则。

项目三

物业环境的污染防治管理

 学习目标

(1) 掌握物业环境污染的概念、特征和种类。

(2) 熟悉大气污染、水污染、固体垃圾污染、光污染、噪声污染等的危害。

(3) 全面掌握物业环境污染的预防原则和措施。

(4) 掌握物业环境污染治理的原则、措施和要求。

素质目标

(1) 培养学生树立环境意识,对环境污染采取"预防为主,治理为辅"的观念。

(2) 培养学生对因环境产生的纠纷,依靠技术标准和法律来加以解决。

(3) 培养学生具有关注新型污染的意识。

(4) 培养学生树立长远发展的理念。

能力目标

(1) 能在物业环境管理实践中快速识别不同类型的环境污染。

(2) 能够判断不同物业环境污染的显性危害与隐性危害、近期危害与长远危害。

(3) 能在物业环境管理实践中针对不同的环境污染熟练采取相应的预防措施。

(4) 熟练掌握不同类型物业环境污染的相应治理措施。

(5) 能在物业环境管理实践中熟练利用环境技术标准解决相关纠纷。

任务一 了解物业环境污染的概念、特征和种类

学习准备

(1) 查阅资料,了解什么是环境污染,环境污染有哪些特征。

（2）回顾在中学所学的知识，你觉得环境污染有几种？

把上述两项内容的要点填写在下方方框中。

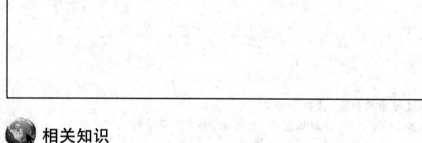

 相关知识

一、环境污染的概念

环境污染是指在人类生产、生活过程中，或者是在大自然的发展过程中，由于向环境中排放的有毒有害物质超过环境的自净能力从而引起环境质量下降，对人类及其他生物的正常生存和发展造成危害的现象。造成环境污染的有毒有害物质被称为污染物，如二氧化硫；产生有毒有害物质的设备、装置、场所、场地等被称为污染源，如排放二氧化硫的工厂。

环境污染的概念是人们对环境污染的现象有所认识，并经过认真分析总结而得出的。在西方工业革命之前，人类社会基本上不存在环境污染问题。环境污染问题出现在工业革命之后，机器生产广泛应用于社会生产、生活的各个领域，生产过程中排放的废气、废水、废渣，超过大自然的自我净化能力，人们开始意识到环境污染的问题。随着全球化、工业化的深入发展，环境污染逐渐成为全球性的问题。

二、环境污染的特征

环境污染往往是以一种污染物为主，多种因素共同作用的结果。环境污染的特征可归纳为以下方面。

1. 时间分布的阶段性

污染物的排放量和排放强度在时间分布上具有明显的规律性。例如，汽车尾气的排放多集中于早晨和傍晚，因为这两个时间段是上下班的高峰期，车流量大。

2. 空间分布的局限性

污染物进入环境后,随着水和空气的流动被稀释扩散,其危害性程度逐渐降低、减弱直到忽略不计。因此,不同空间位置上污染物的浓度是不同的,其危害主要分布于污染物排放的中心地域或中心地域的周边。

3. 污染程度的等级性

环境污染根据污染物的排放量、浓度、危害程度,可以分为不同的等级:重度污染、中度污染和轻度污染。针对不同程度的污染所采取的应对措施显然是不同的。

4. 污染的危害性

污染源、污染物在不构成危害的条件下,也不能称其为环境污染。环境污染具有危害性的特征。污染危害性的程度是判定种类的重要指标。

三、环境污染的种类

环境污染可以依据不同的标准进行划分,按照污染物的形态可分为以下几种类型。

1. 大气污染

大气污染主要是指向大气排放的有毒有害物质超过大气的自净能力,造成大气的质量下降和严重恶化,危害人类和其他生物的生存和发展。造成大气污染的有害物质主要源于煤和石油等燃料,以及工业企业排放的工业废气、交通运输排放的汽车尾气等。大气污染中的主要污染物质有二氧化硫、一氧化碳、二氧化氮、颗粒物等。

2. 水污染

水污染主要是指人们在生产、生活的过程中,将有毒有害物质注入水体,并超过水体的自净能力,使水质下降,其利用价值降低或丧失并对人体和其他生物造成危害的现象。这些有毒有害物质源于工业生产废水、人们的生活废水,以及科研试验等。废水中的有毒有害物质主要包括铜、汞、铅、锌和有机物污染源等。

3. 固体垃圾污染

固体垃圾污染主要是指人们在生产、生活过程中产生的工业垃圾、生活垃圾、医疗垃圾及装修装饰垃圾等,对人们生活、工作的环境造成不良影响。

4. 噪声污染

噪声污染主要是指人们在工业生产、交通运输、生活娱乐等活动中产生的声音超过国家规定的相关标准,对人们的工作、学习、生活、休息等正常活动及人体健康造成伤害的环境现象。例如,飞机起飞时发出的巨大声响。

5. 辐射污染

辐射污染主要是指因现代通信设施设备和相关医疗设施设备的广泛应用而给人们带来的电磁辐射,超过人体和其他生命有机体所承受的范围,给人体和其他生命有机体造成了伤害。例如,通信基站、医用 X 光透视设备等所产生的辐射等。

6. 光污染

光污染主要是指在白天不合理使用镜面建筑给人们造成的不适感或晕眩感,以及在夜间过度的光源、光亮给人造成的不适感,并影响人们身体健康的现象。人类需要光源工作、学习和生活,但光源的亮度应使人感到舒适,过亮的光源给人造成不适的感觉。例如,夜间是人们休息睡觉的时间,过亮的光源影响人们的正常睡眠,影响人们的健康。

四、物业环境污染的种类

1. 汽车尾气污染

我国的车辆保有率越来越多高,而且居民私家车也不断增加,因此在物业管理范围内,随着居住小区内车辆的增加,其排放的尾气污染问题应该是常见的物业环境污染之一。

2. 环境噪声污染

环境噪声是物业环境管理中最常见到的污染类型。人们经过一天紧张的工作、学习和劳动,回到家里希望有一个安静的环境。但小区内外存在各种环境噪声污染。例如,小区内外车辆行驶中产生的噪声、鸣笛声,邻居家里发出的嬉戏打闹声、弹琴声、电视声、夜间踩踏楼板的声音,等等。

3. 室内外空气污染

由于装修装饰需要采用大量的非天然材料,部分装修装饰材料中含有有毒有害气体,因此,刚刚装修装饰完的房屋都或多或少地存在一定的室内外空气污染。严重的空气污染则表现为刺鼻难闻的气味。

4. 生活垃圾污染

一般的物业管理小区内都设有垃圾箱,这些垃圾箱存在着各种垃圾混合存放和收运的现象。另外,当垃圾箱数量不足,或者垃圾不能及时被运走时,垃圾散落在地面,或者是满满的、一箱一箱的垃圾堆放在小区,严重影响小区的环境。

5. 辐射污染

随着移动电话和宽带网络的普及,各种网络通信公司设立的基站往往装在距离居民较近的地方,虽然多数情况下辐射的强度基本可以达到国家标准,但基站辐射是否会对物业使用人造成影响仍在研究与探讨中。

6. 灯光污染

夜晚人们渴望的是漫天的星星、皎洁而柔和的月光,希望能够静静地休息。但现在小区夜晚到处是路灯、楼顶灯,甚至墙壁上也布满灯,目的是在夜晚给人照明,或装点装饰物业园区。但过多的灯光会对人们造成不适,甚至影响人们夜晚的睡眠,影响人们的身体健康。

 任务实施

(1) 除了书中所讲的内容,思考物业环境还有哪些特征。

(2) 思考实际生活中,物业环境还有哪些类型。

把上述两个问题的回答要点填写在下页方框中。

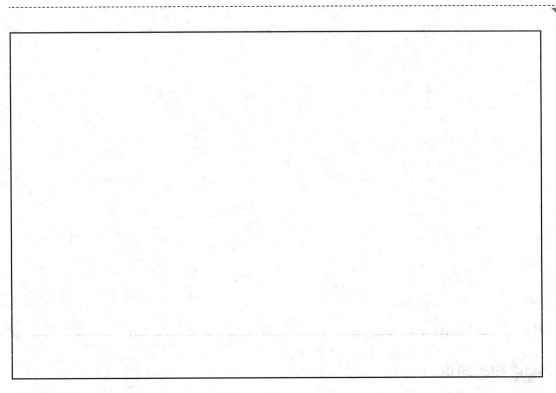

任务评价

对教师、同学在课堂交流中的发言进行评价,将评价简要写在下表中并赋予分值。

序号	评价项目	教　师	同　学
1	发言内容的思政性(满分20分)		
2	发言内容的合理性(满分20分)		
3	发言内容的科学性(满分20分)		
4	发言内容的创新性(满分20分)		
5	发言内容的完整性(满分10分)		
6	发言方式的条理性(满分10分)		
合计	满分100分		

任务二 了解物业环境污染的危害

 ### 学习准备

分别思考大气污染、水污染、固体垃圾污染、噪声污染、光污染和辐射污染的危害。
把思考的结果简要填写在下页方框中。

相关知识

一、大气污染的危害

大气污染的危害涉及的范围十分广泛,此处仅就物业环境方面的危害加以简要阐述。

1. 装修装饰材料对人类的危害

装修装饰材料中的有毒有害物质散发到室内空气中,被人吸入体内,将会引发各种疾病,包括呼吸道、消化道、神经、视力、视觉、血压等方面的疾病。例如,甲醛是无色刺激性气体,对眼、鼻、喉、上呼吸道和皮肤均可产生明显的刺激作用,并导致睡眠不安,浓度极高时易引起肺炎、肺水肿等疾病。苯系列物质是无色透明液体,是一种致癌物质,可造成人体急性和慢性中毒。在急性中毒的情况下,苯有麻醉作用;在慢性中毒的情况下,会引起造血组织和机体一些器官(包括淋巴结)的变化。

2. 烟雾对人类的危害

室内空气污染的最大受害者是婴幼儿、孕妇、老年人以及心血管系统、呼吸系统疾病患者。例如,如果孕妇长期在有浓重烟雾的厨房中进行炊事劳动,大量吸入油烟中的有害物质,可能会刺激孕妇的中枢神经系统,加重妊娠反应,如食欲不振、恶心呕吐等症状变得更加严重,对孕妇自身和胎儿产生极为不良的影响。

3. 一氧化碳对人类的危害

一氧化碳对人的危害作用大小,取决于它的浓度和接触时间。高浓度长期接触,可导致接触者死亡。长期吸进含有一氧化碳空气的人,更容易发生心肌损害。室内一氧化碳的来源主要有厨房未充分燃烧的天然气、液化气,以及室内绿色植物夜晚在光合作用不充分时释放的气体。

4. 大气污染对植物的危害

大气污染对人产生危害,对植物也产生危害。

高浓度大气污染对植物会产生急性危害,使植物(花、草、树木、农作物等)叶面产生伤斑坏死,或直接使叶面枯萎脱落,导致植物死亡。例如,受二氧化硫气体污染的地区常会产生酸性雨雾,其腐蚀性很强,可使园区植被受害或死亡。

低浓度大气污染,一方面会产生可见危害,如使园区植物叶片褪绿、发黄,影响植物生长;另一方面会产生不可见危害,即从园区植物外表看不出受害症状,但植物的生理机能却受到损害,造成植物生长减弱,抗病虫害能力下降,影响生长发育。

二、水污染的危害

物业在使用过程中,人们的一切活动所造成的排入水体的污染物超过水对该物质的自净能力,就会破坏水体的原有用途,形成对水体的污染。污染的水体对人类与自然界其他生物带来不良的影响。总体而言,水污染造成的危害主要表现在以下三个方面。

1. 水污染损害人体健康

水不仅是重要的环境因素,也是人体的重要组成部分。成人体内含水量约占体重的65%。每人每天生理需水量为 2~3L。人体内的一切生理活动,如体温调节、营养输送、废物排泄等都需要水来完成。因此,水污染会直接或间接损害人类的身体健康。

污水中可能含有各种病原体,如细菌、病毒、寄生虫等,接触污水或饮用污水可能会导致疾病的传播,如肝炎、腹泻等;污水中可能含有各种化学物质和重金属,如氨氮、磷、铅、汞等,不慎饮用可能会引发重金属中毒;污水中含有各种有害气体和微生物,如氨气、硫化氢等,吸入这些气体可能会对人体呼吸系统造成损害。

2. 水污染破坏自然资源

水污染的危害还突出表现在对自然资源的破坏方面,尤其是水产资源受水污染的危害问题十分突出。

人们在生产、生活过程中,排放出的含有大量需氧污染物(碳水化合物、脂肪、蛋白质等)的污水与污物进入水体之后,在水中溶解氧的作用下,逐渐分解二氧化碳和水等,这一过程需要消耗大量的氧。由于需氧污染物分解的消耗,使水中溶解氧的含量急剧下降。这会使依靠溶解氧生存的鱼类窒息或大量死亡。同时,缺氧状态还会使得细菌,如厌氧菌等大量繁殖,促进有机物分解,释放出硫化氢等有毒有害气体,水质进一步恶化,更不利于鱼类的生存。如果污染物持续不断地注入,水长期处于缺氧状态,水产资源被破坏,水体也会变黑变臭,成为有毒、有害的死水。

3. 水污染降低经济效益

水污染对工业、农业等生产活动的影响主要表现为资源、能源的利用效率低和浪费严重,生产的产品质量下降或不稳定等,直接导致产出率及产出水平低下、产品价格提高、丧失市场竞争力,最终使企业经济效益降低,甚至出现亏损。

三、固体垃圾污染的危害

1. 严重污染空气

露天堆放的垃圾在腐化的过程中会产生大量的有毒有害气体。这些气体不断地释放到大气中,污染空气,还包含许多致癌物质。垃圾腐化还会产生恶臭的气味,影响人们的生活、工作和健康。

2. 侵占、污染大量土地

许多未分类的固体垃圾掩埋后,由于化学物质含量高,数十年甚至上百年都不会降解,加上其中含有有毒成分和重金属,导致被污染的土地失去了使用价值。现有的垃圾处理场的数量和规模远远不能适应城市垃圾量增长的要求,固体垃圾占用的场地仍处于增长的状态。

3. 严重污染水体

固体垃圾不但含有病原微生物,而且在堆放腐败过程中还会产生大量的有机污染物。固体垃圾大量堆放或掩埋,经雨水渗沥,极易污染地表水和地下水,进而严重危害人们的健康。

4. 引发垃圾爆炸事故

有机废物在分解过程中会释放出大量甲烷,在没有通风设备和控制设备较陈旧的垃圾处理场里易引起火灾、爆炸。随着城市垃圾中有机质含量的提高和由露天分散堆放变为集中堆存,只采用简单覆盖易造成产生甲烷气体的厌氧环境,使垃圾自燃、自爆现象不断发生,造成很大损失。

5. 造成生物性污染源

垃圾处理场是滋生几乎所有有害微生物的温床,病毒、细菌、蠕虫、支原体和苍蝇、蟑螂等疾病传播媒介在其中产生,齿类动物(如老鼠)在其中大肆繁殖。所以,固体垃圾如果不采取卫生填埋方式进行处理将造成生物性污染。

四、噪声污染的危害

1. 干扰休息和睡眠,影响工作效率

(1) 干扰休息和睡眠。休息和睡眠是人们消除疲劳、恢复体力和维持健康的必要条件,但噪声使人不得安宁,难以休息和入睡。当人在夜里不能入睡时,便会造成心态紧张,呼吸急促,脉搏跳动加剧,大脑兴奋不止,第二天就会感到疲倦或四肢无力,从而影响到工作和学习。如果长期处于这种状态,就会出现神经衰弱症,表现为失眠、耳鸣、疲劳。

(2) 工作效率降低。研究发现,声音超过85dB,会使人感到心烦意乱,因而无法专心地工作,导致工作效率降低。

2. 损伤听觉、视觉器官

我们或许有过这样的体验,从飞机里下来或从锻压车间出来,耳朵里总是嗡嗡作响,甚至听不清对方说话的声音,过一会儿才会恢复。这种现象叫作听觉疲劳,是人体听觉器官对外界环境的一种保护性反应。如果人长时间遭受强烈噪声影响,听力就会减弱,进而导致听

觉器官的器质性损伤，造成听力下降。

强烈的噪声可以引起耳部的不适，如耳鸣、耳痛、听力损伤。医学专家研究认为，家庭噪声是造成儿童聋哑的病因之一。噪声对儿童身心危害更大。不论是体内的胎儿还是刚出世的孩子，因发育尚未成熟，各组织器官娇嫩和脆弱，噪声均可损伤他们的听觉器官，使听力减退或丧失。

3. 对人体的生理影响

噪声是一种恶性刺激物，长期作用于人的中枢神经系统，可使大脑皮层的兴奋和抑制失调，条件反射异常，出现头晕、头痛、耳鸣、多梦、失眠、心慌、记忆力减退、注意力不集中等症状，严重者可产生精神错乱。这种症状，使用药物治疗疗效很差，但当脱离噪声环境时，症状就会明显好转。

噪声可引起神经系统功能紊乱，表现为血压升高或降低，心率改变，心脏病加剧。噪声会使人唾液分泌减少，胃酸降低，胃蠕动减弱，食欲不振，引起胃溃疡，对人的内分泌机能也会产生影响。噪声对儿童的智力发育也有不利影响，据调查，3岁前儿童生活在75dB的噪声环境里，他们的心脑功能发育都会受到不同程度的损害。在噪声环境下生活的儿童，智力发育水平要比安静条件下的儿童低20%。噪声对人的心理影响主要是使人烦恼、激动、易怒，甚至失去理智。

五、光污染的危害

对光污染的危害，人们研究得较少，就目前的研究成果而言，光污染的危害主要表现在以下方面。

1. 伤害眼睛

20世纪30年代，科学研究就发现，荧光灯的频繁闪烁会迫使瞳孔频繁缩放，造成眼部疲劳。如果眼睛长时间受强光刺激，会导致视网膜水肿、模糊，严重的会破坏视网膜上的感光细胞，甚至使视力受到影响。光照越强，照射时间越长，对眼睛的刺激就越大。晚间随处可见的路灯、壁灯和楼宇顶部的灯光，会对物业使用人的眼睛产生伤害。

2. 影响睡眠

人们都知道，白天的睡眠不如夜晚的睡眠质量高，其根本原因在于白天太亮，夜晚的光线比白天暗。因此，夜晚在有光房间的睡眠不如在无光房间的睡眠质量高，光线会对人的睡眠造成影响。作为超过人生理安全感、舒适感的光污染，对人睡眠的影响尤其严重。

3. 产生不利情绪

研究表明，彩光污染不仅有损人的生理功能，而且对人的心理也有影响。如果人们长期处在彩光灯的照射下，其心理积累效应也会不同程度地引起倦怠无力、头晕、神经衰弱等病症。

任务实施

请列举你遭受过的环境污染的危害或者查找有关环境污染造成严重危害的报道，把主要内容写在下页方框中。

任务评价

对教师、同学在课堂交流中的发言进行评价,将评价简要写在下表中并赋予分值。

序号	评价项目	教　师	同　学
1	发言内容的思政性(满分20分)		
2	发言内容的合理性(满分20分)		
3	发言内容的科学性(满分20分)		
4	发言内容的创新性(满分20分)		
5	发言内容的完整性(满分10分)		
6	发言方式的条理性(满分10分)		
合计	满分100分		

任务三　了解物业环境污染的预防

 学习准备

查阅资料,思考物业大气污染、固体垃圾污染、光污染、辐射污染等物业环境污染的预防措施有哪些。请在下页方框中列出要点。

相关知识

一、预防的重要性

"防患于未然""防微杜渐",这是人们对预防性工作赋予重要价值的概括性描述。物业环境污染预防的重要性具体体现在以下几点。

1．防止损失的出现

任何环境污染都会造成损失,只是损失的表现形式有所差异。其差异在于近期与远期不同;显性和隐性不同。一部分损失表现为近期的、显性的,会在很短的时间内就展现在人们的眼前。另一部分损失则表现为远期的、隐形的,在短期内是看不出来的,要经过较长时间才会产生损失,但损失会以不明显的方式出现。例如,部分水污染对人们身体健康的影响会持续两三个月。

如果物业环境污染的预防措施得当,预防措施能够被有效地贯彻和执行,物业环境污染事件就可以避免,物业环境污染所造成的损失就可以有效地降低或清除。例如,物业服务区域内的灯光污染预防,只要在服务区域内路灯的数量设置合理,就能避免过多的路灯光源;路灯功率的大小及光线色泽的选择应科学,光线的亮度应适度;装饰性的外墙壁灯和楼顶灯在数量上合理、亮度上给人以舒适感,并安排专人管理,在休息的时间段关闭外墙壁灯和楼顶灯。

2．避免纠纷的产生

物业环境污染和其他污染相比,显著特征之一便是污染问题的性质较为一般,绝大多数情况下是小的矛盾和纠纷。例如,一业主因为邻居家电视声音过大形成噪声污染影响其休息,如果处理不当,邻里之间就会产生矛盾和纠纷。针对此类问题,物业环境服务企业若能提前采取预防措施,包括管理规约的制订、宣传,管理规约执行的监督、检查,以及其他方式的宣传教育,培养业主的环境意识,使得广大业主养成良好的物业环境意识,就能杜绝物业环境污染事情的发生,从而避免矛盾和纠纷的产生。

3. 树立良好的企业形象

物业环境污染事件的发生将造成一定的损失,必然给物业环境服务企业带来不利的影响。即便是一般物业环境污染产生的矛盾和纠纷,也会给物业服务企业带来负面影响。相比较而言,物业环境污染预防措施正确,措施得到有效的贯彻执行,预防效果良好。完全杜绝严重的物业环境污染事件的发生,基本上避免一般物业环境污染矛盾和纠纷的出现,这对物业环境服务企业良好形象的树立将带来积极的促进作用。

4. 获取良好的经济效益

企业在兼顾社会效益的同时主要是追求经济效益,以最小的成本获取最大的收益,或者是在收益确定的条件下,尽可能将投入最小化。在物业环境服务企业提供环境服务的过程中预防环境污染所花费的成本,与污染发生后造成的损失相比,应该是很少的一部分。因此,从经济效益考虑预防则是更经济、更为可取的方法。

二、预防的原则

对于物业环境污染的预防,我们应坚持的原则如下。

1. 思想上高度重视

物业环境污染的预防,不能仅停留在口头上,或者是挂在墙上,应该在思想上真正地高度重视。只有在思想上高度重视,才会发挥主观的积极性、主动性,想方设法做好预防工作。如果思想上不能真正地高度重视,而是被动地响应或被动地应付,预防工作只会流于形式,不能达到真正的预防效果。物业环境污染事件在该发生的时候就会不可避免地发生。

要实现思想上真正高度重视的目标,就要对相关的人员进行思想上的教育和引导。通过多种形式的教育使得从事环境污染预防的工作人员真正从思想上重视物业环境污染的预防。

2. 牢牢树立预防第一的思想

不仅思想上要重视物业环境污染问题、重视物业环境污染的预防,还要把物业环境污染预防的工作放在物业环境管理的首位。物业环境管理包括的内容很多,在污染预防方面主要有污染事故、矛盾与纠纷的处理,针对出现的事故、矛盾与纠纷的整改等内容。在诸多内容中应该把预防第一的思想放在突出的首要位置,围绕着预防第一的思想开展工作。

预防第一不代表其他工作就不需要做。其他涉及物业环境污染的工作依然要做好,如环境污染事故发生后的紧急处理预案,普通污染纠纷处理的流程,等等,都必须提前设计与准备。

3. 预防措施要具体、有效

污染预防只在思想上重视还不够,还要有具体的预防措施,例如,针对预防固体垃圾污染的具体措施应包括垃圾的及时清扫、收集、清运,以及对清扫、收集、清运的检查;针对光污染的具体预防措施应包括光源数量的设置、光源明亮程度的科学安排,以及光源发亮时间的控制等。当然,其中的每一方面还包括更为具体的措施。

预防措施要具体,更要有效。检验其有效性的途径有三种。

（1）行政部门的监督、检查。通过行政部门的监督与检查，发现预防措施的漏洞与不足，及时加以完善。物业环境服务企业应根据国家相关部门总结、研究的技术标准和技术规范，对比预防措施，发现问题及时解决，确保预防措施的有效性。

（2）邀请优秀的同行检查、指导。优秀的同行是在物业环境污染预防方面具有示范作用的物业环境服务企业。他们是有丰富的成功经验和优秀的专业技术人才，邀请他们对所采取的预防措施进行检查，能够发现其他组织和个人无法发现的问题，他们的指导也会使得预防的措施更加完善。

（3）定期自我检查、调查和分析。物业环境服务企业应通过寻找、分析存在的问题，然后加以及时解决，不断完善污染预防措施，实现预防措施的有效性。

4. 确保各项预防措施的落实

各项预防措施首先形成于人的头脑中，然后诉诸文字，形成书面文件，并且各项措施均能得到彻底的贯彻和落实，才能真正发挥预防的作用。

预防措施要得到彻底的贯彻、执行，必须具备四个条件。

（1）要有专业的技术人员和专门的工作人员。污染的预防专项工作，必须配备专门的工作人员，否则预防工作无从实施。污染预防工作带有很强的技术性，必须由专门的技术人员才能做好。例如，光污染预防时，光线亮度的设置与控制需要由专门的技术人员来完成。

（2）要有专门的经费保证。污染的预防需要专门的技术人员和专门的工作人员，还需要专门的设施设备。技术人员和工作人员要有工资保证；专门的设施设备要有专项经费保证。此外，还需要其他专项费用，如同行指导的接待费用等。

（3）要有专门的预防工作制度。要使预防措施、专职人员、专门的设施设备等要素有效地运行起来，保障各种要素协调运转，就需要有专门的预防工作制度。专门的预防工作制度能把各种要素有机组织起来，也能促进工作人员各司其职、认真负责，做好各项预防工作。

（4）要有检查、考核。在预防措施、专职人员、专门设施设备等都具备的条件下，还要定期或不定期地对预防措施的执行情况进行检查和考核。通过检查和考核，能够促进专职人员认真工作，保证预防措施的彻底贯彻与执行，也能发现存在的问题，及时予以纠正。同时对专职人员，根据其工作情况实施考核。

三、预防的措施

1. 大气污染

要做好大气污染的预防，需清楚产生大气污染的原因。产生物业环境大气污染的原因可以归纳为以下几种。

（1）室内装修装饰材料及家具中的挥发性化学物质的污染。目前，在普通家庭装修装饰材料中经常含有一些挥发性有机物，这些有机物随着时间的推移，逐渐散发到室内的空气中，使室内局部环境的污染物超标，对人体造成健康损害。例如，油漆、胶合板、泡沫填料、内墙涂料、塑料贴面等材料均不同程度地含有甲醛、苯、甲苯、乙醇、氯等有机溶剂，其中的一些溶剂对人体有较大危害。

（2）日常生活化学品的使用。在现代社会，为了解决生活中遇到的问题，提高生活质量、净化美化环境或提升个人形象，日常生活中大多使用化学制品。这些化学制品在被使用时便产生有毒有害的气体,污染空气,影响使用人或使用人家庭成员的健康。

（3）住宅厨房污染。无论使用何种燃料,厨房内炉灶在炊事活动中都可能产生有害的气体,对厨房及家庭住宅内其他房间产生空气污染。

（4）吸烟造成的室内空气污染。吸烟是室内人为造成的一种污染,香烟燃烧的烟雾成分极其复杂,不仅包含未充分燃烧形成的一氧化碳、氮氧化合物和有机类物质,而且包括亚硝胺和多环芳烃等致癌性的物质。

（5）车辆尾气的排放。小区内外过往的车辆排放的尾气对物业管理区域内的大气造成污染。车辆尾气的主要污染物为一氧化碳、碳氢化合物、氮氧化合物、二氧化硫、含铅化合物及固体颗粒物会对人类和动植物的危害极大。

（6）扬尘造成的空气污染。在地面灰尘较多且地面干燥的条件下,普通的地面垃圾清扫、快速行驶的汽车及部分大型的活动都会造成地面灰尘的扬起,形成扬尘现象。吸入含有大量颗粒的空气会危害人体肺部健康。

在清除物业环境大气污染原因的基础上,可以有针对性地采取以下预防措施。

（1）慎重选用装修装饰材料和日用化学品。在进行室内装饰时,尽量少使用化学物质较多的材料,并尽量选择具有环境标志的环保型装饰材料。居室装修最好采用木、竹地板。在室内装修后,一定要经过一段时间充分释放有害气体后,才可以进住。在日常生活中,应尽量不用或少用香水、空气清新剂、杀虫剂等物品。

（2）提高灶具的质量,让燃料燃烧完全。有条件的家庭尽量安装吸油烟机或排气扇,少做需要爆炒的菜肴;尽量能把厨房安排在通风较好的地方,使空气污染的浓度降低,厨房中尽量使用电器产品厨具。

（3）养成良好的生活习惯,加强室内的通风换气,不要在室内吸烟,保持室内空气的清新。为了增加新鲜空气量,除了常开门窗,还可以留有经常保持空气流通的气窗,或者在居室内安装空气净化设备,这些都是预防室内空气污染的极简单而有效的方法。

（4）室内可适当种植一些绿色植物,但室内种植的绿色植物应有所选择,同时不能在狭小的空间内大量种植花草。室内经常被广泛种植的绿色植物以月季、米兰、杜、虎尾兰、芦荟、吊兰、常春藤、菊花、铁树、龟背竹、百合等为最佳,可不同程度地吸收一些有害气体。

（5）对于车辆尾气的排放,应该减少车辆的过境量,对必须进入小区的车辆,尽量引导其进入地下车库;提高园区的绿化率,利用绿色植物吸收车辆排放的尾气,净化空气,起到预防大气污染的作用。此外,做好减少尾气排放驾驶技术的宣传,力争在小区内部尽可能少地排放尾气。

（6）做好扬尘的防范工作。公共场所的地面清扫,应该通过洒水降尘的方式进行。首先喷洒少量的水溶解或固定灰尘,等待一定的时间再清扫;或者直接采用清水冲刷的方式,清洗地面。在大型活动开展之前,对活动场地实施清洗,或在活动场地覆盖地毯。对于小区内部的车道,应保持干净、无灰尘。

2. 水污染

一般情况下,物业使用人使用的是自来水,由当地供水公司提供;使用过的废水进入专门的污水管道,由污水管道排出,整个过程基本上处于封闭的状态。对于供水公司提供的自来水,在不实施二次供水的情况下,物业服务企业不能施加任何影响;对于物业使用人使用后的废水,绝大多数物业服务企业也不能处理。

在不实施二次供水的条件下,物业服务企业能做的只有三点。

(1)保护好供水设施设备。对供水设施设备定期检查、及时维修与保养,保证供水设施设备的完好,确保供水公司供给的水源进入本服务区域内不被污染,安全进入每家每户。

(2)随时关注物业服务区域内的水质状况。发现水质异常,应及时告知物业使用人,并联系供水企业,向供水企业反映异常情况,在获得相关信息后,向物业使用人做好解释和说明。

(3)做好排污设施设备的管理和养护。为预防废水的泄露污染物业服务区域的环境,应做好相关的预防工作,主要是做好废水设施设备的管理、检查和养护,发现问题苗头及时解决,防患于未然。

二次供水逐渐成为普遍的现象。国家为节约土地资源、集约利用土地,高层建筑在城市建筑中占据绝对的比例。由于水压的原因,高层建筑物都需要二次供水,以确保高层用户的用水。多层建筑物的物业使用人为提高水质,往往也采用二次供水的方式。

二次供水一般在物业服务区域内实施,有多种因素对二次供水的水污染构成威胁,因此二次供水水污染的预防是物业环境服务水污染预防的重点。二次供水水污染的预防应从以下几点着手。

(1)指定专人负责二次供水设备、设施的具体管理。

(2)对直接从事二次供水设备、设施清洗和消毒的工作人员,必须每年体检一次,在取得卫生行政主管部门统一发放的健康合格证后,方可上岗。

(3)每年至少清洗水箱两次,并建立档案。

(4)对二次供水设备、设施要及时维修和更换,并保证使用的各种净水、除垢、消毒材料符合《生活饮用水卫生标准》。

(5)配合卫生防疫机构及时抽检水样,每半年对二次供水的水质检测一次。

(6)保持二次供水设施周围环境的清洁。

(7)采取必要的安全防范措施,对水箱加盖、加锁。

(8)禁止任何人为毁坏二次供水设备、设施及污染二次供水水质的行为。

3. 噪声污染

要做好噪声污染的预防,需要清楚噪声污染的源头和噪声污染的危害路径。

小区内噪声污染的源头如下。

(1)生活噪声。生活噪声,如大声喧哗、播放广播电视网络等造成的噪声,是完全可以避免的,只要广大业主或物业使用人能有环境保护意识,并替邻居着想,在生活中注意减少噪声,一般就不会产生影响他人生活、学习的生活噪声。

(2)装修装饰噪声。业主拿到新房之后,通常都会进行装修装饰,难免会产生噪声,如钻墙、砸墙的声音,安装家具时发出的电锯声,以及电动工具拧螺丝时发出的噪声,等等。这些装修装饰噪声严重影响业主或物业使用人的生活、学习。

(3)交通噪声。交通噪声的来源有两个方面:一方面是小区外面路面上过往车辆发出的轮胎与地面的摩擦声,以及汽车的鸣笛声;另一方面是小区里面进出车辆发出的噪声。对于来自这两方面的交通噪声,物业环境服务企业控制的能力是不同的,采取控制的方式、方法也是不同的。

所有噪声污染的传播基本上都为:声源—传播途径—接收者。因此,控制噪声污染的技术措施也应当分为三部分考虑。首先是尽量减弱声源本身的强度,其次是从传播途径方面对噪声进行削弱,最后是从接收者方面采取防护手段等。

在了解了噪声污染传播的途径之后,便可以有针对性地对噪声污染采取以下预防性措施。

(1) 采取行政措施控制噪声。控制噪声只靠技术手段解决问题还不够,还必须配合行政措施,并制定相关的法规。这些行政法规为预防环境噪声污染,保障人们有良好的生活环境和身体健康,起到了非常重要的作用。例如,限制外部车辆穿越住宅区、禁止汽车在市区内鸣笛和在住宅区乱用高声喇叭等。

(2) 发挥管理规约的作用。管理规约是广大业主自己制订的、维护广大业主自身利益,对全体业主或物业使用人都具有约束力的规定。对于生活噪声、装修装饰噪声的预防,可以在管理规约中加以明确规定,并采取检查和告知的手段和方式,提醒人们避免产生生活噪声,干扰他人生活和学习;督促装修装饰的工作人员按照时间规定进行装修装饰作业。

(3) 采取技术手段,预防噪声的影响。在住宅平面设计与构件设计中增加防噪措施,可以说是环境噪声控制的最后一道防线。在设计中应考虑的可以预防噪声污染的有平面布局中的窗户与阳台的设计、隔墙与楼板的隔声、分户门的隔声及设备与管道的噪声控制等。

物业环境噪声污染的预防只能是就已建成的物业项目考虑。当然,在物业项目的选址、设计和施工过程中都应考虑到噪声污染的问题。

4. 固体垃圾污染

固体垃圾污染的来源主要有以下方面。

(1) 生活垃圾。生活中的广大业主每天都会生产一定的垃圾,如剩饭剩菜废弃物、油桶、醋瓶、饮料瓶、烂碗、碎盘、破旧衣服等,各种各样的小型生活垃圾,废弃的沙发、床、桌椅板凳等大型的生活垃圾。

(2) 装修装饰垃圾。业主在拿到新房之后一般都会进行装修装饰,或者是在入住一定时间之后,为改善居住环境,提高生活质量,会对房屋进行二次装修装饰。在装修装饰的过程中就会产生装修垃圾。

(3) 物业环境整治作业产生的垃圾。物业环境要整治,就会有大量的整治工作,在整治工作的过程中也会产生一定的固体垃圾,最为典型的是对绿化植物的修剪过程中会有大量剪断的枝叶落在地面,成为垃圾。

(4) 绿色植物的分离物。绿色植物在不同的季节会有枯枝败叶、残花旧蕊、飞絮烂果等坠落地面,形成垃圾。这些垃圾如果不能被及时清理,也会造成固体垃圾污染。

固体垃圾污染的形成,是因为产生后的垃圾未能及时清理。因此,预防固体垃圾污染的关键是及时清理产生的各种固体垃圾。

在物业环境服务的实践中存在着一些预防固体垃圾的成功措施。

(1) 装修装饰垃圾及时放到指定地点。正规的物业环境服务企业在为业主提供物业服务过程中,要求装修的业主缴纳装修保证金,装修完毕,物业派人检查,若装修垃圾已放到指定的地点,就将押金退还给装修业主;若装修垃圾乱丢乱放,物业将扣留押金。装修业主及时把装修垃圾送到指定地方后,物业环境服务企业安排车辆及时运走装修装饰垃圾。

(2) 收集好、清运好生活垃圾。生活垃圾涉及千家万户及其每一个家庭成员。乱丢生活垃圾,生活垃圾不能及时清扫、收集,必然会造成生活垃圾污染。因此,生活垃圾应及时清扫,并收集在垃圾箱内及时运走。

(3) 专人负责,及时处理好环境整治中产生的垃圾。环境整治工作,一般是阶段性、临

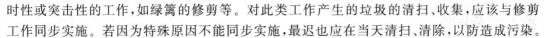

时性或突击性的工作,如绿篱的修剪等。对此类工作产生的垃圾的清扫、收集,应该与修剪工作同步实施。若因为特殊原因不能同步实施,最迟也应在当天清扫、清除,以防造成污染。

(4)处理好植物的分离物。这种垃圾的产生比较特殊,在一定的季节基本上是时刻都在不间断地产生,无法做到及时清扫。因此,对于这种垃圾只能定时清扫,坚持每半天清扫一次,最迟不能超过一天清扫一次。

5. 光污染

在物业环境服务实践中发现,光污染主要源于物业服务区域内的光源的数量设置过多;光线的亮度配置不科学、不合理,过暗的光线导致夜晚人们行动的不便,而过亮的光线会造成光污染;光亮的时间控制不当,在通常的睡眠时间那些应该关闭的、基本上没有用途的光源没有关闭。

因此,光污染应该从三个方面进行预防。

(1)科学设置光源的数量。经过认真、科学的测算设置最小量的光源数,坚持能少则少原则。这样既避免了光污染现象的发生,也节约了设施成本和电费成本。

(2)科学配置光源的亮度。过亮的光源会导致眼睛的不适,甚至全身的不适,对人的视力造成伤害;但光线也不能过暗,过暗的光源达不到照明的效果,科学、合理的光源应该给人以月光的感觉。

(3)控制好光源的开与关。在睡眠时间,如果光源不能及时关闭,既浪费电,也影响人睡眠和健康,构成光污染;在需要照明的时候,如果光源不能及时打开,所有光源的设施就不能发挥应有的作用。因此,控制好光源的开与关,在需要光源的时候应及时打开,不需要光源的时候应及时关闭;控制光源的开与关,既可以用人工,也可以用智能设备。

任务实施

(1)调查了解一处住宅物业二次供水的实际情况,把掌握的实际情况简要写在下方方框中。

(2)城市噪声是影响城市居民生活质量的一个重要因素,尤其是城市道路交通对城市居民生活的影响。请思考如何解决城市噪声问题,把你解决问题的想法写在下方方框中。

任务评价

对教师、同学在课堂交流中的发言进行评价，将评价简要写在下表中并赋予分值。

序号	评价项目	教 师	同 学
1	发言内容的思政性（满分20分）		
2	发言内容的合理性（满分20分）		
3	发言内容的科学性（满分20分）		
4	发言内容的创新性（满分20分）		
5	发言内容的完整性（满分10分）		
6	发言方式的条理性（满分10分）		
合计	满分100分		

任务四　物业环境污染的治理

 学习准备

思考治理大气污染、水污染、固体垃圾污染、光污染、噪声污染与辐射污染等分别有哪些治理措施。把思考的主要内容列举在下方方框中。

 相关知识

一、治理的原则

物业环境污染的治理应坚持以下原则。

1. 及时治理

及时治理非常重要。污染发生后,如果能及时治理,就可以把污染造成的损失降到最低程度;如果不能及时得到有效治理,污染会进一步扩大,造成的损失也更加严重。

2. 科学治理

物业环境污染发生后,需要有科学的方法和技术实施治理。科学的治理方法与技术是取得良好治理效果的保证。如果治理方法不科学、不合理,可能会造成更大的损失,或者污染问题不能及时得到解决。

3. 做好信息报道与宣传工作

现代社会随着手机功能的日益全面和互联网技术的高度发达,每一个拥有智能手机的用户都是一名新闻报道者。污染事件发生后,一般都会有负面信息出现。物业环境服务企业应及时关注网络舆情,做好相关信息的报道、宣传。

4. 及时总结

物业环境污染发生、治理完毕后要及时总结经验和教训,有针对性地采取措施,防止类似污染事件的再次发生。任何污染事件的发生都有一定的原因,针对污染事件应分析其产生的深刻原因,找到原因才能找到问题的症结,才能采取有效防范措施,防止类似污染再次发生。

二、治理的措施

1. 大气污染

物业环境空气污染发生后的治理,通常的做法如下。

(1)控制、去除空气污染源。物业环境服务企业应在第一时间控制、去除空气污染源,防止污染进一步扩大或加剧。例如,物业管理区域内有煤气或天然气管道泄漏,造成空气污染。面对此类污染,首先要找到泄漏的位置,堵塞泄漏、防止泄漏的蔓延。

(2)根据大气污染的程度,决定是否疏散受到污染影响的业主。大气污染的程度是不同的,有严重污染、中度污染与轻度污染之分。轻度的空气污染给人造成不适的感觉,但对人的危害程度十分有限,一般不需要疏散、转移人群。当严重的空气污染事件发生时,严重威胁受污染影响的人群的生命健康,此时就要疏散、转移受其影响的人群。

(3)及时发放防毒器具。对受到严重大气污染的业主,物业服务企业可以向受污染大气影响的业主发放防毒器具,如防毒面具、口罩等防毒器具。当然前提条件是物业服务企业应该提前备有各种有效防毒器具,并根据空气污染的程度及时发放。防毒器具一般都有保质期,应对防毒器具定时检查,及时更新超过保质期的防毒器具。

(4)及时上报大气污染事件。对于严重的大气污染,不仅物业环境服务企业要及时采取应急措施,还要把大气污染的详细情况上报当地环境部门,确保在关键时刻能够得到环境保护部门的帮助与支持。另外,大多数严重的大气污染,如果没有当地环境部门的帮助和支持,是无法得到有效制止的。

2. 水污染

水污染的发生可能是供水公司提供的水在进入物业管理区域之前已被污染,或者是进入物业管理区域内才被污染两种情况。因此,当水污染发生后应做好下面几项工作。

(1)及时告知物业管理区域内的所有业主或物业使用人。很多问题的出现给人们造成的心理上的冲击远比实际问题造成的影响要大。如果不是严重的水污染,那么对人们造成的危害是十分有限的。物业环境服务企业应及时告知物业使用人,使得他们在心理上有所准备,以平常的心态对待水污染问题。

(2)查明原因。水污染问题发生后,物业环境服务企业应及时查明原因,弄清楚水污染是供水公司造成的,还是由于本物业管理区域内的设备设施损坏等原因造成的。首先询问供水公司,确定供水公司提供的水源有无问题;其次,在确定供水公司水源没有问题的条件下,要检查物业管理区域内部的供水设施设备,寻找水污染的原因。

(3)迅速采取有效措施。在查明原因之后,物业环境服务企业应迅速采取措施,解决污染问题。如果水污染是由内部设施设备造成的,则应关闭供水总闸,修复设施设备;如果水污染是由外部原因造成的,则应及时告知供水公司,寻求供水企业的帮助和支持。

另外,在物业使用人的生活污水排放的过程中,也会出现水污染的可能性。生活污水排放的设施设备出现故障,污水不能被排出,会在本物业管理区域内造成水污染。对于这类水污染,应该从两个方面解决。

(1)修复污水排放的设施设备。修复污水排放的设施设备,使污水沿着污水排放的管道顺畅排出。

(2)清理溢出的污水。清理溢出的污水,需要保洁部门的支持和配合。当然,污水的清理可以是在排污设施设备修复完毕后,也可以是在修复的过程中;在有大量污水外溢时,则需要修复和清理同步进行。

3. 固体垃圾污染

在物业环境管理实践中,固体垃圾污染存在的现象较少。现阶段随着我国物业管理相关的法律法规及条例的实施,包括物业环境服务在内的专业物业服务社会化、法治化,物业服务一般都会由专门的物业服务企业提供,配有专门的物业服务人员,负责保洁服务、秩序维护、设备的维修和养护等。因此,很少出现物业管理区域内的固体垃圾污染。如果出现固体垃圾污染,通常的做法如下。

(1)安排相应数量的保洁人员,清扫垃圾。根据固体垃圾出现量的多少,安排适量的保洁人员清扫、收集污染垃圾。

(2)联系清运车辆,清运垃圾。清扫的垃圾堆放在物业管理区域内,应及时联系、安排垃圾清运车辆,把垃圾运送到垃圾处理场地。对于垃圾的清运,不同的物业服务企业清运的方式不同:一是物业服务企业自备专门的垃圾清运车辆;二是由当地的环卫部门负责清运;三是承包给社会上专门的垃圾清运企业。不论采取何种方式,都需要物业服务企业联系和安排。

(3)清运之后的场地保洁和修复。大量的固体垃圾被清运后,原场地需要认真、仔细地冲洗、打扫,不能简单处理。被污染的场地及周围的环境可能被严重地破坏,因此需要对原被污染场地与周围的环境进行细致的保洁和修复。

4. 噪声污染

对噪声污染,一般从以下几个方面入手解决。

（1）去除噪声污染源。噪声污染都是有源头的,治理噪声污染首先要看能否从源头上解决,消除噪声污染源。例如,在休息时间进行装修装饰,发出噪声会影响邻居休息,此时就可以考虑叫停装修装饰,消除噪声源。

（2）阻断或减弱噪声的传播。在实践中有些噪声源在现有技术条件下是无法消除的,这时最好的办法是阻断或减弱噪声的传播。例如,为畅通现代城市交通而修建的城市高架桥,距离居民楼房很近。在高架桥上通行的车辆不可避免地会产生噪声,对这样的噪声只能采取阻断或减弱的方法,用透明的隔音材料把高架桥围起来。

（3）加强防护。对于无法去除的噪声污染,除了阻断与减弱,还可以从加强防护的角度考虑解决噪声污染问题。例如,现代城市住宅的窗户玻璃很多都是双层或双层以上,通过这种方式加强对噪声污染的防护,在实践中取得了较好的效果。

（4）不断提升消音技术。加强消音技术的研究,不断提高机械消音的水平,消除或减弱机械噪声。例如,发明无声新型材料,把机械自身摩擦、撞击发出的噪声以及机械与外物摩擦产生的噪声降到最低程度。

5. 光污染

光污染的治理与光污染的预防,其解决问题的思路基本一致。光污染发生以后,首先调查、分析和研究光污染产生的原因,然后采取相应的对策。

如果是光源数量过多造成的光污染,则需要减少光源的数量;如果是光线过亮造成的光污染,则需要调整光源的亮度,更换灯管或灯泡;如果是因为光源的控制不当造成的光污染,则需要加强管理,控制好光源发光、发亮的时间。

三、治理的要求

在治理物业环境污染的过程中,要想获得良好的治理效果,必须坚持以下几点要求。

1. 治理要及时

物业环境污染发生后,应以最快的速度及时治理,以防止污染事故的扩大、蔓延,造成更加严重的损失。治理要及时的内涵在于:一是要及时制止污染的持续状态,是大气污染的,要阻断、堵塞、叫停污染源;是水污染的,要关闭、堵塞、切断污水源;二是要及时处理污染造成的后果。污染的治理要及时,否则会造成更加严重的污染后果,后期的治理更加困难,成本更高、代价更大。

2. 治理方法要正确、得当

在污染的治理过程中治理方法的正确、得当非常重要。正确、得当的污染治理方法会使污染被迅速制止,污染造成的后果被及时、有效地处理,避免了污染的进一步扩大,最大限度地降低污染造成的损失与不利影响。

正确、得当的污染治理方法来源于污染发生之前的充分准备,更来源于对科学治理污染方法的学习、研究和掌握。在掌握科学的污染治理方式方法后,还需要有科学、合理的工作安排,以确保正确、得当的治理方法能够得到合理、有效的应用,产生预期的治理效果。

3. 加强宣传教育,做好心理上的治理

物业环境服务区域内发生环境污染事件,所造成的影响包括有形的、物理形态的影响与无形的、心理上的影响。前者一般是能够看见的、具体的、能感受到的,如被污染的空气,给人难闻的感觉;被污染的水,给人视觉上、嗅觉上的不适感。后者造成的影响则是无形的、抽象的,如水污染、大气污染给人心理上的恐慌与担心。

有形的污染被制止和处理后,还需要消除物业使用人心理上的不良影响,即心理上的治理。心理上的治理,其主要的方法是加强宣传教育。客观报告污染的发生原因、发生的过程、造成的危害、处理污染的人员,以及污染处理的结果等基本信息。科学分析、合理引导物业使用人对污染的正确认识,消除有形污染对人们心理上的无形的、不利影响。

4. 总结经验和教训

从长远看,污染的治理要取得理想的效果,必须善于不断总结物业环境服务治理的经验和教训。每一次污染的治理总会有经验与不足。只有进行认真的总结和深刻的反思,才能保证在未来的污染治理中更好地利用成功的经验,避免以前的失误和不足。

成功的经验和失败的教训,需要分析、总结,也需要用这些经验和教训教育从事污染防治的相关人员,使他们深刻认识这些宝贵的经验和教训,并把这些经验和教训贯彻在未来的污染防治工作中。

5. 依据国家的法律法规、政策及标准治理

物业环境管理是基层治理的一部分。物业服务企业不是国家行政机关,没有行政权力,但物业服务企业和居民委员会的服务对象相似,面对的是广大人民群众,在物业污染预防和治理方面必须依据国家相关的法律法规、政策及标准进行。

 任务实施

(1)联系你的生活实际,谈一起你身边发生的或新闻报道中的环境污染治理案件。

(2)谈谈物业环境污染治理应注意的事项。

请把回答上述两问题的主要内容写在下方方框中。

任务评价

对教师、同学在课堂交流中的发言进行评价,将评价简要写在下表中并赋予分值。

序号	评价项目	教 师	同 学
1	发言内容的思政性(满分 20 分)		
2	发言内容的合理性(满分 20 分)		
3	发言内容的科学性(满分 20 分)		
4	发言内容的创新性(满分 20 分)		
5	发言内容的完整性(满分 10 分)		
6	发言方式的条理性(满分 10 分)		
合计	满分 100 分		

 案 中 学

杭州某园区的赵女士投诉半夜经常被狗叫声吵醒,严重影响了自己的休息,要求物业服务中心进行赔偿。物业服务中心经理上门回复赵女士已经告知、提醒养宠物的业主。赵女士认为物业这样做没有诚意,并不能解决实际问题。

1. 管理启示

业主虽然有权在自己的住宅内养宠物,但应以不妨碍相邻他方的正常生活为限度,否则就会违反社会公德,并侵犯了邻居的权益。当然,邻居也有容忍的义务,但容忍是有条件和限度的,虽然养狗是私人行为,但不能放任、为所欲为,给别人的生活带来困扰。物业管理人员或秩序维护队员在巡查中应及时发现问题并引起重视,做好《文明饲养宠物管理规定》的宣传及协调工作。若问题得不到及时处理,导致恶性循环,宠物经常扰民,势必造成业主的投诉。

赵女士投诉的问题属于物业相邻关系的纠纷与饲养动物损害责任的问题,按照《中华人民共和国民法典》第二百九十四条"不动产权利人不得违反国家规定弃置固体废物,排放大气污染物、水污染物、土壤污染物、噪声、光辐射、电磁辐射等有害物质",以及《中华人民共和国民法典》第一千二百五十一条"饲养动物应当遵守法律法规,尊重社会公德,不得妨碍他人生活",物业服务中心应及时处理赵女士的投诉。但是物业服务中心也只能提醒、劝阻,没有执法权,无权制止或阻止业主养宠物的行为,否则可能会构成违法的行为。

2. 建议措施

对物业服务中心来说,出现这类投诉问题,应以沟通调解的方式为主,用"法、理、情"的手段处理解决这类物业相邻关系的纠纷,减少派出所或其他相关部门干预,以免小事变大,影响物业和业主之间的融洽关系,妨碍后续服务管理及物业费收缴的顺利开展。

(1)诚意宣传。将《文明饲养宠物管理规定》和相关法规在小区内公示,每户发放、宣传,让其家喻户晓,通过宣传教育争取得到广大业主的认可与支持。

(2)晓之以理。组织有宠物的业主召开专题座谈会,为宠物建立专用档案,加强对违规户的说服劝导工作。

（3）动之以情。主动联系当地的卫生防疫部门，为养宠物业主提供注射预防狂犬病疫苗、办理饲养宠物证明；为暂时没有狗绳的业主提供牵引的绳索服务；为临时出差的养犬业主提供宠物寄养服务的信息和联系相关的服务机构，通过这些便民的措施得到养犬户业主的欢迎、肯定及理解。

 **章后复习自测**

一、选择题

1. 以下不属于物业环境常见污染的是（　　　）。
   A. 车辆尾气污染　　　　　　　　　　B. 室内外空气污染
   C. 工厂噪声污染　　　　　　　　　　D. 生活垃圾污染

2. 常见的、对人体危害较大的气体是（　　　）。
   A. 一氧化碳　　　B. 二氧化碳　　　C. 氨气　　　D. 甲烷

3. 水对于人体很重要，一个成年人每天应饮水（　　　）L左右。
   A. 1　　　　　　B. 2　　　　　　C. 3　　　　　　D. 4

4. 不是大气污染主要成分的是（　　　）。
   A. 二氧化硫　　　B. 二氧化碳　　　C. 一氧化碳　　　D. 氡气

5. 适合人类生活的环境声音是（　　　）dB。
   A. 0～15　　　　B. 15～30　　　　C. 30～45　　　　D. 15～45

6. 可以造成耳聋的声音是（　　　）dB。
   A. 85　　　　　　B. 95　　　　　　C. 105　　　　　　D. 115

7. 对待物业环境污染的策略应该是（　　　）。
   A. 预防为主　治理为辅　　　　　　B. 治理为主　预防为辅
   C. 预防和治理并重　　　　　　　　D. 无须预防　治理即可

8. 噪声的传播基本上分为声源、（　　　）、接收者三个环节。
   A. 发声者　　　B. 传播途径　　　C. 空气　　　D. 传播媒介

9. 人们的健康是第一位的，集中式生活饮用水水源地应该属于地表水功能划分的（　　　）。
   A. Ⅰ类或Ⅱ类　　B. Ⅱ类或Ⅲ类　　C. Ⅲ类或Ⅳ类　　D. Ⅳ类或Ⅴ类

10. 从环节噪声的标准角度考虑，疗养区、高级别墅区、高级宾馆区属于（　　　）。
    A. 0类标准　　　B. 1类标准　　　C. 2类标准　　　D. 3类标准

11. 我国住宅室内噪声标准规定低于所在区域室外环境噪声标准的分贝数是（　　　）。
    A. 5　　　　　　B. 10　　　　　　C. 15　　　　　　D. 20

12. 城市中的道路交通干线两侧区域的环境噪声标准，适用的标准类别是（　　　）。
    A. 1类　　　　　B. 2类　　　　　C. 3类　　　　　D. 4类

13. 你是物业的项目经理，从小区内部空气质量的角度考虑，你认为保洁工作人员做小区保洁的最佳时间是（　　　）。
    A. 正常上班期间　　　　　　　　　B. 每天下午下班之后
    C. 每天大部分业主出门之前　　　　D. 中午业主休息期间

14. 粮食质量安全是人们健康的基本保证,农业生产用水的类别应该是( )。

    A. Ⅱ类   B. Ⅲ类   C. Ⅳ类   D. Ⅴ类

15. 学校的噪声标准应该是( )。

    A. 1类   B. 2类   C. 3类   D. 4类

二、判断题

1. 环境污染完全是由人类自身造成的,人类应该自食其果。 ( )

2. 凡是在大气中排放有毒有害的物质就是大气污染。 ( )

3. 一次大气污染或水污染,污染都会不断蔓延。 ( )

4. 水污染给人们造成的危害主要是由水里面的有毒有害物质造成。 ( )

5. 对人们的工作、学习、生活、休息等正常活动及人体健康造成伤害的噪声环境现象,就是噪声污染。 ( )

6. 夜晚的路灯给黑夜里孤独的行人光明、温暖、夜行的胆量和勇气,除了耗电一切都好。 ( )

7. 夜晚都市的人们,是多么渴望:漫天的星星、皎洁而柔和的月光、一片漆黑的夜、一个静静的美梦。 ( )

8. 绿色植物需要二氧化碳进行光合作用,因此大气不会对绿色植物造成危害。( )

9. 垃圾堆发生爆炸,应该是有人在垃圾堆里埋放了炸药或其他爆炸物。 ( )

10. 固体垃圾会造成水污染。 ( )

11. 长期的噪声污染会影响人们的听力。 ( )

12. 过多或过强的光线,会使人产生焦虑、不安、烦躁等不良情绪。 ( )

13. 污染预防的措施要科学、合理、具体、有效。 ( )

14. 家庭里除了装修装饰材料会造成空气污染以外,家里使用的日用化学用品或化妆用品也会造成室内空气污染。 ( )

15. 二次供水的原因是为满足高层住户的用水需求,楼层高的情况下一次水压不能把水送到高层。 ( )

三、简答题

1. 什么是环境污染?

2. 环境污染的主要特征有哪些?

3. 按照环境污染物质的形态划分,环境污染可以分为哪几类?

4. 物业环境管理实践中,常见的环境污染有哪几种?

5. 请分别简要回答大气污染、水污染、固体污染、噪声污染、光污染的危害。

6. 简要回答物业环境污染预防的重要性。

7. 物业环境污染预防应坚持的原则有哪些?

8. 请分别指出大气污染、水污染、噪声污染、固体垃圾污染、光污染的预防措施。

9. 谈谈二次供水应该注意的事项。

10. 物业环境污染治理应坚持的原则有哪些?

11. 请分别指出大气污染、水污染、噪声污染、固体垃圾污染、光污染的治理措施。

12. 请简要回答物业环境污染治理的要求。

四、探究题

现阶段城市光污染是侵扰城市居民夜晚生活的一大问题,请收集相关资料,咨询相关专业人员,思考解决这一问题的方案。

五、案例分析题

物业公司捆绑收取停车费与物业费纠纷

（1）基本情况

合肥市包河区某小区业主反映,该小区物业公司存在将停车费与物业费捆绑收费行为。

（2）处理结果

包河区物业管理部门会同属地街道,在对情况核实基础上,约谈该物业公司法定代表人和项目经理,责令其立即整改,并按照相关规定对该企业进行信用处理。物业公司对不当收费行为作出纠正。

（3）问题思考

物业管理部门为什么要会同属地街道处理问题?对"物业公司对不当收费行为作出纠正"这句话,应该怎样理解?

物业公司对装修行为履职不到位纠纷

（1）基本情况

合肥市新站区某商业办公业主投诉反映,区域内有违规装修、改装相关设施行为。经现场核实,该商业办公区域一业主,在未通过规划设计变更,也未按规定征求业主意见的情况下,擅自在商业办公楼公共部位打孔安装排水管道。物业公司虽然与该业主签订了装饰装修管理服务协议,告知了装修中的注意事项、禁止行为,但在实际巡查中,对业主违规装修行为仅简单劝止,未明确要求整改,也未上报有关部门,存在日常监督履职不到位问题。

（2）处理结果

区城管部门对业主违法装修行为进行立案查处。区物业管理部门对物业公司未依法履职行为按照有关规定予以信用处理,并在全区作出通报。

（3）问题思考

物业服务公司对物业管理区域内违规装修、乱搭乱建、影响管理区域内整体环境的不良行为应该遵循什么样的处理程序?区物业管理部门和城管部门可以对违法装修的业主实施罚款吗?

项目四

物业环境的卫生管理

学习目标

（1）认识物业环境卫生管理的重要性。

（2）熟悉物业环境卫生管理的主要内容。

（3）明确物业环境卫生管理的基本要求与相关标准。

（4）了解物业垃圾的概念、种类和危害。

（5）掌握物业垃圾的清扫、收集和清运方式。

（6）认识公共场所卫生保洁的重要性。

（7）掌握公共场所卫生保洁的原则。

（8）掌握公共场所卫生保洁的要求和措施。

（9）熟悉物业保洁人员常见职业病的类型和预防措施。

素质目标

（1）培养学生的卫生意识，牢固树立通过讲卫生预防疾病的思想。

（2）培养学生通过讲究卫生、爱护环境提升自我形象的意识。

能力目标

（1）在物业环境管理实践中能够把环境卫生管理放在突出的重要位置。

（2）在物业环境管理实践中能够全面把握卫生管理的主要内容，不出现卫生管理盲区。

（3）熟练运用物业环境卫生管理的基本要求与相关标准做好物业环境卫生管理。

（4）全面掌握垃圾的危害，在物业环境卫生管理实践中能够完整说出垃圾的危害，清晰辨别出由垃圾造成的危害。

（5）根据物业项目的实际情况，采取适当的垃圾清扫、收集和清运方式。

（6）熟练应用公共场所卫生保洁的要求和措施，做好公共场所的卫生保洁工作。

(7) 结合工作实际,做好物业保洁人员常见职业病的预防工作。

任务一　认识物业环境卫生管理基本理论

 学习准备

(1) 结合生活实际,思考物业环境卫生管理的主要内容有哪些。

(2) 思考物业环境卫生管理应达到什么样的标准。

请把思考的结果简要地写在下方方框中。

 相关知识

一、物业环境卫生管理的重要性

1. 业主和使用人生活、工作的最基本要求

物业环境卫生管理是工作的需要,也是生活的需要,是物业使用人感受最深刻的物业环境服务。整洁、卫生的环境,不仅可以使人身体健康,而且可以提高工作效率,所以物业使用人很重视物业环境卫生,往往也最挑剔,一旦保洁搞得不好,就会引起投诉与不满。

2. 体现物业服务企业管理水平高低的标志

一般需对管理工作做出详尽的考察之后,才能衡量物业管理水平的高低。但是人们往往凭直觉或感觉来衡量物业管理水平的高低,而在直觉方面,卫生保洁给人的印象最深刻。对于环境优美的物业,人们对其管理水平往往给予较高的评价,往往用"卫生保洁是美容师""卫生保洁是脸面"来形容保洁工作。

3. 物业区域建筑和设备维护保养的需要

卫生保洁工作在延长建筑物和设备使用寿命上起到重要的作用,外墙瓷砖、花岗石如果

不经常清洗保养,表面就会逐渐受到侵蚀;不锈钢扶手如果不及时保养就会生锈,失去光泽;地毯如果不经常清洗,就会很快变得肮脏不堪。调查表明,地毯如果保养不好只能用1~2年,保养得好可以使用3~4年;大堂大理石地面一般使用7~8年后就会失去光泽,需要再次进行磨光,但保养得好可以延长一半以上使用时间。因此,应当从建筑物和设备保养的高度、从经济的角度进一步认识保洁的重要性。

4. 社会经济发展的需要

许多人认为保洁就是扫地、扫水与除尘等一些无任何科技含量的小事。其实不然,现代保洁涉及化学、物理、机械、电子等学科的知识。不同的建筑物材料需要使用不同的保洁清洗剂,现代化的保洁设备的操作使用,高层外墙保洁的危险性与复杂性等,使现代保洁工作具有相当程度的技术性。

20世纪80年代,一些专业性的保洁公司在上海、深圳等地成立,迅速发展。外国的专业保洁公司也看好中国市场,陆续在沿海城市设立分支机构,同时也带动国内保洁水平的提高。

二、物业环境卫生管理的主要内容

1. 公共场所保洁管理

(1)室内公共场所清洁和保养。主要是指围绕办公楼、宾馆、商场、居民住宅楼等楼宇内开展的物业保洁,包括楼内大堂、楼道、大厅等地方的卫生清扫、地面清洁、地毯清洗,门、玻璃、墙、柱等物品的擦拭、清洗,卫生间清扫与清洁。

(2)室外公共场所的清扫和维护。室外公共场所主要有道路、花坛、绿地、停车场地、建筑小品、公共健身器材等,重点应做好地面清扫、绿地维护、建筑小品维护和清洁等。

(3)楼宇外墙、楼顶的清洁和保养。主要是指楼宇的外墙清洁和墙面的保养,以及楼顶等附属设施的清洁与维护。

2. 生活垃圾管理

(1)生活垃圾的收集和清运。根据物业管辖范围内居住人员情况和管辖区域物业的用途,确定垃圾产生量,并以此来确定收集设施的规模、数量,合理布设垃圾收集设施的位置,包括垃圾桶、垃圾袋、垃圾箱等;制订日常的清运计划,做好时间安排。

(2)装修建筑垃圾的收集和清运。随着装修量的不断提高,相应带来的装修建筑垃圾问题日益凸显。建筑垃圾产生量大,品种相对稳定,不易降解,如果混杂在普通生活垃圾中,会降低生活垃圾的热值,增加生活垃圾的数量,使生活垃圾难于采用焚烧处置或占用卫生填埋场地,增加生活垃圾处理的难度。因此,装修产生的建筑垃圾应单独收集和清运,并可采取综合利用的办法进行处置。

(3)垃圾收集设施的维护和保养。近年来,垃圾收集设施品种和规格不断增加,垃圾场、中转设施更加完善,各种形状、规格的垃圾箱、果皮箱逐渐取代了传统的大型铁皮垃圾箱,应根据垃圾收集设施的特点经常性地对其进行维护和保养。

3. 公共场所卫生防疫管理

(1)公共场所传染病控制。公共场所包括宾馆、商场、文化娱乐场所、公共浴池、图书馆、博物馆、医院候诊室、公交汽车、火车等。就目前物业管理范围而言,重点涉及的公共场所是宾馆、商场、办公楼等公共场所的消毒问题。

（2）公共场所杀虫、灭鼠。公共场所有许多病媒昆虫、动物，它们容易在人群居住的地方传播疾病，尤其是苍蝇、老鼠、蚊子、臭虫等"四害"及蟑螂、蚂蚁等，因此，杀虫、灭鼠是物业卫生保洁工作的内容之一。

三、物业环境卫生管理的基本要求

1. 环境卫生管理要责任分明

环境卫生管理是一项细致、量大、烦琐的工作，每天都有垃圾要清运、场地要清扫，涉及物业管理范围内的每一个地方、每一个角落。因此，物业环境卫生管理必须做到责任分明，必须做到"五定"，即"定人、定地点、定时间、定任务、定质量"，对保洁区域范围的任何一个地方都要有专人负责清洁卫生，并明确清扫的具体内容、时间和质量要求。

2. 环境卫生管理要明确指标

环境卫生不是能用自然指标来衡量的，它的成果是一个相对比较值，比如地面的清洁就是一个相对值，只有明确具体的管理指标，才能对卫生清扫、垃圾清运等工作进行评判和验收。例如，物业区域道路的清洁标准可以是每天清扫两遍，每日清洁，并达到"六不""六净"，即不见积水、不见积土、不见杂物、不漏收堆、不乱倒垃圾和不见人畜粪便；路面净、路沿净、人行道净、雨水口净、树坑墙根净、垃圾箱内外干净。

3. 环境卫生管理要及时快速

垃圾每天都会产生，灰尘随时会落下，因此，环境卫生管理必须体现及时性，对每天产生的垃圾必须及时清除，做到日产日清，并建立合理的分类系统。

4. 环境卫生管理要因地制宜

不同类型、不同档次的物业对楼宇内的公共部位清洁卫生的质量标准不同，相同的物业管理区域中不同的管理部位要求的标准也可能不同，物业服务企业应根据实际情况判定相应的清洁卫生标准，制订相应的管理制度。

四、物业环境卫生管理的具体标准

1. 卫生清洁达标标准

（1）物业管理楼宇内卫生标准。

① 地面无废杂物、纸屑、污迹、泥土、痰迹等。

② 墙面的踢脚线、消防排烟口、警铃、安全指示灯、壁灯、各种标牌表面干净，无灰尘、水迹、污迹、斑点。

③ 电梯的墙面、地面、门框、电梯指示牌表面干净，无油迹、灰尘、杂物。

④ 玻璃窗（玻璃、窗框、窗帘、窗台）明净、光洁，无积尘、污迹、斑点。

⑤ 各种设施外表（如大堂前台、广告牌、信箱、消防栓箱、楼层分布牌等）外表清洁。

⑥ 楼梯（所管辖区域内的楼梯、防火梯）无灰尘、杂物。

⑦ 扶手、栏杆光洁、无积尘，玻璃无污迹。

⑧ 门（各卫生区域内的门）干净，无灰尘、污迹。

⑨ 电梯内（墙、地面、门、天花板）外表干净，无污迹、积尘，无脏杂物。

（2）物业管理区域楼宇外卫生标准。

① 所管区域地面和道路路面整齐、干净,无垃圾、沙土、纸屑、油迹等,无脏乱物品。

② 绿化带、花草盆无垃圾、脏杂物,花草叶无枯萎和明显积尘,花草盆内无积水和异味。

③ 建筑小品、健身器材外表干净,无污迹、积尘,无损伤,表面油漆无脱落,无锈。

2.物业管理区域垃圾容器的存放要求

物业管理区域内各个场所应视情况分别设置垃圾袋、垃圾桶、纸篓、茶叶筐等临时存放垃圾的容器,对于垃圾存放的容器应注意以下几点。

(1)存放容器要按垃圾种类和性质配备。

(2)存放容器要按垃圾的产生量放置在各个场所。

(3)存放容器要易存放、易清倒、易搬运、易清洗。

(4)重要场所的存放容器应加盖,以防异味散发。

(5)存放容器及存放容器周围(地面、墙壁)要保持清洁。

(6)有条件的小区要实行垃圾分类回收,并设立相应的分类回收设施。

3.垃圾临时存放处的卫生要求

(1)无堆积垃圾。

(2)垃圾做到日产日清。

(3)所有垃圾集中堆放在堆放点,做到合理、卫生,四周无散秕垃圾。

(4)垃圾应实行分类存放,可作为废品回收的垃圾要分开存放。

(5)垃圾间保持清洁,无异味,经常喷洒药水,防止发生虫害。

(6)按要求做好垃圾袋装化。

任务实施

(1)思考医院物业卫生管理与厂矿企业卫生管理的不同。

(2)观察学校垃圾存放点的管理过程,并对其进行评价。

请把对上述两问题观察和思考的结果简要写在下方方框中。

任务评价

对教师、同学在课堂交流中的发言进行评价,将评价简要写在下表中并赋予分值。

序号	评 价 项 目	教 师	同 学
1	发言内容的思政性(满分 20 分)		
2	发言内容的合理性(满分 20 分)		
3	发言内容的科学性(满分 20 分)		
4	发言内容的创新性(满分 20 分)		
5	发言内容的完整性(满分 10 分)		
6	发言方式的条理性(满分 10 分)		
合计	满分 100 分		

任务二　认识物业垃圾的概念、种类和危害

 学习准备

(1) 请你给垃圾下个定义。

(2) 查阅相关资料,了解垃圾的种类和每种垃圾相应的危害。

请把上述两个问题的答案简要写在下方方框中。

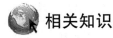 **相关知识**

一、垃圾的概念

人们通常认为垃圾就是废弃物。《现代汉语词典》对"垃圾"的解释是"脏土或扔掉的破烂东西""比喻失去价值或有不良作用的事物"。作为日常用语,这两种解释都是可以的,但是从学术的角度考虑,这两种解释就不够准确、不够科学。

一位业主购买了一批家用电器,这些家用电器的包装纸箱,对这位业主来说,可能是无用的垃圾,弃之在外;但对造纸厂来说,就不是垃圾,那是可以利用的原材料。

根据上述的简单分析,我们可以把垃圾定义为:垃圾是指相对特定主体而言,在一定的时间内失去价值或具有不良作用的物品。

垃圾的内涵在于三个关键点。

(1)相对于特定主体。垃圾只能相对于特定主体,因为对一个人来说的垃圾,对另一个人来说或许就不是垃圾,而是有用的、有价值的物品。

(2)失去价值或具有不良作用。有价值的、有作用的物品就不能称其为垃圾。失去价值或作用只是在一定的时间内,即使未来也许有价值,但现在没有价值、没有作用,此类物品也是垃圾。

(3)垃圾是物品。垃圾是以特定的形态为表现形式,如固体形态、液体形态等。

二、垃圾的种类

1. 按物业垃圾来源划分

(1)工业垃圾。工业垃圾包括一般废弃物和有害污染物两大类。

① 一般废弃物是指工业生产、加工过程中产生的废弃物,包括工业原料废料和工业燃料废料。例如,建筑业的废弃物,如砂石、灰土、砖瓦等废料形成的建筑垃圾;建筑装修装饰过程中丢弃的废旧材料等。另外,一些国家的不法企业向其他国家倾销的工业垃圾,这种"洋垃圾"会造成意外的严重污染,值得高度重视和警惕。

② 有害污染物是指对人们的健康或环境造成现实和潜在危害的工业废弃物,主要有核工业、化学工业、制革工业、食品加工业、医疗单位等生产过程中排放的有毒有害的废弃物。腐蚀性、易燃性、传染性的垃圾物质,具有更大的危害性。

(2)生活垃圾。生活垃圾包括居民丢弃的大件家庭物品、厨房废料、废塑料、废纸张、茶叶、碎玻璃、金属制品、炉渣、粉煤灰等。在城市,由于人口不断增加,生活垃圾正以每年 10% 的速度增加,因此构成一大公害。生活垃圾中的一些物品本身并不造成污染,但由于是废弃物,生活垃圾过多无法处理而与其他垃圾混在一起腐烂,也会造成污染,如纸张垃圾。

(3)街面垃圾。街面垃圾包括自然物(如落叶、灰尘等),公众丢弃的纸屑、果皮、烟头,或吐出的痰、口香糖残渣和其他废品,以及城市建设中残留在街面的砂土、污水等物品。街面垃圾是造成物业和城市脏、乱、差的重要因素。

(4)农产品废弃物。农产品废弃物是指农业生产、农产品加工过程的废弃物品。例如,农作物秸秆、腐烂的蔬菜和水果、果壳、烟草、农药、塑料薄膜、畜禽粪便等,它对农村和城市周边环境造成污染。

2. 按回收目的划分

（1）资源型垃圾。资源型垃圾主要是指酒类、饮料类、调味类的瓶、罐、盒等及报纸、宣传品、旧衣物、被褥、鞋帽等。这些垃圾可以通过回收分类，处理后转化为可利用的资源，因此称为资源型垃圾。

废弃的家具、自行车、摩托车、电视机、电冰箱、洗衣机、橱柜、微波炉、洗碗机、空气清新器、空调等大型电器，应属于资源型垃圾，因为这些废弃物可以再利用。

（2）可燃型垃圾。可燃型垃圾是指回收后可以通过燃烧并处理的垃圾，并且此类垃圾燃烧对人体不会产生危害，能够避免二次污染物的产生。例如，纸类、木块、食用废油等。

（3）不可燃型垃圾。不可燃型垃圾是指通过回收后不能采用燃烧的方式处理的垃圾。这种垃圾如果采用燃烧的方式就可能有损人的身体健康，导致环境进一步污染或产生新的二次污染物。另外应该引起重视的是，有些垃圾本身无毒无害，但是燃烧后就可能产生有毒有害物质。

（4）有毒型垃圾。有毒型垃圾是指具有毒性的废弃物，如干电池、日光灯管、废弃的玻璃温度计等。

三、垃圾的危害

1. 侵占和污染土地

垃圾不及时处理和利用就需占地堆放。垃圾累积量的增加，使占地大量增加。垃圾长期露天堆放，其中有害成分经过风化、雨淋、地表径流侵蚀很容易渗入土壤中，不仅会使土壤中的微生物死亡，使之成为无腐解能力的死土，而且这些有害成分在土壤中过量积累，还会使土壤盐碱化、毒化。由于工业固体废物中的有害物质进入土壤，积累过量导致土壤破坏、废毁、无法耕种的事例很多。如果直接用垃圾、粪便或来自医院、肉联厂、生物制品厂的废渣作为肥料放入农田，其中的病原菌、寄生虫等就会使土壤污染。

被病原菌污染后的土壤，会通过下面两条途径使人致病。

（1）人与污染后的土壤直接接触，或生吃该土壤上种植的蔬菜、瓜果致病。

（2）污染土壤中的病原体和其他有害物质，随天然降水径流和渗流进入水体，再传入人体。垃圾、粪便长期弃置郊外，作为堆肥使用，使土壤碱性增加，重金属富集。

2. 污染水体

垃圾一般通过下列几种途径进入水体，污染水体。

（1）垃圾随自然界降水流入江、河、湖、海，污染地表水。

（2）垃圾中的有害物质随水渗入土壤，使地下水污染。

（3）较小的颗粒、粉尘随风飘散，落入地面水，使其污染。

（4）将固体垃圾直接排入江、河、湖、海，使之造成更大的污染。

3. 污染大气

垃圾一般通过以下途径污染大气。

（1）一些有机固体垃圾在适宜的温度和湿度下被微生物分解，能释放出有害气体；以细粒状存在的垃圾在大风吹动下会随风飘散，扩散到很远的地方；运输过程中产生的有害气体和粉尘等。

（2）固体废物本身或在处理（如焚烧）时散发毒气和气味等。典型的例子是煤矸石的自燃,曾在各地煤矿多次发生,散发出大量一氧化碳、二氧化硫、硫化氢等气体,造成严重的大气污染。

4．影响环境卫生

随着我国城市化进程的加快、城市规模的扩大、城市人口的不断增加,城市生活垃圾产生量逐年上升。城市的生活垃圾、粪便等如果清运不及时,将会严重影响人们居住环境的卫生状况,对人们的健康构成潜在的威胁。

5．引发垃圾爆炸事故

有机废物在分解过程中会释放出大量甲烷,甲烷又有爆炸的危险,在没有通风设备和设备较老的堆积站里易引起地下着火。随着城市垃圾中有机质含量的提高和由露天分散堆放变为集中堆存,只采用简单覆盖易造成产生甲烷气体的厌氧环境,使垃圾自燃、自爆现象不断发生,造成很大损失。

6．危害人体健康

垃圾堆放场是滋生几乎所有有害微生物的温床,病毒、细菌、蠕虫、支原体和蚊、蝇、蟑螂等疾病传播的媒体在其中滋生,很容易传播疾病,对人们的健康构成严重的威胁。特别是放射性垃圾对人体造成危害的情况更为严重。

任务实施

回顾你亲眼见过或书本、报纸、杂志或网络上看到过的垃圾的种类及其产生的危害。在下方方框中简要写出主要内容。

任务评价

对教师、同学在课堂交流中的发言进行评价,将评价简要写在下表中并赋予分值。

序号	评价项目	教　师	同　学
1	发言内容的思政性(满分 20 分)		
2	发言内容的合理性(满分 20 分)		
3	发言内容的科学性(满分 20 分)		
4	发言内容的创新性(满分 20 分)		
5	发言内容的完整性(满分 10 分)		
6	发言方式的条理性(满分 10 分)		
合计	满分 100 分		

任务三　熟悉物业垃圾的清扫、收集和清运

 学习准备

(1) 观察、回想学校和你家所在小区垃圾清扫和收集的方式。

(2) 深入了解学校物业垃圾清运的方式。

请把你观察到与深入了解到的情况简要地写在下方方框中。

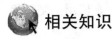 **相关知识**

一、垃圾的清扫

1. 人工清扫

人工清扫是指用扫把、簸箕、铁锹等简易工具清除地面尘土、杂物等,具有操作灵活方便、适用范围广、能有效地保证清扫质量等优点,可以广泛地用于清扫路面、人行道、人行过街天桥、地下通道、广场、梯步、树穴、边沟和水井等处。住宅物业环境卫生管理中主要采用人工清扫方式。

(1) 人工清扫工具的选择应该根据路面、广场等清扫面宽窄决定。需要清扫的场地宽大,一般采用大扫帚清扫;清扫面较狭窄的地段宜采用小扫帚清扫。清扫时,垃圾的收集和运输一般采用簸箕、铁锹和人力车。

使用大扫帚时,其把子的长短应根据清扫面的宽窄来定,清扫面较宽则扫帚把子宜长,清扫面较窄则扫帚把子宜短。扫帚把子的粗细应适宜,表面应光滑不伤手。使用小扫帚和簸箕,宜加装齐胸高的把子,以避免弯腰次数过多,使人疲劳。

(2) 人工清扫应正确使用个人防护用品,如工作服、鞋、手套、口罩等;清扫作业时应注意过往车辆和行人,以保证本人及他人的安全;每天清扫次数应根据道路等级、所处地段等具体情况确定,可每天清扫2次(工作定额规定)。第一次清扫应在每天清早7:30前结束。清扫作业应符合质量要求,特别是道路隔离设施底部、树穴、楼梯等细微之处应清扫干净。

2. 机械清扫

机械清扫是指用扫路机、洒水车等清除路面杂物和尘土,具有清扫速度快、效率高、质量好、能改善作业条件等优点,主要用于城市主要干道和宽阔的广场等处。

所使用的清扫机械应该安全、便于操作,作业时产生的噪声要小,动力上要力求环保,同时产品应质量好、耐用度高。随着科学技术的进步及人工智能的发展,科技产品的使用领域日益广泛,未来会有更多、更好的清扫机械用于物业环境的垃圾清扫与保洁工作中。

3. 人机相结合的清扫

人工清扫和机械清扫各有优缺点。人工清扫效率低,但适应性强,对于清扫的质量可以根据需要加以控制;机械清扫效率高,但适应性较差,清扫的质量、效果难以满足不同的具体需要。

为了提高清扫的效率,同时兼顾不同部位清洁效果的需要,或者是机械不宜清扫的边角处,可以采用机械清扫与人工清扫相结合的方式,以机械清扫为主,以人工清扫为辅助。

二、垃圾的收集

1. 定点收集

定点收集就是物业服务企业指定位置给物业使用人随时丢放垃圾。定点收集只是收集垃圾的位置固定,放置垃圾的时间不加限制。在指定的位置,一般物业服务企业会摆放相应的垃圾桶或垃圾箱等垃圾容器,物业使用人把垃圾丢放在垃圾容器内即可。

现阶段大部分物业服务项目采取的是这种定点收集的方式,只要求物业使用人把垃圾放在指定的位置即可。使用这种收集方式,物业使用人的自由度高。

2. 定点定时收集

定点定时收集是指物业服务企业为物业使用人指定垃圾收集的地点和收集的时间,物业使用人在指定的时间把垃圾放置在指定的地方。物业使用人不能随地乱扔垃圾,在规定的时间以外也不能在指定的地方放置垃圾。

定点定时收集垃圾的方式,对物业使用人有较多的限制,尤其是在规定的时间才可以把垃圾从家里带出来。但这种垃圾收集的方式更有利于提升物业服务区域内的环境效果。当规定的垃圾收集时间段是在晚上的时候,白天进入物业服务区域内就不会见到垃圾。

3. 定时上门收集垃圾

定时上门收集垃圾是指物业服务企业安排工作人员在规定的时间里逐一上门收集垃圾。这种方式有利于维护服务区域内良好的物业环境,也方便了广大物业使用人,但加大了物业服务企业的工作量。这种方式比较适合服务园区内物业数量较少的高档别墅区。

在收集了物业使用人家里的垃圾之后,物业服务企业还应安排专人,负责把服务区域内各收集点的垃圾集中,为垃圾的清运做好准备。

三、垃圾的清运

1. 城市环卫部门负责清运

我国现阶段城市都有环卫部门负责城市的环境卫生,具体何时清运、清运量的确定等相关问题,需要物业服务企业和所在地的环卫部门沟通协调加以确定。

2. 物业服务企业自己负责清运

城市环卫部门负责垃圾的清运,一般都收取一定的费用。物业服务企业为降低成本,提高盈利能力,在物业服务企业服务的项目规模达到一定程度时,自己组建垃圾清运车辆与人员,负责物业垃圾的清运。

3. 外包给专门的垃圾清运者

物业服务企业规模小,服务的物业项目少,自身不具备组建专门清运队伍的能力,或者从成本效益的角度考虑不具有营利性。这种条件下物业服务企业可行的办法之一是把垃圾的清运外包给专门的垃圾清运公司,或者是经营垃圾清运的个体运输者。

 任务实施

《合肥市生活垃圾管理办法》自 2020 年 12 月 1 日起施行。2022 年 6 月合肥市房地产有关部门对合肥市生活垃圾的收集与清运进行了随机抽查,对没有严格执行《合肥市生活垃圾管理办法》的小区和物业予以曝光。请你对《合肥市生活垃圾管理办法》的实施发表自己的意见和建议,具体内容写在下页方框中。

 任务评价

对教师、同学在课堂交流中的发言进行评价,将评价简要写在下表中并赋予分值。

序号	评价项目	教　师	同　学
1	发言内容的思政性(满分 20 分)		
2	发言内容的合理性(满分 20 分)		
3	发言内容的科学性(满分 20 分)		
4	发言内容的创新性(满分 20 分)		
5	发言内容的完整性(满分 10 分)		
6	发言方式的条理性(满分 10 分)		
合计	满分 100 分		

任务四　认识物业公共场所的卫生保洁

学习准备

(1) 思考如何做好公共场所的卫生保洁。

(2) 从事公共场所保洁的工作人员应具备哪些素养?

在下页方框中简要写出上述两个问题的答案。

相关知识

一、公共场所卫生保洁的重要性和原则

1. 公共场所卫生保洁的重要性

公共场所卫生保洁的重要性主要体现在以下几点。

（1）公共场所卫生保洁是物业环境管理与服务的主要内容。物业环境服务内容是丰富的，包括卫生保洁、绿化美化、秩序维护、消防管理，以及和谐社区建设等。从工作量的角度考虑，公共场所的卫生保洁工作量大大超过其他几个方面的工作量。一般物业项目的服务人员中从事卫生保洁的工作人员人数最多，这与公共场所卫生保洁的工作量密不可分。

（2）公共场所卫生保洁是物业环境管理与服务的基本工作。物业使用人判断物业环境服务好坏的最直观的标准就是公共场所的卫生保洁工作，因为公共场所卫生保洁的效果最为直观，也最容易判断。例如，绿化美化，因不同个体审美的意识和审美的标准不一，判断不易；消防管理，不到火灾发生的时候，或者是专业人员，大部分人都不会注意。

（3）公共场所卫生保洁是衡量物业服务企业环境服务质量的重要标准。衡量物业服务企业环境管理与服务质量的标准有治安、消防、绿化美化等多种标准。在这多种标准中，部分衡量标准在通常情况下是无法达到较好的衡量作用的。例如，消防管理，绝大部分物业项目数年不会发生火灾事故，消防设施设备按照要求配置，消防制度建设和消防队伍建设，建设一次可以数年管用。公共场所的卫生保洁则是一天一次或是一天数次。

（4）公共场所卫生保洁是创造高水准物业环境服务企业形象的重要环节。高水准的物业服务企业的打造需要多方努力，包括企业员工的素质、企业品牌的宣传、物业服务企业与

物业使用人关系的维护等方面。但最根本的基础是物业服务企业为物业使用人提供的各项环境服务。在各项环境服务工作中,公共场所的卫生保洁应是一个重要环节。

2. 公共场所卫生保洁的原则

(1)日常清洁与集中清洁相结合。公共场所中大堂、楼道、大厅、道路、花坛、停车场地等容易脏的地方,需要每日进行清洁卫生,甚至每日要清洁多次。地毯、玻璃、墙裙、建筑小品、公共健身器材等部位除了日常要注意保持干净外,还需在一定时间内集中进行彻底清洁。因此,在进行公共场所保洁时,要根据需要保洁的具体内容、范围来综合考虑,科学制订保洁计划,将日常的清洁卫生与集中清洁有机结合起来,既做到最合理地利用人力、物力、财力,又保证公共场所的卫生洁净。

(2)清洁卫生与爱护卫生相结合。在公共场所环境卫生的清扫保洁过程中,清扫和保洁非常重要,是解决公共场所脏、乱、差的重要措施。但是,公共场所环境卫生保洁工作不应该把所有工作都放在垃圾的清扫、卫生清洁上,还应该考虑如何加强爱护环境卫生的工作,否则就会出现这边在扫、那边在丢的现象。优良物业环境的形成,需要物业环境服务工作人员和物业使用人的共同努力和相互配合。当物业管理区域内的相关人员都能养成良好的卫生习惯和现代文明的环境意识,才能真正创造良好的物业环境。

(3)制度化与人性化相结合。公共场所的清洁卫生必须建立严格的规章制度,尽可能地把每一个细微之处考虑到,并将制度贯彻到每个员工的日常工作中。制度化是物业管理公司环境卫生工作的前提条件,管理必须制度化。但在制度执行过程中,也要充分考虑物业服务区域内人员相对密集的特点,坚持以人为本的原则,将制度化和人性化结合起来。此外,在清洁队伍的管理过程中也要实行人性化管理,对清洁人员在工作上既要严格要求,也应给予最大的关心和帮助。

(4)人工保洁与机械保洁相结合。随着国家劳动力市场的变化,工人工资的不断提高,人力成本是物业服务企业的重大支出。为降低企业的人力成本,物业环境服务企业应减少保洁员工的使用,扩大保洁机械的使用范围。现代科技和机械工业的发展,为保洁机械的广泛使用提供了有力的支撑。现阶段在大面积的公共场所卫生保洁中,机械保洁已经广泛使用。未来随着对保洁机械研究的深入,更多优质的保洁机械会被发明和有效地利用。

二、公共场所卫生保洁的要求

公共场所卫生保洁的要求主要包括两个方面:一方面是对卫生保洁工作人员的要求;另一方面是对业主和物业使用人的要求。

1. 对卫生保洁工作人员的要求

(1)身体健康。身体健康是做好保洁的前提条件,也是确保物业服务企业安全运营的保证。公共场所的卫生保洁,工作量大且多为体力活,只有健康的身体才能胜任,这是避免意外发生的重要保证。保洁人员在工作期间发生意外往往给物业服务企业造成巨大的经济损失和严重的不良影响。

(2)勤快的品质。这里的勤快主要是指眼勤、腿勤和手勤。公共场所,因为过往的人员多,难免会有乱扔、乱丢的现象,或其他影响环境的行为,如人员的来往弄脏大理石地面等。

这就需要保洁人员眼勤,能够及时发现且及时处理,即手勤。

(3) 良好的卫生意识。面对同样一片公共场地,不同的保洁人员的看法可能不一样。一种人认为地面已脏,需要立即保洁;另一种人认为地面不脏,根本不需要保洁;还有一种人认为有点脏,可以再等等,然后再保洁。三种人不同的看法源于他们不同的卫生意识。作为物业保洁人员,必须有最好的卫生意识,以满足物业使用人的需要。

(4) 拾金不昧的精神。公共场所是广大物业使用人生活、工作和实施商业活动的重要场所,遗失物品的现象不可避免。例如,晾在阳台或楼顶的衣物被大风吹落到地面,孩子玩耍之后遗忘在公共场所的物品等,都需要保洁人员具有拾金不昧的精神。

2. 对业主和物业使用人的要求

(1) 按国家或当地政府的规定要求饲养宠物。因种种原因,不少物业使用人饲养宠物,给公共场所的卫生保洁带来许多不利影响,最为典型的是宠物随地大小便,严重影响了物业环境,广大其他物业使用人反应强烈。为解决此类问题,各级各地政府出台了相关规定与要求。

(2) 要求广大业主或物业使用人严格遵守垃圾的倾倒规定,垃圾袋装化、定时、定点倾倒垃圾,不得乱丢、乱扔垃圾和其他杂物,保证物业服务区域内的干净、卫生。对于装修垃圾,应丢弃在指定的位置,并与其他垃圾分开堆放。

(3) 就商业物业而言,要求商家不得擅自侵占公共场地用于经营或堆放商品,商家产生的垃圾也应按指定地点放置。店容、店貌要整洁、干净。

(4) 任何单位或个人均不得在过道、走廊、凉亭、广场等公共场地堆放物品及材料,独占公共场所的使用权。

(5) 广大业主或物业使用人都应积极参加有关部门组织的各种旨在提高环境质量的活动,提高物业居住区域和整个社会的环境质量。

三、公共场所卫生保洁的措施

公共场所的卫生保洁,不同的场所具体措施要求各不相同,下面主要介绍两类具体公共场所的保洁。

1. 办公室的保洁

办公室作为领导或行政人员办公的地方,对其保洁力求做到以下几个方面。

(1) 保洁的时间应适当。在领导或行政人员工作期间不宜实施保洁,以免影响工作。保洁的实施也不宜放在上班之前,因为实施完毕保洁的地面、桌面需要时间晾干。因此,保洁的时间应该安排在下班之后。

(2) 保洁人员的配备。办公室保洁为避免意外事件的发生,又无法自证清白,因此办公室保洁时应安排2人以上,同时进入办公室实施保洁。这样能够相互监督,在意外发生时便于调查取证。

(3) 坚持"三不"原则。在保洁实施的过程中不关门,以避免被人猜疑;不乱动室内的物品,如因保洁的需要移动物品,在保洁实施完毕,应物归原处;不乱说、乱问,对保洁过程中见到的场景、物品等不能随意乱说、乱问。

(4) 遵循一定的保洁顺序。先上后下、先清扫后拖擦。也就是首先从上面、高处保洁做起,然后逐步向低处,直到地面;在拖地、擦抹之前应该首先清扫。遵循一定的顺序能够保证保洁时的全面性和科学性,不会出现遗漏的现象,保证保洁的最后效果。

(5) 做好结束工作。保洁完毕、离开之前再次检查有无遗漏,若有遗漏及时弥补;室内所有移动过的物品,要物归原处;离开时应该关闭门窗、锁好门。

2. 卫生间的保洁

卫生间的保洁是物业环境管理的重要内容,在保洁的过程中应采取相应措施。

(1) 保洁的频率因地制宜。卫生间保洁的时间安排与办公室卫生保洁的时间应该大致相同,在下班之后或使用人较少的时间。保洁的频率应根据物业的属性和人流量的大小决定。人流量大的商业物业,其保洁的频率应该高于人流量小的物业。

(2) 卫生间保洁的工具应专用。卫生间保洁,因场所特殊、卫生状况特殊,卫生间保洁所使用的工具不应用于其他场地的保洁。卫生间保洁所使用的拖把、抹布等保洁工具应该专用于卫生间。

(3) 洁后干燥。卫生间保洁完毕时应保证地面的干燥,否则人行走在潮湿的光滑地面容易摔倒;卫生间潮湿的地面更容易造成细菌、病毒的传播,也影响环境的质量。

(4) 做好结束工作。按规定喷洒除臭剂、空气清新剂;及时补充手纸、洗手液、香球、垃圾袋等;收拾所有保洁工具,拿走"正在清洁"指示牌,关好门面、上好锁。

任务实施

现有一领导的办公室,面积为 $28m^2$。请你为该领导办公室的保洁设计一个方案(方案尽可能详细周到)。请在下方方框中写出你的方案。

任务评价

对教师、同学在课堂交流中的发言进行评价,将评价简要写在下表中并赋予分值。

序号	评价项目	教　师	同　学
1	发言内容的思政性(满分 20 分)		
2	发言内容的合理性(满分 20 分)		
3	发言内容的科学性(满分 20 分)		
4	发言内容的创新性(满分 20 分)		
5	发言内容的完整性(满分 10 分)		
6	发言方式的条理性(满分 10 分)		
合计	满分 100 分		

任务五　了解物业保洁人员常见职业病的预防

 学习准备

(1) 查阅职业病的有关信息。

(2) 了解物业保洁人员的常见职业病。

请把查阅和了解的内容简要列在下方方框中。

相关知识

一、物业保洁人员常见的职业病

1. 外伤

保洁人员常见的外伤主要有扭伤、跌伤、撞伤、刮伤等。例如,提重物姿势不正确、负荷过重会造成扭伤;地面湿滑、杂物绊倒造成跌伤;高空掷物、不正确操作机械可造成撞伤;处理未包扎的杂物、玻璃、铁盒等可能会造成划伤或割伤。

2. 疲劳损伤

姿势不当并且负担过重的重复动作,容易造成筋肌劳损。例如,经常弯腰扫地、拖地、擦窗均有可能造成腰部、手或前臂的肌肉劳损。患者会感到患部疼痛、乏力、僵硬、麻木,若不加以理会,病情便会持续恶化,从而影响正常的工作和生活。

3. 化学性皮肤炎症

保洁人员经常需要接触化学类清洁剂,如果使用不当则会引起各种伤害,最常见的是因化学品腐蚀等造成的皮炎损害。保洁人员如果不戴手套而直接接触洗洁精、去污剂、清洁剂等化学品,其手部表面起保护作用的油脂层就会被破坏,致使皮肤缺乏保护,时间久了手部皮肤就会变得干燥,甚至开裂,因而易受细菌感染。另外,有些清洁剂和去油污剂还含有腐蚀性强的化学成分,如果直接接触会损害皮肤。

4. 传染病

垃圾可以滋生细菌、病毒、真菌或寄生虫等,如果不及时清理,通过各种传播途径便会发生传染病和寄生虫病等。保洁人员在处理、清运垃圾时,如果没有采取保护措施,就有可能被传染上疾病。

5. 呼吸道疾病

保洁人员在工作中会吸入各种对身体有害的灰尘、烟尘和化学气体等,如果保护不当容易造成呼吸道感染或其他疾病。

6. 设备造成的肢体损伤

保洁人员工作中使用的设备越来越多,如洗地机、吸尘机等,设备的使用可以降低工作人员的劳动强度,提高劳动效率。但是如果不对设备进行及时的维修保养,使其保持最佳的工作状态,或者不按操作规程去操作设备,便有可能造成严重事故,并给保洁人员带来各种肢体损伤。

二、保洁人员的职业防护措施

1. 改善工作环境

工作环境恶劣、不合乎安全要求是影响保洁人员安全的首要因素。工作环境的改善和多种因素有关。因此,物业管理人员,特别是管理部门的领导,要在尽可能的条件下争取各部门的配合,改善保洁人员的工作环境,以保障其安全,提高工作效率。

2. 安全使用化学品

化学品对人体有多方面的危害。为了保障保洁人员的安全健康,应尽量使用低毒或无毒的清洁剂;所有盛装化学品的容器,都应贴上正确的化学品标签,说明其危害性和防护方法；要为保洁人员提供安全使用清洁剂等化学品的训练，监督其安全使用。

3．保持正确的工作姿势

正确的工作姿势对预防工伤和职业病极为重要。因此，应对保洁人员进行正确工作姿势的培训，督促其采用正确姿势进行工作，以减少受伤和发生工作劳损的机会。特别要避免弯腰负重或负重扭伤；避免徒手将重物大幅度地移动或徒手搬运长距离；避免过度用力推动或拉动物件。

4．正确选用工具

使用设计良好的工具不仅可以提高工作效率，还可以降低或避免保洁人员受伤及患病的机会。因此，应选用较轻便的工具，如果工具或工具连同承载物较重，应让操作人员同时使用双手。工具的扶手应尽量靠近工具的重心；或者是工具与载重物连线的重心；扶手应易于抓握，并能让保洁人员轻易地转变握持位置。工具和手部接触处应没有尖锐或凸出部分，但接触处也不能太光滑，避免工具脱落。

5．正确使用劳动保护器具

由于保洁人员经常接触化学清洁剂及垃圾尘埃等，因此应佩戴合适的个人防护器具，如手套、安全工作胶鞋、防尘口罩等。

6．注意个人卫生

保洁人员经常接触垃圾及化学清洁剂等，因此一定要注意个人卫生，养成良好的卫生习惯，避免在工作中感染各种传染病，并避免将病菌带回家中影响家人的健康。保洁人员在工作期间不得进食，饮水前要洗手，休息时应洗净手再进食；工作完毕，一定要沐浴、更衣后再回家。

7．进行正确、规范的操作规程培训

经常对保洁人员进行培训，增强他们的安全、健康意识，训练他们熟悉各种操作规程，熟练地使用各种工具和防护器具。需要操作重型设备的人员更要接受专业训练，熟练掌握工作程序及注意事项；在操作危险性大的重型设备时，应规定必须有其他员工在旁监护操作。

8．定期检查身体

保洁人员要定期检查身体，监测健康状况，发现问题要及早处理，确保其身体健康。

三、现场急救的正确方法

保洁人员在工作中意外受伤，则要进行现场救治，出现伤势严重者，应立即呼叫救护车将伤者送医院救治。

在救护车到达前的时间里要对伤者进行正确处理，以减轻伤者的痛苦，降低抢救的难度，增加伤者复原的机会，降低伤残的概率。因此，保洁人员和领班应懂得现场急救常识，以便在救护车来到之前，可以在现场为伤者做一些必要的处理，常见的意外伤害正确的急救方法如下。

（1）保洁人员在烈日下工作突然晕倒，正确的处理方法是将其抬到阴凉且空气流通的地方，使晕倒的人员可以呼吸到充足的氧气，并由有经验的人员照顾，疏散围观的人群，直到救护车到达。

（2）保洁人员意外触电，应该立即切断电源，如一时找不到电源开关，应该用干的竹竿、木棍、塑料棍等绝缘材料将电源挑开或者将触电者推离电源，然后为触电者进行人工呼吸或心脏复苏,只有抢救及时才能挽救生命。

（3）沙粒等其他异物入眼不能用手、纸巾或毛巾擦拭,以避免擦伤眼角膜引起眼角膜炎症而造成严重后果。正确的处理方法是用清水冲洗。

（4）化学品入眼应立即用水不停地冲洗,直至眼睛恢复正常。

（5）化学品沾湿身体及其他部位,最好的办法是用大量清水冲洗。

（6）高空作业时从高处坠下,当从高处坠下者倒卧在地上时,在未了解清楚其受伤部位时,不应立即搀扶他。因为如果坠下者不幸跌伤腰骨,出现椎骨折,此时扶起伤者会使其脊椎弯曲,骨折的腰椎就有可能切断脊髓,出现腰椎骨折,造成下肢瘫痪。如果是胸椎或脊椎骨折,草率地扶起伤者会立即危及伤者的生命。正确的做法是：如果伤者还清醒,应该不断地与伤者对话,尽量保持伤者不昏迷;不要翻动伤者,但见到出血或衣内有渗血,应及时压迫止血,注意伤者的呼吸,等候救护车到达。

（7）跌断肢骨、断骨刺穿皮肉,应用硬木板托住断肢,用现场可以找得到的干净布料包扎止血,尽量不要移动断骨。

（8）铁钉或铁杆插入身体,正确的处理方法是：不要把铁杆或铁钉从伤者身体内拔出,应维持原状,将伤者直接送入医院,由医生妥善处理。因为铁杆或铁杆有可能插着血管,如果把铁杆、铁钉拔出则可能导致伤者大出血,如果伤及大血管,就会有生命危险。在搬动伤者时要确保铁杆、铁钉不移动。

（9）利器或设备截断手指,救助者不应该丢掉断指,也不应该找回来就立即接在伤口上包扎。正确的做法是：用力压住伤者的伤口,力度以不出血为准;然后将断掉的手指找回来,用现场可以找得到的干净布料（通常最快捷的方法是撕下衣服的干净部分）,包好,救护车到来后,把伤者断离的手指交给救护的医护人员带回医院处理。

（10）保洁人员在清扫、收集、搬运垃圾过程中被垃圾里的尖锐器物划破身体时,应及时用清水冲洗、消毒,送医院就医。

任务实施

思考正确急救方法的原理,如保洁人员意外触电,用干木棍挑开电线,因为干木棍为绝缘体。请把每种急救方法的工作原理简要填写在下方方框中。

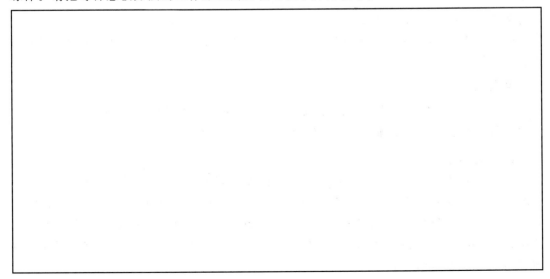

任务评价

对教师、同学在课堂交流中的发言进行评价,将评价简要写在下表中并赋予分值。

序号	评价项目	教 师	同 学
1	发言内容的思政性(满分 20 分)		
2	发言内容的合理性(满分 20 分)		
3	发言内容的科学性(满分 20 分)		
4	发言内容的创新性(满分 20 分)		
5	发言内容的完整性(满分 10 分)		
6	发言方式的条理性(满分 10 分)		
合计	满分 100 分		

 案 中 学

案例一

园区某租户在未经过业主(房东)同意的前提下,将房子再次出租给第三方,并进行群租。业主发现后,要求收回房子,并投诉物业未能及时将群租情况告知他。

1. 律师意见

该行为属二房东个人行为,与物业公司并无法律关系,属于业主和租户之间的民事纠纷。但是,业主投诉对物业公司的口碑和业主满意度均有影响。

2. 管理启示

(1)物业服务中心需提醒业主按房屋租赁相关政策法规向公安机关进行登记备案,同时,物业服务中心应建立健全出租屋档案,规范出租屋管理,维护业主合法权益。

(2)物业服务中心应配合公安机关、街道社区做好出租户巡检,当发现租户异常时应第一时间通知业主,上报主管部门。

(3)租户必须由业主申请办理临时出入证,租户凭证出入园区,物业服务中心保安严格落实门岗管理规定。

案例二

湖北某先生来电反映:今天又是在没接到任何通知的情况下停水了,这大热天的,他打电话给物业服务中心,物业服务中心说他们也不知道为什么停水。

1. 管理启示

7—8 月正值夏季高温天气,有些地区可能有限电、限水的措施,或者由于开发建设单位的原因,导致园区业主无法正常使用水电造成生活的不便,或是因为园区外围突发性原因,从而引起业主的投诉。虽然这类投诉并非全部是由物业服务中心的管理责任引起的,但业主提出物业服务中心通知不及时,物业服务中心电话无法接通等意见,导致业主无法提前获取信息,情绪无法得到安抚。

2．建议措施

（1）物业服务中心及时关注有关部门停水停电的预告或开发建设单位工程进度，了解园区停水停电的信息，提前发布温馨提示，可采用书面、短信、App等多种方式，确保通知到每位业主。

（2）拨打客户服务热线，告知话务员园区停水停电的信息，以便客户服务中心能协助物业服务中心做好业主的解释工作。

（3）安排工作人员值班，向业主公示除物业服务中心联系电话以外的电话号码，如片区管理员的电话、24小时值班电话、客服热线等，以便业主能及时了解园区的情况。

（4）在园区设立临时取水点，供业主随时进行取水，以保障业主正常的生活；对行动不便的业主、老年业主提供送水上门的服务，体现物业服务中心的真诚服务。

（5）跟进停水停电的进度，及时将停水停电的结束时间告知业主；如果在预计的时间内无法及时供水供电的，也应及时与业主进行反馈，让业主知晓物业服务中心的工作，避免造成业主对物业服务中心不作为的误解。

 **章后复习自测**

一、选择题

1．对业主和物业使用人来说，除了安全之外，最基本的生活、工作条件是（　　）。

    A．卫生保洁　　　　　　　　　　B．绿化美化

    C．和谐社区环境　　　　　　　　D．车辆畅通

2．就我国目前的物业管理状况而言，一个物业项目需要数量最多的是（　　）。

    A．秩序维护人员　　　　　　　　B．卫生保洁人员

    C．园林绿化人员　　　　　　　　D．工程维修、维护人员

3．物业服务企业卫生防疫的重点工作在于（　　）。

    A．公共场所的苍蝇、蚊子和其他害虫的防治

    B．帮助业主有效防治各种传染疾病

    C．协助所在社区做好各种卫生防疫工作

    D．做好所管物业区域内公共场所的传染病控制

4．可以回收的废弃物称为（　　）。

    A．工业垃圾　　　　　B．生活垃圾　　　　　C．街面垃圾　　　　　D．资源型垃圾

5．引发垃圾堆爆炸的气体主要是（　　）。

    A．氧气　　　　　　　B．一氧化碳　　　　　C．氨气　　　　　　　D．甲烷

6．机器清扫垃圾是未来卫生保洁的发展趋势，清扫垃圾的机器应当环保、动力适中、适应性强，另外还要（　　）。

    A．造型独特　　　　　B．色彩宜人　　　　　C．噪声小　　　　　　D．体型小

7．最常用的垃圾收集方式是（　　）。

    A．定点收集　　　　　　　　　　B．定时收集

    C．定点定时收集　　　　　　　　D．定点上门收集

8. 未来一段时间里（　　　）应是城市住宅生活垃圾收集的主要方式。

    A. 集中分类回收　　　　　　　　　　B. 定点集中回收

    C. 定点定时收集　　　　　　　　　　D. 定点上门收集

9. 物业使用人或物业管理区域外的人员，判断物业环境服务好坏的最直观的一般标准是（　　　）。

    A. 秩序维护　　　　　　　　　　　　B. 卫生保洁

    C. 绿化美化　　　　　　　　　　　　D. 和谐社区建设

10. 物业管理区域外的人员，判断一小区品质高低的最有效、最可能的标准是（　　　）。

    A. 秩序维护　　　　　　　　　　　　B. 卫生保洁

    C. 绿化美化　　　　　　　　　　　　D. 和谐社区建设

11. 为领导办公室做卫生保洁最佳的时间是（　　　）。

    A. 早晨领导上班之前　　　　　　　　B. 领导上班时间

    C. 中午领导午休的时间　　　　　　　D. 下午领导下班之后

12. 为节约人力资源，为领导办公室做保洁时，最好配备（　　　）人以上。

    A. 1　　　　　　　　B. 2　　　　　　　　C. 3　　　　　　　　D. 4

13. 卫生间保洁的频率，应坚持（　　　）。

    A. 一天一次　　　　B. 一天两次　　　　C. 两天一次　　　　D. 因地制宜

14. 保洁人员在工作过程中，眼中不慎落入异物，此时正确的做法是（　　　）。

    A. 用手揉搓　　　　　　　　　　　　B. 用纸巾擦拭

    C. 用毛巾擦拭　　　　　　　　　　　D. 用清水冲洗

15. 铁钉或铁杵插入身体，正确的处理方法是（　　　）。

    A. 立刻快速拔掉铁钉或铁杵

    B. 小心缓缓地拔掉铁钉或铁杵

    C. 不要拔掉，保持插入状态，快速送往医院

    D. 不要拔掉，保持插入状态，快速送往医院，并注意止血

二、判断题

1. 物业管理区域内的环境状况是体现物业服务企业管理水平高低的重要标志。
    （　　　）

2. 公共场所的卫生保洁不应包含楼顶、平台、外墙等。（　　　）

3. 装修装饰垃圾应该单独收集和清运，不应和生活垃圾混合在一起。（　　　）

4. 卫生保洁主管只需要把手下保洁人员的工作范围划定好即可。（　　　）

5. 卫生保洁应该注意门窗、墙面、楼梯、扶手等部位。卫生保洁不局限于地面的卫生保洁。（　　　）

6. 垃圾容器的配备要考虑垃圾的种类、性质和特定时间里垃圾产生的量，还应考虑垃圾容器的形状、颜色、材质等美观因素。（　　　）

7. 对垃圾临时存放处日产日清的要求是不完全正确的，日产日清是基本要求。垃圾临时存放处存放的垃圾，应该是集中存放，及时运走。（　　　）

8. 垃圾就是无用的废弃物。（　　　）

9. 垃圾因为肮脏而污染土地。（　　　）

10. 固体垃圾物也会污染大气。　　　　　　　　　　　　　　　　　（　　）

11. 垃圾的清扫要注意防止扬尘、注意保洁人员的卫生防护、注意节约人力成本、提高工作效率。　　　　　　　　　　　　　　　　　　　　　　　　　　（　　）

12. 垃圾收集最理想的方式是定时定点收集。　　　　　　　　　　　（　　）

13. 对保洁工作人员而言,勤快的品质和拾金不昧的精神尤为重要。　（　　）

14. 卫生间保洁的工具应该是专用的,不应和其他保洁工具混同在一起使用。（　　）

15. 物业服务企业应该加强科学管理的研究,宣传保洁人员标准的工作姿势,以防止因为不正确的工作姿势而造成的身体伤害,同时提高工作效率。　　　　（　　）

三、简答题

1. 简要说出物业环境卫生管理的重要性。

2. 简要回答物业环境卫生管理的主要内容。

3. 物业环境卫生管理的基本要求有哪些?

4. 物业管理区域垃圾容器的存放要求有哪些?

5. 物业管理区域内垃圾临时存放处的卫生要求有哪些?

6. 简要说明什么是垃圾。

7. 请简要谈谈垃圾的危害。

8. 垃圾的清扫方式有哪几种?

9. 垃圾的收集方式有哪几种?

10. 简要说明公共场所卫生保洁的重要性。

11. 请指出公共场所卫生保洁的原则。

12. 公共场所卫生保洁的要求有哪些?

13. 保洁管理应对物业业主和使用人提出哪些要求?

14. 请分别说明办公室保洁与卫生间保洁各自应该注意的事项。

四、论述题

请结合未来经济的发展、社会的进步、人们生活水平的不断提高,从智能化、高效化、降低人力成本、提高效益等方面,设想未来物业卫生管理的模式,并详细说出你设想的理论与实践基础。

五、案例分析题

余某诉某物业公司恢复原状纠纷

(1) 基本情况

余某是合肥市瑶海区某小区17幢101房屋业主,该小区17幢楼宇地图显示17幢和16幢之间系绿化和景观池,17幢楼的东面系绿化用地。2017年,物业公司在小区张贴改建公示,15天期满后,物业公司以业主未提出异议为由,自行将16幢楼和17幢楼之间的绿化、景观池改成儿童乐园,并在17幢楼东面绿化上增设了水池。余某要求物业公司恢复小区绿化和景观池原状,在与物业公司多次沟通未果后,提起诉讼。

(2) 处理结果

法院审理后认为,业主对建筑物专有部分之外的共有部分享有建筑物区分所有权,物业公司未经法定程序即对小区的公共部位进行改造,属擅自变更小区共有部分的规划用途,侵害了业主对共有部分的物权,遂判决物业公司恢复原状。

（3）问题思考

法院为何作出这样的判决？物业公司要把绿化带和景观池改成儿童乐园，其正确的做法是什么？

群体性业主诉物业公司物业服务合同纠纷

（1）基本情况

某物业公司向包河区某小区提供物业服务。因众多业主未结清物业服务费，物业公司向法院提起批量诉讼。法院经对现场勘查发现，小区内确实存在消防设施不完善、垃圾未清运、绿化不维护、雨水管道、门禁及监控损坏长期不维修等多处物业服务不到位情形。

（2）处理结果

为最大程度化解矛盾，共创和谐美好的社区环境，法院通过与街道、社居委、物业公司、业主代表多方协调，在改进物业公司服务、改善小区环境的基础上，通过示范判决机制，大批量调解方式化解了矛盾。

（3）问题思考

为何出现此次较大规模的纠纷？未来如何避免此类纠纷的发生？

项目五

物业环境的绿化管理

学习目标

（1）了解物业环境绿化管理的作用、目标和原则。

（2）熟悉物业环境绿化的种类、设计和植物配置原则和养护管理。

（3）掌握物业环境绿化的养护技术与管理。

（4）熟悉物业环境绿化的植物学基础知识。

（5）了解物业环境绿化的常见类型。

素质目标

（1）具有良好的自学的习惯、爱好和能力。

（2）具有科学精神和态度。

（3）具有诚实、守信、积极向上的良好品德。

（4）具有感受美、理解美的健康审美情操。

（5）进一步领会生态文明的内涵。

能力目标

（1）在绿化工作实践中能够设计具有一定水平的园林绿化方案。

（2）根据掌握的基本绿化养护常识，能够做好项目中的绿化养护工作。

（3）在实践中能够准确说出每种常见绿化的名称，清楚其生活习性。

（4）能够熟练掌握所在地物业绿化常见植物的培育、移栽技术。

（5）能够处理各种业态的园林绿化项目。

任务一 了解物业环境绿化的作用、目标和原则

 学习准备

绿化服务是物业管理五大基本服务之一,是构建全方位优质物管小区的重要组成部分。请思考如何保持与改善物业管理园区的绿化品质,请把思考的主要内容列举在下方方框中。

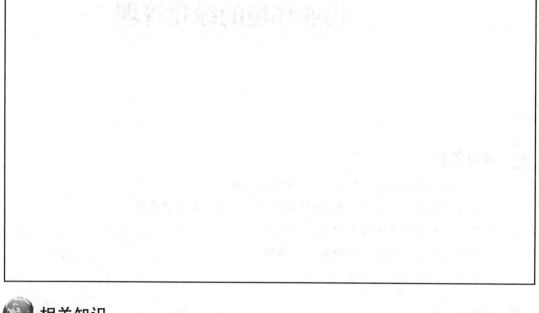

 相关知识

物业环境绿化是指在物业范围内,按照一定的原则(生态学原理)及美学原理种植花草树木,使植物依附于室外地面、护坡、外墙、屋顶或生长于阳台、室内等空间,在物业环境中形成良好的植被生态。

一、物业环境绿化的作用

绿化是构成管理区美化优化环境的重要因素,它能够调节管区内局部生态平衡,因此要充分利用管区内的土地,搞好环境的绿化和美化,物业管理企业应经常组织业主参加庭院绿化种植浇水、除草等公益活动,增强业主的爱护绿化意识。

物业环境绿化的作用主要体现在以下几个方面。

1. 美化环境,陶冶情操

铺满绿色植物,同时配以和谐的多种色彩,使物业区域变得更加美丽,提高业主和使用人的生活品质,使整个小区拥有一个美好的形象。绿色植物不是一种重要的陪衬,而是富有蓬勃生机和审美魅力的构筑材料,灰色的高楼大厦没有繁花绿树的"包装",会给人僵硬死板、单调乏味的感觉。在建筑物四周,有高低参差的乔木、灌木、青青的草地、色彩缤纷的花

卉和路面装饰,能将分散的建筑统一起来,使建筑物刚硬的线条变得柔和,使整个建筑群和小区的色彩丰富起来,小区形象便显得厚重而轻柔,多样而统一,居民就会感到神清气爽、轻松愉悦,缓解压力,同时也可以增加人们对自然的认识和了解。

2．改善空气质量,有益人体健康

(1)吸收二氧化碳,制造氧气。园林植物对净化空气有独特的作用,它能吸滞烟灰和粉尘,能吸收有害气体,吸收二氧化碳并释放氧气,这些都对净化空气起到了很好的作用。居住区中的花草、树木、庭园、草坪等对调节空气有着重要的作用。按城市主要树种的(尽量全面一些)吸碳放氧量的平均值来估算,城市合理的绿化面积加上城市燃料所产生的二氧化碳,则城市每人必须有 $30\sim40m^2$ 的绿地面积。

(2)吸收二氧化硫等有害气体。很多树木可以吸收空气中的二氧化硫、氯气、氟化氢等有害气体,再经光合作用形成有机物质,经氧化还原过程使其变为无毒物质,经根系排出体外,使空气中的有害气体浓度降低。

硫是植物必需的元素之一,植物叶片的表面吸收二氧化硫的能力最强,树木长叶落叶,二氧化硫也就不断被吸收,吸收量随空气中二氧化硫的浓度提高而增大。能有效净化二氧化硫的树种有:樟树、桃花心木、小叶榕、变叶木和大红花等,树木的净化能力与叶片年龄、生长季节、大气中有毒气体的浓度、接触污染时间,以及其他环境因素,如温度、湿度等有关。

大多数植物都能吸收臭氧,其中银杏、柳杉、樟树、海桐、女贞、夹桃竹、刺槐、悬铃木、连翘等净化臭氧的作用较大。树木还能吸收氨、铅及其他有害气体等,因此有"有害气体净化场"的美称。

(3)杀灭细菌。在有森林的地方 $1m^3$ 空气中的含菌量要比热闹喧哗的大街少 85% 以上,因为许多树木分泌杀菌素,有杀死病菌的功能。例如,在繁华的北京王府井大街,每立方米空气中有几十万个细菌,而城区公园内只有几千个。城市绿化植物中具有较强杀菌能力的种类有柠檬桉、大叶桉、白千层、臭椿、悬铃木、茉莉花及樟科、松科、柏科等的一些种类。

一方面,空气中的尘埃是细菌等的生活载体,园林植物的滞尘效应可减少空气中的细菌总量。另一方面,许多园林植物分泌的杀菌素如酒精、有机酸和萜类等能有效地杀灭细菌、真菌和原生动物等。例如,香樟、柏树、桉树、松树等。

(4)降尘、防尘。大规模的城市园林绿化,可以净化城市空气,调节城市气候,并能极大地改善城市环境质量。园林植物对空气中的颗粒污染物有吸收、阻滞、过滤等作用,使空气中的灰尘含量下降,从而起到净化空气的作用。

空气中的灰层和工厂里飞出的粉尘是污染环境的有害物质。这些微尘颗粒虽然重量小,但它们在大气中的总重量却是惊人的。粉尘中不仅含有碳、铅等微粒,有时还含有病原菌。一方面,这些烟尘和粉尘降低了太阳的辐射强度,削弱了紫外线,对人体的健康不利;另一方面,粉尘随呼吸进入人的鼻腔和气管中,容易引起鼻炎、气管炎和哮喘等疾病,有些微尘进入肺部就会引起矽肺、肺炎等严重疾病。

吸附污染物是绿色植物的另一大功能。绿色草坪和树林将裸露的地面有效覆盖,刮风时尘土不易飘扬;树木枝叶大量吸附空气中的灰尘,树叶蒙尘后,经雨水冲洗又能恢复它的吸附作用,从而有效净化空气。

3．改善小气候,调节温度,保持水土,防风固沙

(1)调节空气湿度。园林植物是湿度的"调节器"。植物通过叶面蒸腾水分,使土地的大量水分被释放到空气中,使空气中的湿度明显增加。绿色植物能调节气候,夏天树荫下的气温比荫外一般低 3～5℃;树木与草坪能蒸发水分,增加空气的湿润度,减少干燥对人的影响。防风林带的结构以稀疏结构为最佳,林带上下均匀,能使大部分气流穿过,使气流的能量大量消耗掉。过密和过稀时,气流受到的阻力小,防风效能低。据研究,森林中的空气湿度比城市内高 30%左右。由于树木强大的蒸腾作用,使水汽增加,空气湿润,因而绿化区域内的湿度比非绿化区域高 10%～20%,从而为人们在生产、生活上创造了凉爽、舒适的气候环境。

(2)调节气温。绿地对城市小气候的形成有很大的影响,这是因为城市中由建筑和铺装地面所构成的空气下垫面加上密集的热源所造成的。据测定,市区气温经常比大量植被覆盖的郊区高 2～5℃,形成"城市热岛"效应。园林绿化可以调节气温,起到冬暖夏凉的作用。树木通过叶面蒸发水分,可降低自身的温度,提高附近的空气湿度。因而,夏季绿地内的气温较非绿地低 3～5℃,较建筑物地区可降低 10℃左右。所以,在绿化好的地方,人们会感到空气清新,可为人们提供消暑纳凉、防暑降温的良好环境。在寒冷的冬季,有乔木覆盖的公园、庭院和道路上,由于树木降低风速,减弱冷空气的侵入,树林内及其背向的一侧温度可提高 1～2℃。

(3)保持水土。树木和草地对保持水土有非常显著的功能。树木的枝叶茂盛地覆盖着地面,当雨水下落时首先冲击树冠,不会直接冲击土壤表面,可以减少表土的流失;树冠本身还积聚滞留一定数量的雨水;同时,树木和草本植物的根系在土壤中蔓延,能够紧紧地固定土壤,不让其冲走。如果破坏了树木和草地,就会造成水土流失,山洪暴发,给人们的生活和生产带来严重危害。

(4)防风作用。树木防风的效果是显著的,冬季绿地不但能降低风速 20%,而且静风时间比未绿化地区长。树木适当密植,可以增加防风的效果。春季多风,绿地减低风速的效应,随风速的增大而增加。这是因为风速大,树叶的摆动和摩擦也大,同时气流穿过绿地时受树木的阻截、摩擦和过筛作用,消耗了气流的能量。秋季绿地能减低风速 70%～80%,静风时间长于非绿化区。

4. 减弱城市噪声

噪声被认为是不需要的,使人厌烦并对人们的生活和生产有妨碍的声音。噪声影响人们的身心健康,如造成头痛、耳鸣、多梦、失眠、心慌、记忆力衰退等。

现代城市中工厂林立,建筑工地比比皆是,在生产过程中由于震动、摩擦和撞击等而不断产生噪声;同时,汽车、火车、轮船等也轰鸣尖叫。这些噪声不仅影响人们的正常生活,噪声严重的还危害人们的健康,影响人们的中枢神经系统和精神反应,出现精神不振、疲劳过度、脉搏和呼吸加快、血压增高等症状。而利用绿化树木的庞大的树冠和枝干,则可以吸收和隔离噪声。

据资料表明,在没有树木的高大建筑林立的街道上,噪声强度比两侧种满了树木的街道上大 5 倍以上。沿街房屋与街道之间,如能有一个 5～7m 的树林带,就可以减轻车辆的噪声。据测定,一个 9m 宽的绿带如结构合理,实际可以降低噪声 11～13dB,而 35m 宽的绿带可以降低 25～29dB。可见,园林绿化是噪声的"消声器",用来隔离噪声源,可使居民区减弱和避免噪声的干扰。

二、物业环境绿化的目标

1. 物业绿化管理的内容

（1）前期介入。前期介入可确保小区物业的园林绿化得到合理化规划设计，减少由于规划设计、施工等方面的不合理而造成日后管理困难等。

（2）验收接管。包括植物品种的核对和清点、植物生长状况的评估、绿化面积的测量、园林建筑小品的验收、花槽花坛的验收及园林资料的验收等。

（3）日常管理。包括室内绿化管理、室外绿化管理、绿化保洁、园林建筑及小品维护，以及绿化标识制作等，如浇水、修剪、施肥、除草、病虫害防治。

（4）翻新改造。包括草坪翻新与补植、绿篱翻新补栽、林下绿地改造、园林建筑小品翻新、花坛及花境植物更换。

（5）绿化有偿服务。针对业主、住户甚至是小区外其他单位的绿化有偿服务，包括私家花园的设计施工、花木及私家庭院的代管、花卉出租出售、花艺服务及花卉知识培训等。

（6）社区绿化文化建设。保持物业绿化效果，除了物业公司的日常管理外，也离不开广大住户的爱护。社区绿色文化建设包括花木常识介绍、制作绿化标识牌、进行环保及绿化的宣传、举办花卉知识竞赛活动。

2. 物业绿化的日常管理

（1）绿地保洁。清除绿地垃圾和杂物，包括生活垃圾、砖块、石头、干枝落叶、杂草、烟头等；为绿地浇水和施肥，保持绿地的生长和美观；对绿地进行病虫害防治，如喷洒杀虫剂、除草剂等；绿地的安全保障，如防止火灾、盗窃等。

（2）除杂草、松土、培土。除杂草、松土、培土是物业绿化管理养护工作的重要组成部分。对草坪中的杂草要连根拔起，对一些难拔的杂草，应使用硬铁片之类的工具帮助除根；乔木周围的野草，应结合中耕进行铲除，特别注意具有严重危害的各类藤蔓植物；灌木中耕松土、除杂草。培土是将锄松的土培到根部，并把锄下的杂草覆盖在种植点上，以减少表层水分蒸发，增加土壤有机质和抑制幼树附近的杂草生长等。

（3）排灌、施肥。排灌、施肥应按植物种类、生产期、天气情况等的不同灵活开展。在雨季，为了保证植物根部呼吸，如果苗圃中水过多，就要开挖渠道让水流出来；在旱季，就要及时进行浇水和喷淋，以保证植物生长对水分的需求。不同的树种生长对肥力的需求是不同的，一是种类不同，二是数量也不同。一般来说，氮、磷、钾是植物生长所必需的三种营养元素。

（4）补植。物业绿化管理应做到乔木、灌木无缺株、死株，绿篱无断层。补植时间一般在春季或秋季为宜，可以保证植物的生长和成活率。根据不同的树种和环境条件，要选择合适的补植方法。例如，对大面积的裸露土地，可以采用覆盖法进行补植；对小面积的土地，可以直接挖坑进行补植。

根据不同的树种和土壤条件，选择合适的补植材料。例如，对酸性土壤，可以选择酸性土壤改良剂进行改良；对干旱地区，可以选择耐旱性强的树种进行补植。

（5）修剪、造型。根据绿化功能和植物的生长特性和长势，适时对植物进行修剪造型工作。对于一些过于茂盛的植物，需要进行适当的修剪，以保证植物的生长和美观。例如，对乔木来说，可以进行疏枝、截顶等修剪；对灌木来说，可以进行短截、整形等修剪。通过修剪和造型,可以让植物更加美观和有特色。例如,可以通过修剪形成各种形状的树冠;可以通过造型让植物更加立体化和丰富多彩。

(6) 病虫害防治。病虫害防治工作的开展要加强日常巡查,预防为主,综合防治,争取早发现、早处理。采取综合防治、化学防治、物理人工防治和生物防治等方法防止病虫害蔓延和影响植物生长。

保护有益生物是利用有益生物及其产物控制有害生物种群数量的一种防治技术,常用于植物病虫害的科学治理,引进有益生物,引进外来物种,以达到控制有害生物的目的,通过人工繁殖和释放有益生物及生物产物来控制有害生物种群数量。

(7) 绿地及设施的维护。绿地及设施的维护应做到绿地完善,花、草、树木不受破坏,绿地不被侵占,绿地版图完整,无乱摆摊点、乱停乱放与踩踏草坪等现象。

(8) 园路的管理。园路是园林不可缺少的构成要素之一,是园林的骨架和网络,园路的规划布置往往反映不同的园林面貌和风格。例如,我国苏州古典园林讲究峰回路转,曲折迂回。

(9) 防旱、防冻。根据天气预报和绿地实际情况,要加强巡查,并及时组织采取相关有效措施。对于防冻,可以在寒潮到来之前,进行园林绿化养护时在苗木根基部进行培土,一般是在土壤上冻前 3~5 天或气温稳定在 0℃ 左右时,放在浇完防冻水之后进行,培土高度通常在 20~50cm,直径 60~100cm,等到来年开春浇返青水时再清掉。

(10) 搞好配套工作。台风来袭前要合理修剪,做好护树和其他设施的加固工作;台风过后要及时进行扶树工作,清理道路,补好残缺,清理断枝落叶,保证在 2 天内恢复原状。按要求配合做好节日的摆花工作,草坪、花灌木等应提前在重要节日前修剪,保证节日期间环境更美化的效果。

三、物业环境绿化的原则

物业环境绿化要坚持一定的原则,是非常重要的,能更好地保证绿化建设的科学性、合理性及特色性,保证绿化建设的功能,起到美化环境的作用。物业环境绿化应当坚持协调性、地域性、生态性、多样性、经济性等原则。

1. 协调性原则

绿化要与建筑风格相协调,形成统一的景观效果。在进行植物种植时要注重色彩搭配,绿化植物的颜色应该与建筑外观的颜色相协调,形成统一的色调。绿化植物的形状和高度应该与建筑外观的线条和比例相协调,形成统一的比例关系。绿化植物在不同空间中的布局应该与建筑内部的空间布局相协调,形成统一的空间感。绿化植物的材质应该与建筑外墙、屋顶等材质相协调,形成统一的材质风格。

2. 地域性原则

根据当地的气候条件和土壤特点进行选择,保证植物的生长和发展。由于不同地区的气候条件不同,因此需要选择适合当地气候条件的植物。例如,南方地区温暖湿润,适合选择热带、亚热带植物;北方地区寒冷干燥,适合选择耐寒性强的植物。由于不同地区的土壤条件也不同,因此需要选择适合当地土壤条件的植物。例如,酸性土壤适合选择松树、柏树等耐酸性强的植物;碱性土壤适合选择榆树、柞树等耐碱性强的植物。在选择植物时,还需要考虑生态平衡的问题。例如,如果当地已经存在某种植物过多,就需要选择与之相适应的其他植物来维持生态平衡。

3. 生态性原则

根据植物的生物生态学特性,因地制宜地进行绿化配置。在绿化设计时注重生态平衡,避免破坏原有的生态环境。选用的树种必须对自然环境适应性强、抗逆性强且易于栽培管理,植物配置以乔木为主,使乔、灌、草三者搭配比例合理,常绿树种与落叶树种混交,速生树种与慢生树种有机结合,塑造优美的符合自然生态规律的植物景观;选择适合当地气候条件和土壤条件的植物,避免引进外来物种对当地生态环境造成影响;采用节水灌溉技术、太阳能等可再生能源等,减少对水资源的浪费和污染;种植多种植物,形成生态系统,促进生物多样性;定期进行病虫害防治,避免使用化学农药对环境造成污染。

4. 多样性原则

在植物配置上体现四个多样性,即树种多样性、植物群落多样性、季相多样性及生态环境多样性。树种多样性体现在方案规划建设中,要因地制宜,依据生态学原理和生物学特性,科学地选用树种及合理配置。植物群落多样系体现在有混交林也有纯林,有单层或多层的不同郁闭度的密林、疏林、灌木林、草地及藤木等。季相多样性体现在植物的形状、颜色和姿态,随着四季的交替变换而呈现出丰富多彩的园林季相景观。生态环境多样性体现在场地内有常绿阔叶林、密林等不同生境。

5. 经济性原则

在保证生态性、协调性、美观性、舒适性等前提条件下,尽可能考虑经济节约的原则,从最经济的思维角度实施物业环境绿化。其经济性原则体现在绿化植物的种类选择、栽种,以及后期的养护、管理等多个方面。

🔍 任务实施

美是讲究原理的,如胖子不能穿横条形的上衣。结合美学基本原理,思考物业园区如何做好协调性。请把思考的主要内容列举在下方方框中。

任务评价

对教师、同学在课堂交流中的发言进行评价,将评价简要写在下表中并赋予分值。

序号	评价项目	教 师	同 学
1	发言内容的思政性(满分 20 分)		
2	发言内容的合理性(满分 20 分)		
3	发言内容的科学性(满分 20 分)		
4	发言内容的创新性(满分 20 分)		
5	发言内容的完整性(满分 10 分)		
6	发言方式的条理性(满分 10 分)		
合计	满分 100 分		

任务二　了解物业环境绿化的种类、设计和植物配置原则

 学习准备

某商业物业,绿地总面积为 45000m²；草地面积 15000m²；绿篱、绿带面积 8000m²；球形灌木、花灌木共 2000 棵；乔木类 1000 棵。

问题:如果你是项目经理,你认为配置多少名绿化工比较合理? 岗位怎样设置? 需购置哪些绿化养护设施设备,数量是多少?

请把上述回答的内容简要写在下方方框中。

 **相关知识**

一、物业环境绿化的种类

物业环境绿化的构成有两大类：物业地面绿化系统、物业空间绿化系统。

（一）物业地面绿化系统

物业地面绿化系统是指在物业管理区域内,通过科学规划、设计和实施,将绿色植物、草坪、花坛等元素融入建筑、道路、广场等各个方面的地面上,形成一个完整、有机的生态系统,以达到美化环境、净化空气、调节气候、提高居民生活质量等目的。物业地面绿化系统的建设可以提高物业管理区域的整体形象和品质,改善居民的生活环境和健康状况,促进社区和谐发展。

1. 公共绿地

公共绿地是满足规定的日照要求、适合于安排游憩活动设施的、供居民共享的游憩绿地,应包括居住区公园、小游园和组团绿地及其他块状、带状绿地等。

居住区内的公共绿地应根据居住区不同的规划组织结构类型,设置相应的中心公共绿地,包括居住区公园(居住区级)、小游园(小区级)和组团绿地(组团级),以及儿童游戏场和其他的块状、带状公共绿地等。

公共绿地的位置和规模应根据规划用地周围的城市级公共绿地的布局综合确定。

2. 宅旁绿地

宅旁绿地也称宅间绿地,多指在行列式建筑前后两排住宅之间的绿地,其大小和宽度取决于楼间距,宅旁绿地是住宅用地内最基本、分布面积最大的绿地类型,一般包括宅前、宅后及建筑物本身的绿化,它只供本幢居民使用,以满足居民日常的休息、观赏、家庭活动的需要。

（1）宅旁绿化的形式。

① 花坛和草坪。在住宅周围种植花草,形成美丽的花坛和草坪。

② 果树和蔬菜园。在住宅周围种植果树和蔬菜,提供新鲜的水果和蔬菜。

③ 林荫道和花园小径。在住宅周围的道路或空地上种植树木,形成林荫道和小径,增加居住区的美感和舒适性。

（2）宅旁绿化的特点。

① 贴近居民,领有性强。宅旁绿地是送到家门口的绿地,与居民各种生活息息相关,具有通达性和实用观赏性。宅旁绿地属于"半私有"性质,常为相邻的住宅居民所享用。因此,居住小区公共绿地要求统一规划、统一管理,而宅旁绿地则可以由住户自己管理实行自由的绿化模式,而不必推行同一种模式。

② 绿化为主,形式多样。宅旁绿地通常面积较小,多以绿化为主。宅旁绿地较之小区公共集中绿地相对面积较小但分布广泛,且由于住宅建筑的高度和排列的不同,形成了宅间空间的多变性,绿地因地制宜也就形成了丰富多样的宅旁绿化形式。

③ 以老人、儿童为主要服务对象。宅旁绿地的最主要使用对象是学龄前儿童和老年人,老人、儿童是宅旁绿地中游憩活动时间最长的人群,满足这些特殊人群的游憩要求是宅

旁绿地绿化景观设计首要解决的问题。绿化应结合老人和儿童的心理和生理特点来配置植物,合理组织各种活动空间、季相构图景观及保证良好的光照和空气流通。

3. 道路绿化

道路绿化是指在小区、商业区、工业园区等公共场所内,由物业公司或业主委员会负责管理和维护的道路绿化。其目的是美化环境、净化空气、改善生态环境,提高居民生活质量和工作效率。物业道路绿化管理需要定期进行修剪、浇水、施肥等工作,确保绿化带的健康生长和美观效果。同时,也需要加强对绿化带的保护和管理,防止破坏和污染。

(1)道路绿化包含的内容。

① 行道树和花坛。种植高大的乔木和各种花卉,如梧桐、桂花、紫薇等,为行人提供遮阴和美丽的景观。

② 草坪和草地。在人行道两侧或中央设置草坪和草地,既美化环境又便于清洁卫生。

③ 绿篱和竹林。种植矮墙或竹篱围绕小区,既能起到隔离噪声的作用,同时也能增加小区的私密性。

(2)道路绿化的主要功能。

① 诱导视线,即预示道路线形的变化,引导驾驶员安全操作车辆;遮光或防眩,防止对向来车车头灯的照射;缓冲、缓和与减轻驶出车行道外车辆的强力冲击和乘车人员的损伤,有弹性且宽厚的低树群缓冲效果更好。

② 协调和美化,增加道路环境的自然景致;保护环境,减少水土流失,减轻汽车噪声与尾气的传播,起到防风、防沙、防尘的作用。

③ 作为指路标记,高树或树丛在道路转折处可起到指路标记和警示的作用;适应明暗,隧道入口的高大树木可使侧向光线形成明暗的参差阴影,使亮度逐渐变化,缩短驾驶员视力适应的时间。

4. 公共建筑和公用设施专用绿地

公共建筑和公用设施专用绿地是指在社区、居住区范围内的学校、医院、幼儿园、养老公寓、街道办事处、物业管理公司等单位周围布置的绿地。

(二)物业空间绿化系统

物业空间绿化系统是指在物业管理区域内,通过科学规划、设计和实施,将绿色植物、草坪、花坛等元素融入建筑、道路、景观等空间中,形成一个完整、有机的生态系统,以达到美化环境、净化空气、调节气候、提高居民生活质量等目的。

1. 室内绿化(盆栽、盆景、插花等)

室内绿化是指建筑物内部空间(无论是敞开的或封闭的)的绿化。室内绿化可以增加室内的自然气氛,是室内装饰美化的重要手段。不少公共场所、私人住宅、办公室、旅馆、餐厅内部空间都布置花木。室内绿化的作用如下。

(1)改善室内环境。室内植物以观叶植物为主,大多枝叶茂盛,可以吸附一些有毒气体和尘埃,净化空气。许多植物都可以吸收空气中的有害气体,使空气得到净化。室内植物在进行光合作用时,会吸收或蒸发一些水分,从而调节室内温度和湿度。茂盛的枝叶对于声波的反射与漫反射有一定影响,可降低室内的噪声,还可以保持良好的设计效果。

(2)美化、柔化环境。室内绿化可以美化环境,柔化、填充剩余空间,衬托气氛,强调主体。室内绿化经过精心设计和摆设，能给人以很强的艺术感染力，使人得到美感。不同的绿化设计可以衬托出不同的空间气氛，近似的绿化设计又可以使不同的空间达成统一，有利于构成良好的设计效果。例如，家具沙发的死角、墙角、楼梯间等难利用的空间，通过绿化的点缀，使得空间景象一新，充满生机，增加情趣。

（3）满足精神、心理需要。在装修设计中，适当的室内绿化能给人以回归自然的感觉，使人精神放松、心情舒畅。不同的绿化设计也能反映人的不同思想和意境。室内绿化可以使精神放松、缓解压力、消除疲劳。当人们情绪烦躁不安、感到疲劳时，室内绿化能安抚情绪，起到缓解压力的作用。自古文人墨客就常以不同的植物自喻，表达自己的思想，体现文化修养。如松竹代表清高，桃李代表培养的学生满天下。

（4）组织空间。室内绿化对组织空间具有重要作用。绿化的摆放可以组织引导室内空间的路线。每栋建筑一般都由许多空间组成，各个空间可以通过绿化联系。这种联系更自然、更生动。一个空间有时同时要求多个功能，利用绿化分割、组织，使空间更灵活。

2. 阳台、窗台绿化（盆栽、盆景、插花等）

阳台、窗台绿化是指按照植物的生物学习性、观赏的特性和栽植目的，在阳台和窗台上或结合阳台和窗台布置各类花卉、果树、蔬菜和药用植物等的需求设计摆放。

阳台和窗台绿化的作用如下。

（1）改善环境。对阳台和窗台进行绿化，种植一些树木花草，除了同样有净化空气的作用，尤其有利于降低夏季太阳辐射对裸露的阳台造成的高温反应，同时可以减轻城市交通噪声对人体健康的影响。

（2）美化环境，陶冶情操。窗台阳台绿化是一个建筑整体立面景观的重要装饰部分。通过观赏植物所特有的色彩及植物搭配而形成的植物景观立体景观，不仅给建筑立面锦上添花，而且可以美化不雅的或古老的建筑。作为居住环境中的重要的绿化部分，阳台、窗台上的绿色植物是室外与室内植物景观的过渡，与人们的生活有着密不可分的联系。

（3）具有一定的经济价值。窗台阳台绿化的植物选择，可以适当考虑少量蔬果类，除具有观赏价值外，还具有一定的实用价值，像金橘、丝瓜、薄荷、葡萄等都可作为窗台阳台绿化的一部分，不仅能欣赏到四季常绿景色，还可以品尝自己的劳动成果，也不乏是一种乐趣。另外，阳台、窗台的花卉应用还有助于增加居室空间的私密性。

3. 墙面绿化（吸附、缠绕、卷须、钩刺等攀缘植物）

墙面绿化又叫垂直绿化、立体绿化。由于城市土地有限，为此要充分利用空间，在墙壁、阳台、窗台、屋顶、棚架等处，栽植各种植物或高攀藤本植物。

它的主要作用为可以降低噪声，美化环境，净化空气，提高城市环境质量，增加绿化覆盖面积，改善城市生态环境。据测定，有植物遮阴的地方，光照强度仅有阳光直射地方的几十分之一至 1%。浓密的枝叶像一层厚厚的绒毯，可降低太阳的辐射强度，同时也降低温度。

铺贴式墙体绿化，特别是城市墙面、路面的反射热甚为强烈，进行墙面的垂直绿化，就可极大减少这方面的影响。凡是有植物覆盖的墙面温度可降低 $2\sim7$℃，尤其是朝西的墙面，绿化覆盖后降温的效果更为显著。同时，墙面、棚顶绿化覆盖后空气相对湿度可以提高 $10\%\sim20\%$，在炎热夏季有利于人们消除疲劳。

4. 屋顶绿化（屋顶庭院栽培植物）

屋顶绿化可以广泛地理解为在各类古今建筑物、构筑物、城围、桥梁（立交桥）等的屋顶、露台、天台、阳台或大型人工假山山体上进行造园,种植树木花卉的统称。

屋顶绿化对增加城市绿地面积,改善日趋恶化的人类生存环境空间；改善城市高楼大厦林立,改善众多道路的硬质铺装而取代的自然土地和植物的现状；开辟人类绿化空间,建造田园城市,改善人民的居住条件,提高生活质量,以及对美化城市环境,改善生态效应有着极其重要的意义。

二、物业环境绿化的设计

1. 公共绿地设计

居住区绿化的重点在于小区内公共绿地的规划设计。公共绿地规划设计的质量直接影响公共绿地规划图及整个小区绿化的成功与否。公共绿地的设计应注意以下几个方面。

1）公共绿地的植物选择

（1）因地制宜。由于各地气候、土壤（及其含盐量）、水分等条件不同,因此要"适地适树"。树木生长速度、生命周期、树冠树高、落叶状况等各不相同,应根据不同的绿化位置选择相应的树木、花草。对于沿路树,应选择树干高大、树冠浓密、根深耐旱、清洁无臭、速生、抗性强的风土树种；对于水池边,宜栽种落叶少、不产生飞絮的花木,以减少水面的污染；对于花坛、花境,应栽种色彩鲜艳、花香果俱佳的植物；对于物业绿地,不宜选择带刺、有害、抗性弱的植物,以免造成意外事件。

（2）注意树种搭配。

① 常绿树与落叶树搭配。常绿树和落叶树的搭配可以根据不同的需求来选择。如果想要一个四季常青的景观,可以选择常绿树种,如松树、柏树等；如果想要一个多彩多姿的景观,可以选择落叶树种,如枫树、槐树等。此外,常绿树和落叶树的搭配还可以根据季节来选择,如春季可以选择樱花、桃花等常绿树种和杏花、梅花等落叶树种；夏季可以选择荷花、莲花等常绿水生植物和紫薇、玫瑰等落叶花卉；秋季可以选择枫叶、银杏等落叶树种和菊花、秋海棠等常绿花卉；冬季可以选择松柏类常绿乔木和红梅、白梅等落叶灌木。

② 速生树与慢生树搭配。速生树和慢生树的搭配可以根据不同的需求来选择。如果想要一个四季常青的景观,可以选择速生树种,如毛白杨、白榆、构树、无花果等；如果想要一个多彩多姿的景观,可以选择慢生树种,如榉树、柘树、棕榈树等。此外,速生树和慢生树的搭配还可以根据季节来选择,春季可以选择毛白杨、白榆等速生树种和杏花、梅花等慢生树种；夏季可以选择构树、无花果等速生树种和紫薇、玫瑰等慢生花卉；秋季可以选择枫叶、银杏等落叶树种和菊花、秋海棠等常绿花卉；冬季可以选择松柏类速生乔木和红梅、白梅等落叶灌木。

③ 乔灌木合理搭配。庭院植物的配置方式上多用群植、片植、孤植等手法营造一种人工植物群落,在树种选择上,坚持适地适树,坚持常绿与落叶相结合、乔灌草搭配种植的原则。常用的庭院景观植物搭配技巧有：入口处的植物应简洁、明快、大方、自然,可通过组合一定数量的树木勾画入口处的主体特征；观叶植物如广玉兰、棕榈、银杏、红枫、鸡爪槭、紫叶李、红叶碧桃；观花植物如桂花、海棠、紫玉兰、梅花、蜡梅；观果植物如木瓜、火棘球、石

榴、柿子树；宿根花卉等。

2）植物配置方法

物业绿地植物配置不仅要取得"绿"的效果，还要给人以"美"的享受。在配置所辖区域内的绿地植物时，可采用规则式和自然式两种。接近建筑物的地方，宜采用对称、整齐、端庄、明确、显著的规则式；远离建筑物的地方，宜采用优柔、活泼、含蓄、曲折、淡雅的自然式。在对物业绿地植物进行配置时，必须考虑植物的外形、赏色等方面的特性，进行仔细地选择，合理地配置，才能创造出美的景象，使物业环境的美化渗透到精神世界的美好情感中去。

（1）孤植。孤植是利用树冠、树形特别优美的乔木树种，单独种植形成一个空间或图面的主要景物的配置形式。

要形成孤植景观必须满足以下两个条件：一是要求树形优美，姿态奇异或者花、叶颜色独特，有较高的观赏价值；二是孤植树的周围要有一定的空旷地段，一般在距离树高的4～10倍范围内不应有其他景物存在，或不能有高大的物体阻隔视线。

孤植树主要表现树木的个体美，在选择树种时必须突出个体美，如体形特别巨大、轮廓富于变化、姿态优美、花繁实累、色彩鲜明、具有浓郁的芳香等。例如，轮廓端正明晰的雪松，姿态丰富的罗汉松、五针松，树干有观赏价值的白皮松、梧桐，花大而美的白玉兰、广玉兰等。选择作为孤植树的植物还应具备生长旺盛、寿命长、虫害少、适应当地立地条件的树种。

孤立树在园林种植树木的比例虽然很小，却有相当重要的作用。孤植树种植的地点以在大草坪上最佳或植于广场中心、道路交叉口或坡路转角处。位置应比较开阔，不仅要有足够的生长空间，而且要有比较合适的观赏视距和观赏点。最好有天空、水面、草地等色彩既单纯又有丰富变化的景物环境作背景衬托，以突出孤植树在形体、姿态、色彩方面的特色。孤植树种植的位置主要取决于与周围环境的整体统一、协调。

（2）对植。对植是指在构图轴线两侧对称栽植大致相等数量或体量的植物，使轴线左右能达到均衡稳定的艺术效果。对植的树木在园林艺术构图中，只做配景，焦点向轴线集中，主要是烘托轴线上的景观。将数量大致相等的园林植物在构图轴线两侧栽植，使其互相呼应的种植形式，称之为对植。

对植的形式有以下几种。

① 两株对植。两株对植是将树种、体量及姿态相似的乔灌木配植在中轴线两侧。

② 多株对植（列植）。多株对植是两株对植的延续和发展，可单行也可多行，可一种树也可多种树，常用于绿篱、行道树、树阵、防护林带等。

③ 规则式对植。规则式对植常在规则式种植构图中应用，一般是将树种相同、体形大小相近、数目相同的乔灌木配植于中轴线两侧，常对植于建筑前、广场入口两侧及道路两旁。对称式的种植中，一般需采用树冠整齐的树种，种植的位置不能妨碍出入交通和其他活动，并且保证树木有足够的生长空间。乔木距建筑墙面要5m以上，小乔木和灌木至少在2m以上。

④ 自然式对植。自然式对植可采用株数不同、树种相同的树种配植；也可以是两边相似而不相同的树种或两种树丛，树种需近似。两株或两个树丛还可以对植在道路两旁形成夹景。这种对植强调一种均衡的协调关系，要求树种统一，但大小、姿态、数量稍有差异。一般而言，大的树种与中轴线的距离应近些，小的树种应远些栽植，且两个栽植点的连线不得与中轴线垂直，形成较为自然的景观。

对植多选用树形整齐优美、生长较慢的树种,以常绿树为主,但很多花色优美的树种也适于对植。常用的有松柏类、南洋杉、云杉、冷杉、大王椰子、假槟榔、苏铁、桂花、玉兰、碧桃、银杏、蜡梅、龙爪槐等;或者选用可进行整形修剪的树种进行造型,以便从形体上取得规整对称的效果,如整形的大叶黄杨、石楠、海桐等也常用作对植。

对植常用于房屋和建筑前、广场入口、大门两侧、桥头两旁、石阶两侧等,起衬托主景的作用,或形成配景、夹景,以增强透视的纵深感。例如,桥头两旁的对植能增强桥梁构图上的稳定感。对植也常用在有纪念意义的建筑物或景点两边,这时选用的对植树种在姿态、体量、色彩上要与景点的思想主题相吻合,既要发挥其衬托作用,又不能喧宾夺主。

(3) 丛植。丛植是指一株以上至十余株的树木,组合成一个整体结构。丛植可以形成极为自然的植物景观,它是利用植物进行园林造景的重要手段。一般丛植最多可由 15 株大小不等的几种乔木和灌木(也可以是同种或不同种植物)组成。丛植主要让人欣赏组合美、整体美,而不过多考虑各单株的形状色彩如何。

丛植的配植形式有两株丛植的配合、三株丛植的配合、四株丛植的配合及五株丛植的配合等。

① 两株丛植的配合。两株丛植应该注意,既要有调和又要有对比,形态差别过大的两种树木不能配置在一起,二者无相通之处的不协调,最好采用同一树种,但在大小形态、高低上又不能完全相同,二株一丛,必一俯一仰、一欹一直、一向左一向右、一平头一锐头,二根一高一下,两树间的距离要不大于两树冠平均直径的1/2。

② 三株丛植的配合。三株丛植的配合形式可以是单一树种,也可以是两种不同的树种。如是同一树种,各株树要求在体形、姿态上有所不同;如是两种不同的树种,要求它们之间的距离、形态、大小等都要有差异。三株植物配合成树丛时应该注意,如果是两个不同的树种,最好同为常绿树或落叶树,同为乔木或同为灌木,最多只能用两个不同的树种,二株宜近,一株宜远以示区别,近者曲而俯,远者宜直而仰;三株不宜结,也不宜散,散则无情,树木的大小、姿态要有对比和差异,不能在一条直线上,也不能按等边三角形栽植,距离要不等,最大的一株和最小的一株要靠近,而中等的一株要远些。

③ 四株丛植的配合。四株丛植的配合形式可以是单一树种,也可以是两种不同的树种。如是同一树种,各株树的要求在体形、姿态上有所不同;如是两种不同树种,要求它们之间的距离、形态、大小等都要有差异。四株植物配合丛植时应注意,通相——最多只能应用两种不同的树种,而且必须同为乔木或同为灌木。此外,若树种外观极为相似,可以有两种以上;树种完全相同时,在体形、姿态、大小、距离、高矮上应力求不同;任意三株不能种在一条直线上,不能两两组合,平面布局最好为不等边三角形或不等角不等边四边形,最大的一株要在集体的一组中;单独的一种植物不能最大,也不能最小。

④ 五株丛植的配合。五株丛植是指将五种不同树种的树木配合在一起,形成一个整体。在五株丛植中,植物的选择最好为同一树种,要求每株树的大小、树姿、动势,两两之间的距离等均不相同。在构图配合上,最理想的配合是"3+2"的模式,即分为三株和二株各成一组,其中,作为主体最大的一株要位于三株的一组之中,而两小组的配合原则分别和两株、三株丛植的配合原则相同。

⑤ 六株以上配合成树丛。六株以上配合成树丛时应该注意树种的选择要考虑到它们的生长习性、形态、颜色等因素,以及它们之间的相互关系。树与树之间的距离要适当,不能

太近或太远,以免影响生长和美观;树的高度要有所差异,以便形成层次感和空间感;树与地面的距离也要有所差异,以便形成自然的景观效果。

丛植是自然式园林中最常用的方法之一,它以反映树木的群体美为主,这种群体美又要通过个体之间的有机组合与搭配来体现,彼此之间既有统一的联系,又有各自的形态变化。在空间景观构图上,树丛常作局部空间的主景,或配景、障景、隔景等,还兼有分隔空间和遮阴的作用。

树丛常布置在大草坪中央、土丘、岛屿等地做主景或草坪边缘、水边点缀;也可布置在园林绿地出入口、路叉和弯曲道路的部分,诱导游人按设计路线欣赏园林景色;还可布置在雕像后面,作为背景和陪衬,烘托景观主题,丰富景观层次,活跃园林气氛;运用写意手法,几株树木丛植,姿态各异,相互趋承,便可形成一个景点或构成一个特定空间。

丛植树木以遮阴为主要目的,因此常选用乔木,并多用单一树种,如香樟、朴树、榉树、国槐,树丛下也可适当配置耐阴花灌木。以观赏为目的的树丛,为了延长观赏期,可以选用几种树种,并注意树丛的季相变化,最好将春季观花、秋季观果的花灌木及常绿树配合使用,并可于树丛下配置耐阴地被。

(4) 群植。群植又叫树群,从数量上看它比丛植要多,丛植一般在 15 棵以内,群植可以达到 20～30 株,如果连灌木算在一起可以更多。群植可选用同种花木,也可选取多种花木间种,以适应不同的造景要求。群植树木的平面布局,一般忌成行、成排和等距的呆板排列,立面构图上林冠线应错落有致,有空间层次感。群植树可与山石、水景、建筑等配合,营造融揉自然的园林景观。群植树在造园中可作为主景或障景。群植树种的选择应注意阴阳习性、季相、色泽和树形等因素,并遵循生态学规律与生物特性合理栽种。

组成群植的单株树木数量一般为 20 株以上。树群所表现的主要为群体美,树群也像孤立树和树丛一样,是构图上的主景之一。因此,树群应该布置在有足够距离的开阔场地上,如靠近林缘的大草坪、宽广的林中空地、水中的小岛屿、宽广水面的水滨、小山山坡上、土丘上等。树群主要立面的前方,至少在树群高度的 4 倍、树群宽度的一倍半距离上,要留出空地,以便游人欣赏。

群植与丛植的区别:丛植往往能够显现出各个植物的个体美,丛植中各个单株可以拆散开单独观赏,其树姿、色彩、花、果等观赏价值很高;群植则不必一一挑选各树木的单株,而是力图使它们恰到好处地组合成整体,表现出群体的美。此外,树群由于树木株数较多,整体的组织结构较密实,各植物体之间有明显的相互作用,可以形成小气候、小环境。

2. 居住区道路和停车场绿化设计

(1) 居住区道路绿化设计。住宅区的骨干是环绕住宅区的各种道路,道路以“线”的形式将点与面连接起来,从而将小区整体化。对道路进行绿化能够连接各部分绿化面,隔离道路与住宅区,起到环保美观的作用。在连接点与面的基础上,导向交通的同时,还起到分隔噪声的作用。住宅区主要道路宽度为 16m,车道宽度往往不能小于 7m。住宅区次要道路一般为自行车和行人使用,因此与建筑物相配合的绿化关系密切,同时还要兼顾生活中可能发生的救护、消防、清洁运输垃圾、大批件物品搬运等状况,道路宽度要求在 4～6m。通往各住宅或各单元住户的道路为住宅前小路,其宽度为 2.5～3m,主要供行人行走。因而,道路绿化并不如人们所想的那么简单,必须结合道路宽窄、住宅居民的需求与用途,在便利住宅用户的同时再锦上添花,达到生态环保与住宅中的建筑及其设施相协调,烘托出自然与人文的融合。

① 道路绿地植物的选择。道路绿地的植物种植应考虑三个要素:一是方便居民行走;二是导引车流行驶;三是形成多样的景观使居民乐在其中散步。因此,可采用两层布置:外层用常绿乔木和落叶乔木组成行道树带,同时每条路的植物种类应适当变化以便于区分;内层的树木配置要活泼多样,根据居住建筑的布置、道路走向,以及所处位置、周围环境等加以考虑。在树种选择上,可以多选小乔木及开花灌木,特别是一些开花繁密、叶色变化的树种,如合欢、樱花、五角枫、红叶李、乌桕、栾树等。每条路可选择不同的树种,不同断面的种植形式,使每条路的种植各有个性。在一条路上以某一两种花木为主体,形成合欢路、紫薇路、丁香路等;台阶等处,应尽量选用统一的植物材料,以起到明示作用。

② 道路绿化的种植形式。道路绿化种植形式以落叶乔木与常绿绿篱相结合、以常绿树为主的种植、以落叶小乔木及灌木为主的种植、草地和花卉、带状自然式种植和块状自然式种植。行道树宜以落叶树为主,应选择冠大阴浓、树干通直、抗逆性强,生长稳定,具有一定观赏价值的乔木,避免选择有浆果或分泌物坠地的植物。行道树的定植株距应以其树种壮年期冠径为准,株行距应控制在 5~7m。行道树下也可设计连续绿带,绿带宽度应大于1.2m,植物配置宜采取乔木、灌木、地被植物相结合的方式。居住区内行道树的位置应避免与主要道路路灯和架空线路的位置、高度相互干扰。小区内的主要道路,同一路段应有统一的绿化形式;不同路段的绿化形式应有所变化。小区道路转弯处半径 15m 内要保证视线通透,种植灌木时高度应小于 0.6m,其枝叶不应伸入路面空间内。在小区道路交叉口及转弯处应留出安全视距,在视距三角形内不能选用体形高大的树木,种植灌木时高度应不超过0.7m,其枝叶不应伸入至路面空间内。

(2)居住区停车场绿化设计。居住区停车场绿化包括停车场周边隔离防护绿地和车位间隔绿带,宽度均应大于 1.2m。除用于计算居住区绿地率指标的停车场按相关规定执行外,停车场在主要满足停车使用功能的前提下,应进行充分绿化。在进行居住区停车场绿化植物时宜选择高大庇荫落叶乔木形成林荫停车场。停车场的种植设计要求树木间距应满足车位、通道、转弯、回车半径的要求,庇荫乔木分枝点高度的标准大、中型汽车停车场应大于4.0m,小型汽车停车场应大于 2.5m,自行车停车场应大于 2.2m,停车场内其他种植池宽度应大于 1.2m,池壁高度应大于 20cm,并应设置保护设施。

3. 宅旁绿化设计

(1)宅旁绿化的形式。根据绿化空间的大小和居住区的整体风格,以及各种类型的优缺点,宅旁绿化可以分别采用或结合采用树木型、花园型、草坪型、棚架型、篱笆型、庭园型和园艺型几种类型。

(2)宅旁绿地的要求。

① 合理确定面积。宅旁绿地属于居住建筑用地的一部分,是居住区绿地中重要的组成部分。在居住小区用地平衡表中,只反映公共绿地的面积与百分比,宅旁绿地面积不计入公共绿地指标,而一般宅旁绿化面积比公共绿地面积指标大一倍,人均绿地可达宅旁绿地是住宅内部空间的延续和补充,与居民日常生活息息相关。结合绿地可开展儿童林间嬉戏、品茗弈棋、邻里交往及晾晒衣物等各种家务活动,使邻里乡亲密切了人际关系,具有浓厚的生活气息。宅旁绿地紧挨着建筑物,一般包括宅前、宅后、住宅之间及建筑本身的绿化用地。在

居住小区总用地中,宅旁绿地面积最大、分布最广、使用率最高。宅旁绿地是居民每天必经之处,在心理上会给居民"半私有性"的感觉。

② 合理确定位置和选择植物。在设计宅旁绿地植物景观时,会配合住宅的类型和层数、间距等选择植物的配置,配合整体上的风格。考虑到房屋居住的舒适性问题,在靠近房基础,一般不会种植乔木或者大灌木,而在住宅西向的一面会栽植高大的落叶乔木,遮挡夏季日晒。宅旁绿地的植物配置,一是应体现地方特色,如本地特殊的土壤及气候条件对植物景观的影响;二是要反映居民的爱好,虽然在植物造景之初居民大部分还没有入住,但本地的经济发展水平、本地人的特殊喜好等也应尽量反映出来,尽力创造特色,使居民有一种认同及归属感。同时应注意,在规模较大的居住区中,居住建筑栋数多,有的还分为不同主题的组团,为保证各楼栋、各组团的易识别性,宅旁绿地植物景观在不同组团、不同行列、不同住宅单元也就应有适当变化,既要注重配置艺术的统一,又要保持各组团、各幢楼之间绿化的特色。

4. 入口空间设计

住宅区的入口空间是构成整个住宅区空间体系的重头戏,是环境与建筑空间是否协调的"门面"。住宅区的入口空间是控制空间出入的关卡,不仅只关系到物质的运输转换,而且涉及住户心理空间的转换,一个得体的"门面"能够让人有心畅神怡的舒适感。大部分的住宅区选择以假山层叠、绵延石阶、创意小雕塑来显现眼前一亮的效果,并加以高大笔挺遮阳效果好的乔木勾勒出整个住宅入口的蜿蜒,再辅以矮小却不失单调的灌木来引导行人,更显自然物的亲和力。更甚者,以藤木为墙,淡化泥石墙体及转角的棱角与锋利,以植物自然之美、蓬勃生气将人们从都市生活的压力与紧迫感中解脱出来,使其身心得到舒缓。

5. 屋顶花园设计

随着生活环境的改善与提高,许多建筑物或者建筑物顶层会设置平台花园,在共享空间之际,能够节约用地,提升整个建筑物的生态环境水平,使住房对高楼大厦和园林绿化兼而得之,不但满足住房的心理和使用要求,也是对城市绿化的贡献,同时有利于多层住宅顶层的销售。

根据建筑荷载允许度和屋顶功能需要,我们一般选择花园式屋顶绿化和简单式屋顶绿化。花园式屋顶绿化是指在建筑设计荷载支撑允许的范围内,按公园的设计要求建设,合理运用栽植乔、灌、草、山、石、水、亭、廊、树合理搭配组合,点缀园林小品,具有公园的功能,满足人们游憩活动的需要。但由于施工和经费的限制,这一般是高档小区所采用的造景模式。据不完全统计调查显示,我国绝大多数住宅区为减小建筑物负荷或载重超标,采用简单式屋顶绿化。这种简单式屋顶绿化屋顶荷载量小,在屋顶种植草坪或其他植物,只是达到绿化的目的,也可用不同植物配置出各种图案。其优点是操作简单,成本低,容易推广;缺点是植被单调,没有园林设施,不允许非维修人员活动。简单式屋顶绿化也分为棚架式屋顶绿化、铺地式屋顶绿化、盆栽式屋顶绿化和佛甲草草坪式屋顶绿化四种。

6. 临街绿地设计

在住宅与街道之间的绿地即临街绿地,也是居住区绿地的重要一部分,因为这片绿地是舒适安静的家与喧闹的街道之间的重要分界线。随着居住区建设的规范化,临街绿地由

20世纪80年代的零距离发展到了8～20m的宽度,减少了噪声的影响,同时让居住区的空气更加清新,也美化了窗外的风景。

三、物业环境绿化的配置原则

1. 绿化植物配植的基本要求

在进行绿化植物配植时要选择适合当地气候、土壤和光照条件的植物,避免引进不适合的物种。根据植物的生长习性、形态、颜色等因素进行合理搭配,形成美观的景观效果;保持植物的生态平衡,避免过度密集或过度稀疏,影响植物的生长和健康;注意植物的高度和大小差异,避免形成单一品种过多或过少,影响整体效果;定期修剪和清理植物,保持植物的健康生长和美观状态;避免乱砍滥伐、乱挖乱种等行为,保护生态环境和自然资源。在设计时要注重美学价值,通过合理的布局和植物的选择,营造出美观、舒适的居住环境。

2. 绿化配置的美学原理

(1)变化与统一或多样与统一的原则。设计植物景观时,树形、色彩、线条、质地及比例都要有一定的差异和变化,既要显示多样性,又要使它们之间保持一定相似性,引起统一感,这样既生动活泼,又和谐统一。变化太多,整体就会显得杂乱无章,甚至让一些局部感到支离破碎,失去美感;过于繁杂的色彩会令人心烦意乱,无所适从,但平铺直叙,没有变化,又会单调呆板。因此,要掌握在统一中求变化,在变化中求统一的原则。

运用重复的方法最能体现植物景观的统一感。例如,街道绿带中行道树绿带,用等距离配植同种;同龄乔木树种,或在乔木下配植同种、同龄花灌木,这种精确的重复最具统一感。一座城市中在树种规划时,分基调树种、骨干树种和一般树种。基调树种种类少,但数量大,形成该城市的基调及特色,起到统一作用。

裸子植物区或俗称松柏园的景观,保持冬天常绿的景观,是统一性的体现。松属植物尽管都有松针、球果,但黑松针叶质地粗硬、浓绿,而华山松、乔松针叶质地细柔,淡绿;油松、黑松树皮褐色粗糙,华山松树皮灰绿细腻,白皮松干皮白色、斑驳、富有变化,美人松树皮棕红若美人皮肤;低矮而匍匐的匍地柏、砂地柏、鹿角桧体现出不同种的姿态万千。

(2)调和的原则(即协调和对比的原则)。设计植物景观时要注意相互联系与配合,体现调和的原则,使人具有柔和、平静、舒适和愉悦的美感。找出植物的近似性和一致性,配植在一起才能产生协调感;相反,用差异和变化可产生对比的效果,具有强烈的刺激感,形成兴奋、热烈和奔放的感受。因此,在植物景观设计中常用对比的手法来突出主题或引人注目。

当植物与建筑物配植时,要注意体量、重量等比例的协调。例如,英国勃莱汉姆公园大桥两端各用由9棵椴树和9棵欧洲七叶树组成似一棵完整大树与之相协调,高大的主建筑前用9棵大柏树紧密地丛植在一起,成为外观犹如一棵巨大的柏树与之相协调。一些粗糙质地的建筑墙面可用粗壮的紫藤等植物来美化,但对于质地细腻的瓷砖、马赛克及较精细的耐火砖墙,则应选择纤细的攀缘植物来美化。南方一些与建筑廊柱相邻的小庭院中,宜栽植竹类,竹竿与廊柱在线条上极为协调。

(3)均衡与稳定的原则。这是植物配植时的一种布局方法,将体量、质地各异的植物种类按均衡的原则配植,景观就显得稳定、顺眼。例如,色彩浓重、体量庞大、数量繁多、质地粗厚、枝叶茂密的植物种类,给人以厚重的感觉。相反,色彩素淡、体量小巧、数量简少、质地细柔、枝叶疏朗的植物种类,则给人以轻盈的感觉。根据周围环境,在配植时有规则式均衡(对称式)和自然式均衡(不对称式)。规则式均衡常用于规则式建筑及庄严的陵园或雄伟的皇家园林中。例如,门前两旁配植对称的两株桂花;楼前配植等距离、左右对称的南洋杉、龙爪槐等;陵墓前、主路两侧配植对称的松或柏等。自然式均衡常用于花园、公园、植物园、风景区等较自然的环境中。例如,一条蜿蜒曲折的园路两旁,路右若种植一棵高大的雪松,则邻近的左侧须植以数量较多,单株体量较小,成丛的花灌木,以求均衡。

(4)韵律和节奏的原则。配植中有规律的变化,就会产生韵律感。居住区植物景观设计应从总体着眼,考虑植物之间、植物与建筑之间的协调性。植物与植物在平面上要注意种植的疏密,在竖向上要注意林冠线,在树木片区要注意开辟透景线,同时要重视植物的景观层次、远近观赏效果。而植物与建筑之间,要利用建筑的特点选择合适的植物及其他搭配要素,使整个景观不论是在色彩还是在布局上消除突兀感,创造真正的美,将人居与生态融合在一起。

(5)比例与尺度的原则。景物与景物、景物与总体在体形、体量、空间、颜色等存在长、宽、高的大小关系,长宽高合理的比例是形状、结构和功能的调和。

🔍 任务实施

结合自己的生活经验,思考物业园区绿化的作用及园区绿化种植的基本要求。请把思考的要点列举在下方方框中。

任务评价

对教师、同学在课堂交流中的发言进行评价,将评价简要写在下表中并赋予分值。

序号	评价项目	教 师	同 学
1	发言内容的思政性(满分 20 分)		
2	发言内容的合理性(满分 20 分)		
3	发言内容的科学性(满分 20 分)		
4	发言内容的创新性(满分 20 分)		
5	发言内容的完整性(满分 10 分)		
6	发言方式的条理性(满分 10 分)		
合计	满分 100 分		

任务三　了解物业环境绿化的养护管理

 学习准备

结合所见所闻或自己的生活经验,思考如何养护与管理已建成的物业环境绿化植物。请把你思考的主要内容列举在下方方框中。

 相关知识

物业环境绿化的养护管理是指对小区内的绿化进行日常维护、保养和管理,以保证小区内绿化环境的质量和美观度。具体的养护管理内容包括:草坪养护、树木养护、花坛花境养护等。

一、物业环境绿化养护管理的意义

随着社会经济的高速发展,人们生活水平的提高,对环境的要求越来越高,国家绿化建设投入不断加大。物业环境绿化养护管理在园林绿化中占据着举足轻重的地位。从大的方面来讲,物业环境绿化养护管理工作处理是否得当,在一定程度上会直接影响园林绿化建设的成效好坏。因此,唯有根据科学的养护标准,进行物业环境绿化植物的养护管理,才可以在较长的时间内使植物能够成活并健康生长,真正发挥物业环境绿化的效益。

1. 良好的物业绿化养护管理可以创造良好的社会效益

现代的物业建筑中,大量的硬质楼房形成轮廓挺直的水泥块群的景观,给人一种单调且冷酷无情的压抑感。良好的物业绿化养护管理不仅可以软化硬质景观效应,还能丰富城市建筑群体的轮廓线和美化小区环境;在小区中的小公园、小游园甚至路边大树下可开展多种形式的活动,进行文化宣传或住户间相互交流,可以丰富小区文化、增进人们相互之间感情和促进小区融合。另外,好的小区及城市的绿化还能起到保护水土、防范自然灾害等防灾避难的作用,可创造一个良好舒适的环境。

2. 良好的物业绿化管理可以创造良好的环境效益

城市的园林绿化往往被称为"市肺"。同样,小区内的物业绿化也对小区的环境保护起到举足轻重的作用。它具有调节温度、调节湿度、净化空气、净化水体、净化土壤、杀死病菌、降低噪声及保持水土等作用,可创造一个良好的环境效益。

3. 良好的物业绿化管理可以创造良好的经济效益

随着生活水平的提高,人们的消费观念也在改变。现在人们买房已不限于"有一个属于自己的住所"这一概念,也不限于建筑面积的大小,更多的人关注的是居住区环境的好坏。因此,小区绿化环境的好坏往往直接影响物业的销售情况及物业管理费的收取。另外,物业绿化有偿服务也是物业公司创收的主要来源之一。可见,一个好的物业绿化管理可以创造好的经济效益。

4. 良好的物业绿化管理可以创造良好的社会效益

作为物业门面之一的物业绿化,往往给进入小区的人们很深的第一印象。物业绿化养护管理的好坏往往对人们对该物业公司的信心有着极大的影响,它体现了物业公司的形象,是物业公司的门面,也是业主评价物业公司工作是否到位的主要标准之一。

二、物业环境绿化养护管理的特点

1. 物业绿化养护管理前期介入的重要性

物业绿化养护管理一般在物业前期就需要介入,这样做的目的可以解决因规划设计(植物布局、配置等)或施工疏漏(如栽培技术、栽培季节要求)造成的问题(一段时间后植被死亡),及时发现问题;解决因规划设计不当存在的绿化问题,确保小区物业的绿化得到合理化规划设计,减少由于规划设计、施工等方面的不合理而造成日后管理困难等。

2. 管理模式的多样性

物业绿化养护管理模式多种多样,可以分为完全独立、半独立、子公司及外包式等管理模式。物业管理公司要根据自身的规模和特点去选择合理的绿化养护的管理模式,才能更好地发挥物业绿化的功能。如果需要外包,物业公司不设专门的保洁、绿化管理队伍,只设1名质量管理监督人员,将辖区范围内的所有绿化发包给专业的园林公司进行管理。物业公司需代表业主,根据物业管理委托合同,从确保物业绿化日常使用功能的正常发挥与管理维护的角度出发,对物业委托或绿化承建单位已建设好的物业绿化工程进行核对、检查、确认等工作办理移交手续,从而接手管理的过程。绿化品质管理人员应按规定进行检查和巡视,按检验标准判断是否达到绿化质量标准,平时巡视时记录检查情况,月末汇总检查记录,并进月检评分,总结和评估绿化养护质量,要求承包单位根据月检评分情况不断改善工作,提高绿化管理的质量。

3. 物业绿化养护管理具有服务性

物业绿化管理本身是为业主服务的,日常的绿化养护管理包括室内绿化管理、室外绿化管理、观赏鱼喂养、绿化保洁、园林建筑及小品维护、绿化标识制作等。室外绿化管理包括浇水、修剪、施肥、除草、病虫害防治等。翻新改造包括草坪的翻新与补植、绿篱翻新补栽、林下绿地改造、园林建筑小品翻新、花坛及花境植物更换。物业绿化在管理过程中要考虑业主的利益,如不使用剧毒农药,夜晚洒药并告知注意事项。

4. 物业绿化养护管理具有消费性

物业绿化养护管理针对业主、住户甚至是小区外其他单位的绿化服务,包括私家花园的设计施工、花木及私家庭院的代管、花卉出租出售、花艺服务及花卉知识培训等,需要消耗人力、物力和财力,物业管理费用计入物管费里面,不再另外收费,因此物业管理公司需要控制绿化管理成本。

5. 物业绿化管理具有技术性

物业绿化养护管理中的工作多种多样,包括草坪修剪、树木整枝、植物病虫害防治、施肥、植被再植等绿化管理措施都是技术性的工作;因此,物业管理公司需根据小区的实际情况设置专门的绿化养护管理部门,根据养护人员配置要求配备相应的操作技工和日常养护工进行小区内物业绿化养护管理工作;加强绿化的养护管理工作,深化环境景观的管理制度,强化环境的绿化景观,为业主提供和谐、温馨且能反映时代特色、高品位的绿色环境空间。

三、物业环境绿化养护管理的实施

1. 物业环境绿化树木养护

(1) 除草。除草的目的在于疏松土壤、通气、调节土温,促进土壤养分分解,便于树木根系生长,同时除去与树木争肥争水、有碍观瞻的杂草。

① 深度和范围因树而定,一般深 5cm 左右,直径 50~10cm。

② 应在天气晴朗,土壤含水适度(50%~60%)时进行,不得在土壤泥泞状态下中耕,以免破坏土壤结构;连阴两天除草,只能采用拔除方式。

③ 除下的杂草及时处理,运走或就地掩埋入土作为基肥;掘出的瓦砾,拣拾运出场。

④ 不可损伤树木根系、树皮和枝条。

⑤ 树下草皮高度控制 6cm 以下,修剪要整齐。

　　（2）防旱与灌溉。树木生长需要足够的水分,否则不能维持生命。物业管理机构应根据天气预报和绿地实际情况,要加强巡查,保证水源充足,加强人工淋水,并及时组织采取相关有效措施。

　　① 新栽1～2年内树木,要做好覆土工作,必要时盖土保墒。

　　② 灌溉之前,应先松土,做好土围;选择性灌溉,不耐旱的、根浅的、新种的、坡顶的植物多灌溉,耐旱的不灌或少灌。夏季灌溉应在早、晚进行;冬季则在中午前后进行,每次浇透浇足。

　　③ 灌溉可结合施肥,以提高耐旱力;改进淋水方式,减少浪费;对花木进行防晒,遮阴,搬走盆栽花木。

　　④ 新栽1～2年的名贵树木,皮层较薄、光滑的树木,旱季要卷干;必要时还应对树干、树冠进行喷雾,喷雾次数视天气而定,并可搭盖阴棚。

　　（3）施肥。肥是植物的粮食,为使树木茂盛生长,必须施肥。休眠期施肥称基肥,生长期施肥称追肥,有机肥必须充分腐熟才能使用。

　　① 观花观果树木,要求花前花后各施一次追肥,休眠期施一次基肥。

　　② 一般树木,休眠期施一次基肥,基肥施用量应视树种、土壤及树木大小而定,一般胸径在10cm以下的施有机肥2.5kg,10cm以上的施5kg。

　　③ 施肥要选择晴天,土壤干燥时进行。施肥时,肥料不能沾污枝叶,以免烧伤。从效果与环境卫生考虑,施肥应采用沟施或穴施,沟(穴)应开在树冠之冠缘线下,深度视根的深度而定,一般为25cm,肥料不能与粗根接触,施后将沟(穴)填平。

　　④ 化肥要与有机肥交替使用。名贵树木可适当采用微量元素、磷肥、尿素作根外喷施,根外喷施宜在清晨或黄昏进行,以叶面泾润为度。

　　（4）整形与修剪。整形与修剪能使树木生长健壮,花艳叶茂,树冠整齐美观,提高观赏性,还能改善通风光照条件,减少病虫害,对新栽和病弱树木还可以减少养分、水分消耗,恢复树势。每年修剪树木前必须制订修剪技术方案,并对工人进行培训。按修剪功能的需要和设计的要求,在不违背树木的生长特性和自然分枝规律的前提下(特型树木除外),充分考虑树木与生长环境的关系,并根据树龄及生长势强弱进行修剪,做到因地制宜,因树修剪。

　　① 树木整形要根据树木习性而定,主干生长势强的应保留其领导干,采取塔形、圆锥形整形;主干生长势不强而易于形成丛状树冠的,可修成圆球状、半球形或自然形树冠;喜光小乔木可采用自然开心形。

　　② 为半衡树势,使各主枝、侧枝间均衡生长,应"强主枝强剪,弱主枝弱剪"与"强枝弱剪,弱枝强剪",枯死枝、病虫枝、徒长枝、并生枝和损伤枝要及时剪去。

　　③ 老衰树木可以强度修剪恢复树势,灌木丛或绿篱下部空枯时,应逐批短栽或疏剪老枝,培育新枝,恢复树势。

　　④ 修剪时期应视树木开花习性及耐寒力而定。头年生枝开花(结果)的,应在花后修剪,如迎春、连翘等;当年上枝开花(结果)的,应在落叶后至发芽前修剪;耐寒的树木应在休眠期修剪;阔叶绿篱在早春发芽前修剪;针叶绿篱在8—9月修剪。

　　⑤ 幼小花木及新栽花灌木,应及时去花、蕾、果实。根际易萌发的树木,可用萌条更新衰老枝。绿篱、色块、黄杨球等的修剪必须在每年的5月上旬和8月底以前进行。

⑥ 修剪方法。修剪时切口必须靠节,剪口应在剪口芽的反侧面,呈 45°斜面,剪口要平滑,对过粗的枝条应分段截枝,防止撕裂树皮;修剪一棵树时,应从树冠上方至下方,由内向外进行;先做示范,确定修剪方式,再全面展开。

⑦ 生长期萌发的不定芽,除应保留者外,都要在未木质化时清除,扰乱树形的根际萌蘖应及时清除。

(5)防寒。防寒工作应在 11 月上旬开始,按抗寒力强弱,先弱后强顺序安排,到 12 月上旬结束。防寒措施有:根茎培土、覆土、扣筐、涂白与喷白、覆膜与浇水、卷干(包草)等。

① 根茎培土。冬水灌完后,结合封堰,在树木根茎部培起直径 50~80cm、高 30~50cm的土堆,可防止低温冻伤根茎和树根,同时又可减少土壤水分的蒸发。

② 覆土。在土地封冻以前覆土,可将枝干柔软,将树身不高的乔灌木压倒固定,盖一层干树叶(或不盖),覆细土 40~50cm,轻轻拍实。这种方法不仅可防冻,还能保持枝干湿度,防止枯梢。耐寒性差的树苗、藤本植物多用这种方法防寒。

③ 扣筐或扣盆。一些植株较矮小的珍贵花木(如牡丹等),可采用扣筐或扣盆的方法,即用大花盆或大筐将整个植株扣住。这种方法不会损伤原来的株形。外边堆土或抹泥,不留一点缝隙,给植物创造比较温暖、湿润的小气候条件,以保护株体越冬。

④ 涂白与喷白。用石灰加石硫合剂对枝干涂白,可减少向阳面皮部因昼夜温差过大而受到伤害,并能杀死一些越冬的病原物及虫卵。涂白一般在 10 月下旬至 11 月中旬之间,气温过低会造成涂白材料成片脱落。树干涂白后,可减少早春树体对太阳热能的吸收,降低树温提升的速度,可使树体萌芽推迟 2~3 天,有效防止树体遭遇早春回寒的霜冻。对花芽萌动早的树种进行树身喷白,还可延迟开花,以避免晚霜的危害。

⑤ 覆膜与浇水。用薄膜绕树干或用草绳绕树干,必要时对树穴覆一层地膜,既可保温保湿,又能起到防冻的作用。具体做法:先用草帘或直接用稻草将树干包好,然后用细草绳将其固定在树干上;接着用水将稻草喷湿,也可将草帘或稻草浸湿后再包裹;最后用塑料薄膜包于草帘或稻草外,再将薄膜捆扎在树干上。薄膜在树干下部靠近土球处铺展开来,将基部覆土浇透水后连同干兜一并覆盖地膜,地膜周边用土压好。这样可利用土壤温度的调节作用,保证被包裹树干空间内有足够的温度和湿度,比传统人工喷水养护方法所获得的环境湿度更稳定、更均匀,还能将不良天气对树木的影响和伤害降到最低限度,既省去补充浇水的劳动强度,又提高了树木成活率。

⑥ 搭风障。为减轻寒冷干燥的大风吹袭,造成树木冻旱的伤害,可以在树的上风方向架设风障。架风障的材料常用高粱秆、玉米秆捆编成篱或用竹篱加芦席等。风障高度要超过树高,常用杉木、竹竿等支牢或钉以木桩绑住,以防大风吹倒。漏风处再用稻草在外披覆好,绑以细棍夹住,或在席外抹泥填缝。

⑦ 卷干包草。对于不耐寒的树木(尤其是新栽树),要用草绳道道紧接的卷干或用稻草包裹主干和部分主枝来防寒。包草时草梢向上,开始半截平铺于地,从干基折草向上,连续包裹,每隔 10~15cm 横捆一道,逐层向上至分枝点,必要时可再包部分主枝。这种防寒方法,应于晚霜后拆除,不宜拖延。

⑧ 灌冻水。在冬季土壤易冻结的地区,于土地封冻前,灌足一次水,称为"灌冻水"。灌冻水的时间不宜过早,否则会影响抗寒力。一般以"日化夜冻"期间灌水为宜,这样到了封冻以后,树根周围就会形成冻土层,以使根部温度保持相对稳定,不会因外界温度骤然变化而

使植物受害。

⑨ 防冻打雪。在下大雪期间或之后,应把树枝上的积雪及时打掉,以免雪压过久过重,使树枝弯垂,难以恢复原状,甚至折断或劈裂。尤其是枝叶茂密的常绿树,更应及时组织人员,持竿打雪,防雪压折树枝。对已结冰的枝,不能敲打,可任其不动;如结冰过重,可用竿支撑,待化冻后再拆除支架。

⑩ 春季养护管理。春季,防寒材料不可突然过早拆除,要采用逐渐过渡的办法,防止苗木因不适应环境的变化受到伤害。保温棚拆除可根据天气状况而定,一般拆除时间在 3 月底。春季管理以增加地温为主,因此,可适时浇春水和增施有机肥。通过给树木浇水施肥,增强树木的抗病力和抗寒力,有利于生根。施肥一定要施匀,以保证苗木的正常生长速度。施肥后一定要及时浇水,但不要浇太多,防止肥料淋失。

地上部分易冻死的宿根类植物,如芭蕉,可剪去地上部分然后培土;新栽树木可在根茎处培土;不耐寒的大树可卷干或根茎处铺草、盖土。大雪时,常绿球形树冠要及时打去积雪,雪后如有损伤要及时抚育,用修、拉、扶、撑等方法恢复树势,平衡树冠。

(6)病虫害防治。植物在生长发育过程中,由于病原物侵染或不适宜环境因素的影响,生长发育受到抑制,正常生理代谢受到干扰,组织和器官遭到破坏,导致叶、花、果等器官变色、畸形和腐烂,甚至全株死亡,从而降低产量及质量,造成经济损失,这种现象称为植物病害。病害的发生是一个持续的过程,当植物遭受病原物侵袭和不适宜环境因素影响后,首先表现为正常的生理功能失调,继而出现组织结构和外部形态的各种不正常变化,使生长发育受到阻碍,这种逐渐加深和持续发展的过程,称为病理程序。病虫害防治要贯彻"防重于治"的方针和"综合防治"的原则,控制病虫害的发生,不影响观瞻。植物病害的病状主要分为变色、坏死、腐烂、萎蔫、畸形五大类型。

① 变色。主要表现为褪绿、黄化、花叶。

② 坏死。常表现为坏死斑、叶枯、疮痂 、溃疡。

③ 腐烂。分干腐、湿腐和软腐。

④ 萎蔫。是指植物的整株或局部因脱水而枝叶下垂的现象。

⑤ 畸形。有矮化、矮缩、丛枝、皱缩、肿瘤、变形等。

主要虫害有:一类为食叶害虫,如刺蛾、蓑蛾、灯蛾、毒蛾等;另一类为刺吸害虫,如蚜虫、天牛、蓟马、粉虱、蚧壳虫、叶螨、蠹蛾等;还有一类为地下害虫,如地老虎等。

主要病害:白锈病、炭疽病、腐烂病、叶斑病、白绢病、白粉病、煤污病。

病毒防治:雨季节和秋雨连绵期间,各种病菌容易滋生,在多发病期之前可用针对性药物防治,针对各种病害选择使用。

(7)补栽补种。要及时补栽补种,确保植物生长成型,步骤如下。

① 确定需补种的植物品名及地点。

② 对需补种地翻土或打洞,加施基肥。

③ 挖苗或购苗,剪去包装物及部分枝或叶。

④ 补栽覆土时应将土敲细,新土高出地面 3～5cm。栽植新草时,土高出接口处 1～2cm,栽上草后浇水,然后用锹拍打草皮,使新种草根部入泥。

⑤ 对新种乔木用支撑保护。

⑥ 浇水定根时一次浇透,每天早晚各浇一次,高温季节可适当增加喷水次数。

2. 花卉、地被植物、草坪养护

（1）花卉养护。花卉养护重点如下。

① 松土、除草、施肥、灌溉。不同的花种需要不同的浇水量和频率，一般来说，花卉需要保持土壤湿润，但不要过度浇水。在生长季节，花坛 10～15 天松土除草一次，结合追施肥料。肥料不得玷污植株，如有玷污必须用清水冲干净，有机肥与无机肥交替使用。

② 整形与修剪。仔细检查树叶，对于出现的黄叶残叶、树形不对称、有徒长枝的要及时修剪；对于叶片枯黄面积超过 1/3 以上的应整片剪除；枯黄面积超过 1/3 以下者，应用剪刀顺着叶形将枯黄部分剪除，注意保留叶形，不能一刀切过。草质花卉能摘心的花卉要摘心，株高与花大的花卉要立支撑；木本花卉要及时整形修剪，败花、黄叶要及时摘除。花坛中过半数的花朵凋谢后要立即调换，一般花坛全年调换 2～3 次。

③ 保持卫生。清洁植物叶面，每次进场前清洁植物叶面，定期对植物叶片抹干净，叶面不残留泥土和灰尘。清理花盆、套盆内垃圾，杂物、残叶等，清洁花盆、套盆外表泥污，清洁底碟泥垢、积水等。

④ 病虫防治。病虫害是花卉栽培中难免的问题，可能会造成栽植彻底失败。病虫害的防治是花卉栽培获得成功的关键之一。病虫害的防治首先要从加强栽培管理，提高花卉本身的抗病虫害能力入手，应及时发现并立即采取措施。要有防治蚜虫、螨虫、蚧壳虫、蚊蝇吸软腐病、黑斑等病虫害的有效措施及方案，将病虫害扑灭于萌芽状态。

（2）地被植物养护。地被植物养护重点如下。

① 施肥与浇水。地被每年施肥不应少于 1 次，可结合中耕进行。干旱季节要浇水，夏季浇水在早晚进行。

② 残花枯叶要及时清除，缺株及时补齐。

③ 木本地被植物要保持低矮状态。注意修剪，使枝条扩展生长，扩大覆盖面。

④ 宿根、球根地被植物生长 3～5 年后根部拥挤，需于休眠期分株重栽。

（3）草坪养护。草坪养护重点如下。

① 灌溉。新铺草坪要及时浇水，直至成活。夏季浇水应在早晚进行。夏秋季节在太阳出来之前，避开中午阳光强烈时或夜间，根据气温、空气湿度、土壤含水情况适量浇水。

② 修剪。草坪要保持平整完美，就要时常修剪，生长过于旺盛会导致根部坏死（不透气腐烂）。草坪应保持 6～8cm 高度，超过此高度就要推剪，在推剪前先捡除砖石等杂物。修剪的时间频度：特级草春夏生长季每 5 天剪一次，秋冬季视生长情况每月一至两次；一级草生长季每 10 天剪一次，秋冬季每月剪一次；二级草生长季每 20 天剪一次，秋季共剪两次，冬季不剪，开春前重剪一次；三级草每季剪一次；四级草每年冬季用割灌机彻底剪一次。

剪草步骤如下。

第一步，清除草地上的石块、枯枝等杂物。

第二步，选择走向，与上一次走向要求有至少 30°以上的交叉，避免重复方向修剪引起草坪长势偏向一侧。

第三步，速度保持不急不缓，路线直，每次往返修剪的截割面应保证有 10cm 左右的重叠。

第四步，遇障碍物应绕行，四周不规则草边应沿曲线剪齐，转弯时应调小油门。

第五步,若草过长应分次剪短,不允许超负荷运作。

第六步,边角、路基边草坪、树下的草坪用割灌机剪,若花丛、细小灌木周边修剪不允许用割灌机(以免误伤花木),应用手剪修剪。

第七步,剪完后将草屑清扫干净入袋,清理现场,清洗机械。

③ 施肥。生长不良的草坪,每年早春萌芽前要追肥。施肥要少量、多次,使草能均匀生长。草坪上肥料的选用为:一级以上草坪选用速溶复合肥、快绿美及长效肥;二级、三级草坪采用缓溶复合肥;四级草地基本不施肥。

复合肥分为速溶和缓溶两种,是主要用肥。速溶复合肥用水溶后喷施,缓溶复合肥一般直接干撒。施用缓溶复合肥有局部烧灼现象,多用于要求较低的草坪。

尿素为高效氮肥,常用于草坪追绿。草坪使用氮肥过多,会造成植株抗病力下降而染病,使用浓度不当也极易烧伤,不宜多用。

快绿美为液体氮肥,作用与尿素相近。

长效复合肥是固体多元素肥,肥效长、效果好,一般不会有烧灼现象,但价格昂贵。

④ 除杂草。除杂草是草坪养护的一项重要工作,杂草生命力比种植草强,要及时清理它,不然它会吸收土壤养分,抑制种植草的生长。

人工除草:一般少量杂草或无法用除草剂的草坪杂草采用人工拔除;人工除草按区、片、块划分,定人、定量、定时地完成除草工作;应采用蹲姿作业,不允许坐地或弯腰寻杂草;应用辅助工具将草连同草根一起拔除,不可只将杂草地上部分去除;拔出的杂草应及时放于垃圾桶内,不可随处乱放。

除草剂除草:已蔓延的恶性杂草用选择性除草剂防除;应在园艺师指导下进行,由园艺师或技术员配药,并征得绿化保养主管同意,正确选用除草剂;喷除草剂时喷枪要压低,严防药雾飘到其他植物上;喷完除草剂的喷枪、桶、机等要彻底清洗,并用清水抽洗喷药机几分钟,洗出的水不可倒在有植物的地方;靠近时花、灌木、小苗的地方禁用除草剂,任何草地上均禁用灭生性除草剂;用完除草剂要做好记录。

⑤ 补缺与填平。草坪如发生较大缺株,应及时补栽。可栽植草皮,也可补播草种,补植后应立即灌水,以利于迅速恢复生长。低洼积水之处,要以土填平重栽。

⑥ 疏松土壤。草坪草的浅层根系非常发达,尤其是具有根茎或匍匐茎的草坪,极易形成致密的根网,从而降低表层土壤通透性。可在春季土壤化冻后采用手提式土钻或打孔机松土,也可用刀横向、纵向划断根系,促使根系萌发。

3. 绿化养护标准和要求

(1)除草标准和要求如下。

① 除杂草。无明显杂草,草坪、地被纯度在90%以上。

② 松土。树木底下土壤疏松,透气良好,土壤呈松弛团粒结构,深达5cm左右。松土时不伤及树皮、根系,在施肥前和下暴雨后进行松土,1次/两周。

③ 清理枯枝落叶。无明显枯枝落叶,环境整洁。1次/周。

④ 清理绿地石块杂物。无明显砖石瓦砾,绿地整洁。1次/月。

(2)防旱与灌溉标准和要求如下。

① 树木、草地浇水。冬季中午(10:00—16:00)浇水,夏季早晚浇水。浇水不遗漏,每次浇透浇足,见干见湿。新栽大树及时喷雾。浇水深度,树木3cm,草坪2cm。目视、手测、浇

水时间抽查可根据气候、土壤深度综合控制水分。

② 盆栽浇水。按见干见湿原则浇水,盆栽无干枯、遗漏现象。目视检查,室外草花夏季浇水 2 次/日,室内视情况而定。

③ 叶面清洁度浇水。配合冲洗叶面,保证植株光亮、清洁,无大面积尘埃、泥土污染现象。目视检查与浇水同步,施肥后要喷水。

(3) 修剪标准和要求如下。

① 乔木整枝。及时修去枯死枝、病虫枝、徒长枝、并生枝和损伤枝,使得树枝分布均匀,树形优美,无多余枝条。剪口平滑,树皮无撕裂现象。目视检查,抽检 10 棵,2 次/年,生长季、休眠期各一次。

② 灌木整枝。根据花灌木的开花习性做适当修剪,使花木茂盛,花期延长,整形灌木造型明显,线条整齐,长枝不超过 30cm。目视检查,抽查 3 处,1 次/季。

③ 绿篱修剪。绿篱成型,线条整齐,树种之间有界限。造型美观,长势良好,长枝不超过 30cm。目视检查,抽查 5 处,1 次/季。

(4) 施肥标准和要求如下。

① 乔木灌木。采取沟施或穴施,施肥,浇水及时,肥料不露出土面,不玷污叶面。花灌木做到花前、花后、果前、果后分施追肥。

② 草地、地被施肥。有播施或喷施。结合天气在雨天前进行。施肥浓度合适,一般 30m²/g,草地色彩碧绿,生长茂盛。目视检查,1 次/3 个月。

(5) 防风标准和要求如下。

① 防寒工作。培土、铺草、卷干等工作在 11 月中旬开始,12 月上旬完成。目视检查,1 次/年。

② 防风工作。在台风来之前做好立支柱、删去密枝等工作,风雨过后 12 小时内,能及时清除断枝落叶,扶正倒斜树木。

(6) 苗木补种标准和要求如下。

苗木补栽补种无明显黄土裸露,如发现有植株死亡和缺少,在发现后一周内,更换相同种类和高度的植物,及时浇水,保证成活。目测按花草树木栽种季节,及时补栽补种目视检查。

(7) 病害防治标准和要求如下。

防病治虫,无明显枯枝、枯叶,树叶上无灰尘,不霉,树干不枯死和腐烂;预防在前,除治在后,施药在晚上 6 点以后,且出示警示牌。目视抽查防治,1 次/半年,发现病虫,及时喷施。

(8) 草坪养护标准和要求如下。

① 草坪修剪。高度在 4~8cm,夏季可稍长。修剪平整、边缘整齐。目视抽查 6 处,4~5 次/年。

② 草坪补缺填平。无明显黄土裸露,能及时补缺,最大裸露块不超过 0.3m²,低洼处要以土填平重栽。补缺工作自发现一周内完成。

 任务实施

(1) 不少家庭或单位为美化室内环境,购置盆栽、盆景放置在室内、走廊、过道等地方,一段时间过去,那些盆栽、盆景都叶黄枝枯。请你思考如何解决这个问题。

（2）你认为好的草坪应具备哪些条件。

请认真思考上述两个问题，并把思考的主要结果写在下方方框中。

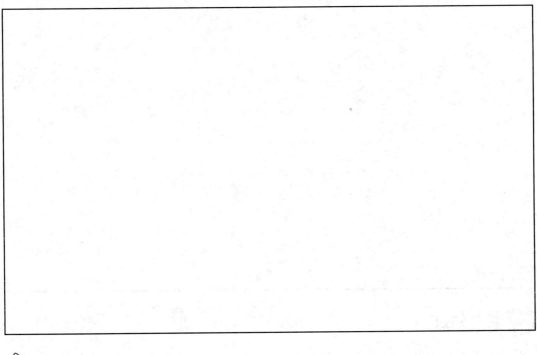

 任务评价

对教师、同学在课堂交流中的发言进行评价，将评价简要写在下表中并赋予分值。

序号	评 价 项 目	教　　师	同　　学
1	发言内容的思政性（满分 20 分）		
2	发言内容的合理性（满分 20 分）		
3	发言内容的科学性（满分 20 分）		
4	发言内容的创新性（满分 20 分）		
5	发言内容的完整性（满分 10 分）		
6	发言方式的条理性（满分 10 分）		
合计	满分 100 分		

任务四　了解物业环境绿化的植物学基础知识

学习准备

请查阅资料，认识植物的器官构成，以及各个器官的作用。在下页方框中写出植物的器官构成，以及各个器官的作用。

相关知识

一、物业绿化植物的多样性

绿化植物依外部形态不同分为乔木、灌木、藤本植物、观赏竹、花卉和草坪植物(地被)六大类。

1. 乔木

乔木是指树身高大的树木,由根部发生独立的主干,树干和树冠有明显区分。有一个直立主干,且通常高达6m至数十米的木本植物称为乔木。依其体形高矮,乔木分为大乔木(20m以上)、中乔木(8～20m)和小乔木(8m以下)。通常见到的高大树木都是乔木,如梧桐、木棉、松树、玉兰、香樟等。根据一年四季叶片脱落状况,乔木又可分为常绿乔木和落叶乔木两类;叶形宽大者,称为阔叶常绿乔木和阔叶落叶乔木;叶片细如针或呈鳞形者则称为针叶常绿乔木和针叶落叶乔木。

乔木是园林中的骨干树种,无论在功能上还是艺术处理上都能起主导作用,诸如界定空间、提供绿荫、防止眩光、调节气候等。其中多数乔木在色彩、线条、质地和树形方面随叶片的生长与凋落可形成丰富的季节性变化,即使冬季落叶后也能展现出枝干的线条美。大量观赏型乔木树种的种植,应达到三季有花。特别强调的是,在植物的选配上采用慢生树与快生树相结合的方式,即使其能快速成景,又能保证长期的观赏价值。常用的绿化乔木有:桂花、天竺桂、紫薇、银杏、樱花、榕树、香樟等。

2. 灌木

灌木是指那些没有明显的主干、呈丛生状态比较矮小的树木,可分为观花、观果、观枝干等几类。一般为阔叶植物，也有一些针叶植物是灌木，如刺柏。一般高 2m 以上者称为灌木，1～2m 者为中灌木，高不足 1m 者为小灌木。

灌木是没有明显主干的木本植物，植株一般比较矮小，不会超过 6m，从近地面的地方就开始丛生出横生的枝干。有的耐阴灌木可以生长在乔木下面，有的地区由于各种气候条件影响(如多风、干旱等)，灌木是地面植被的主体，形成灌木林。沿海的红树林也是一种灌木林。许多种灌木由于小巧，多作为园艺植物栽培，用于装点园林。

3. 藤本植物

藤本植物是指茎蔓细长，自身不能直立，须攀附其他支撑物、缘墙而上或匍匐卧地蔓延的园林植物。其根可生长在最小的土壤空间，并能产生最大的功能和艺术效果。依藤本类植物的生长特点分为：缠绕茎类(牵牛花、紫藤、金银花、茑萝)、吸附类(爬山虎、凌霄)、卷须类(葡萄、西番莲、炮仗花)、蔓条类(蔷薇)。

藤本植物在一生中都需要借助其他物体生长或匍匐于地面，但也有的植物随环境而变，如果有支撑物，它会成为藤本，但如果没有支撑物，它会长成灌木。例如，漆树科和茄科的一些品种。藤本植物可以节省用于生长支撑组织的能量，更有效地吸收阳光。绝大部分藤本植物都是有花植物。

藤本植物分布很广，大部分的藤本植物都具有发达的根系和较强的萌蘖力，根据它们本身的生物学特性，进行分株法繁殖，春秋两季均可进行，秋季 10—11 月中旬为宜；春季 3 月下旬—5 月上旬，植株开始生长时尤为适宜。分株繁殖方法成活率高，可由一个单独植物体扩繁出 5～10 倍的植株体，增殖率高，是简单易行的繁殖方法。

常见的藤本植物有：紫藤、葡萄、爬山虎、常春藤、金银花等。

4. 观赏竹

观赏竹是指禾本科竹亚科的竹类植物，具有可供人们观赏和较高经济价值的观赏植物。一般都是一年生或多年生，主要表征为木本，也有的为草本、藤本。观赏竹类为秆木质，通常浑圆有节，皮为翠绿色，但也有方形竹、实心竹和茎节基部膨大如瓶、形似佛肚的佛肚竹，以及其他皮色，如紫竹、金竹、斑竹、黄金间碧玉竹等。

竹是多年生木质化植物，具地上茎(竹竿)和地下茎(竹鞭)。竹竿常为圆筒形，极少为四角形，由节间和节连接而成，节间常中空，少数实心。每节上分枝。叶有两种，一种为茎生叶，俗称籜叶；另一种为营养叶，披针形，大小随品种而异。竹花由鳞被、雄蕊和雌蕊组成。竹类的一生中，大部分时间为营养生长阶段，一旦开花结实后全部株丛即枯死而完成一个生活周期。

观赏竹枝叶秀丽，幽雅别致，四季常青，庭园中广为应用，如紫竹、毛竹、刚竹、淡竹。竹类大都喜温暖湿润的气候，一般年平均温度为 12～22℃，年降水量 1000～2000mm。竹子对水分的要求高于对气温和土壤的要求，既要有充足的水分，又要排水良好。散生竹类的适应性强于丛生竹类。由于散生竹类基本上是春季出笋，入冬前新竹已充分木质化，所以对干旱和寒冷等不良气候条件，有较强的适应能力，对土壤的要求也低于丛生竹和混生竹。丛生、混生竹类地下茎入土较浅，出笋期在夏、秋季，新竹当年不能充分木质化，经不起寒冷和干旱，因此在北方一般生长受到限制，它们对土壤的要求也高于散生竹。

5. 花卉

花卉是指姿态优美、花色艳丽、花香馥郁和具有观赏价值的草本和木本植物,通常多指草本植物而言。草本花卉是园林绿地建设中的重要材料,可用于布置花坛、花境、花缘、切花瓶插、扎结花篮、花束、盆栽观赏或作地被植物使用,而且具有防尘、吸收雨水、减少地表径流、防止水土流失等功能。许多花卉的香味还具有杀菌作用,或用于提取香精。根据花卉的生活类型和生态习性,可分为一二年生花卉、多年生花卉和水生花卉。

6. 草坪植物(地被)

草坪植物是指园林中用以覆盖地面,需要经常修剪,却又能正常生长的草种,它以禾本科植物为主。草坪植物在园林植物中属于植株最小、质感最细的一类。按草坪用途分类可为以下几种。

(1) 游息草坪。这类草坪通常允许人们入内游憩活动,可在草坪内配置孤立树,或栽植树群,也可在周围边缘配植花带、林丛。

(2) 运动场草坪。供开展体育活动的草坪称运动场草坪,或称体育草坪。例如,足球场草坪、网球场草坪、高尔夫球草坪、儿童游戏活动草坪等。

(3) 观赏草坪。观赏草坪设于园林绿地中,是专供景色欣赏的草坪,也称装饰性草坪或造型草坪。如雕像喷泉、建筑纪念物等处用作装饰和陪衬的草坪,用草皮和花卉等材料构成的图案、标牌等。这类草坪不允许入内践踏,栽培管理极为精细,草坪品质也极高,是作为艺术品供人观赏的高档草坪。此种草坪面积不宜过大,草种要求以低矮、茎叶密集、平整、绿期长的草种为宜。

(4) 疏林草坪。草坪与树木相结合的草地称疏林草坪。它的特点是部分林木密集,夏天可以供人庇荫,林间空旷草地,可供人们活动和休息。

(5) 固土护坡(水土保持)草坪。栽种在坡地或水岸的称固土护坡草坪,如种植在铁路、公路、水库、堤岸、陡坡等处的草坪。这种草坪通常采用播种、铺草皮和植生带栽植营养体的方法来建坪。草种应选用适应性强,根系发达,草层紧密,耐旱、耐寒、抗病虫能力较强的种类为宜。

二、物业绿化植物的器官

植物体的器官由营养器官和生殖器官两部分组成。根、茎、叶与植物体生长过程中的营养物质的吸收、有机物的制造有关,利于植株的生长,称作营养器官;花、果实和种子与植物的繁衍有关,称作生殖器官。

1. 根

根的主要作用是固定植物体,并从土壤里吸收水分和无机盐。它是植物长期适应陆地生活而在进化过程中逐渐形成的器官,构成植物体的地下部分。它的主要功能是吸收作用,通过根植物可以吸收到土壤里的水分、无机盐类及某些小分子化合物。根还能固着和支持植物,以免倒伏。根是由主根、侧根和不定根组成的,并且按根系的形态,可将植物分为直根系和须根系两大类。

根吸收水分和无机盐的部分主要是根毛。根毛的细胞壁很薄,细胞质紧贴着细胞壁形成一薄层,细胞的中央是一个很大的液泡,里面充满着细胞液,这样的构造是适于吸收水分的。根毛在土壤里的生长状况也适于吸收水分,根毛在土壤里跟土粘贴在一起,土粒之间含有水分,水里溶解着无机盐,形成了土壤溶液,细胞液和土壤溶液有不同的浓度。在一般情况下,根毛的细胞液总比土壤溶液要浓,在渗透压的作用下,土壤溶液中的水分能够透过细胞壁、细胞膜和细胞质进入到根毛的液泡里,土壤里的水分就这样被根毛吸收进去,土壤里的水分被根毛吸收后并不停留在根毛和表皮里,而是经过表皮以内的层层细胞逐步向里面渗入,最后进入导管,再由导管输送到植物的其他器官。

2. 茎

植物的茎根据生长习性分为直立茎、匍匐茎、平卧茎、攀缘茎、缠绕茎;根据质地不同分为草质茎、木质茎两种。植物的茎对于植物体的作用如下。

(1)输导作用。由根毛吸收的水分和无机盐,沿茎主要自下而上输导(但有垂枝的植株中,也有向下流动的情况),其途径是木质部的导管或管泡,由植物叶子在光合作用下制造的有机养料,经过茎自上而下运输,其途径是韧皮部的筛管。

(2)支持作用。基茎内部所具有的发达的机械组织,承受着枝、叶、花、果的全部重量和压力,还要抵抗由于风、雨、雪、雹等自然变化所引起的摧残力量,使枝、叶、花、果能够更加合理地展布在空间,进行各自的生理作用。

(3)贮藏作用。茎中可以贮藏淀粉、糖类、脂肪、蛋白质以供植物体利用,如甘蔗、藕、马铃薯。另外,茎还可贮存一些代谢作用中的废物,如黏液、松脂、挥发油、单宁、乳汁等。茎中贮藏的物质,往往可以提取出来,供工业上利用。

(4)繁殖作用。茎的繁殖作用也是极其明显的,利用茎、枝进行扦插、压条、嫁接,利用地下茎进行繁殖,已是植树造林和农作物栽培中的一项重要措施。

3. 叶

植物的叶由叶片、叶柄、托叶三个部分组成。叶的作用如下。

(1)呼吸作用。植物和动物都一样,都需要呼吸。叶子上的气孔像动物的鼻孔和嘴巴一样,空气可以从气孔进进出出。吸进来的气体可以扩散到树木的各个部位,以满足生长的需求。

(2)光合作用。植物的叶子里有一种绿色的小颗粒,叫作叶绿体。它具有一种特殊的力量,能够进行光合作用,为自己制造食物,这也是植物与动物不一样的地方。

(3)养分转化作用。植物通过叶子上的气孔从空气中吸入二氧化碳,通过根从土壤中吸收水分,然后又把水分输送给叶子。二氧化碳和水分在叶绿体中相遇,在阳光的照射下转化成淀粉等营养物质,供植物生长用,因此说,树叶是植物的绿色工厂。

(4)蒸腾作用。蒸腾作用是植物对水分的吸收和运输的一个主要动力,特别是高大的植物,假如没有蒸腾作用,由蒸腾拉力引起的吸水过程便不能产生,植株较高的部分也无法获得水分。

4. 花

被子植物的繁殖器官形成了花,因此又称有花植物。一朵花可分为六个部分,即花柄、花托、花萼、花瓣、雄蕊群和雌蕊群。

不同植物的花部会发生种种变化,有花萼、花瓣、雄蕊群和雌蕊群的称完全花,缺少任何一个部分的称不完全花。缺少花被的任一部分称单被花;缺少花萼与花瓣的称无被花;缺少雄蕊和雌蕊的任一部分,称单性花,有前者的称雄花,有后者的称雌花。花的主要作用如下。

(1)生命的传承。绝大多数植物都是有性繁殖,通过授粉形成种子来繁殖后代。

(2)生命的展示。作为部分无性繁殖的花通过授粉是没办法获得种子,它们开花的作用仅限于展现生命的美丽,一般无性繁殖的植物开花都是比较艳丽的。

5. 果实

果实是被子植物的雌蕊受精后形成的构造。常见的果实类型有以下几种。

(1)瘦果,果实为小型干性果,果皮与种子不易分离,仅具一枚种子,如咸丰草。

(2)翅果,果实为干性果,具有翅状的果皮助于飞翔,如掌叶枫、白鸡油、菲律宾紫檀。

(3)荚果,果实为豆荚状,具有单一心皮,成熟时常会自腹缝开裂,内有种子数枚,如洋紫荆。

(4)蒴果,果实为干性果,具有多数心皮,成熟后会开裂,如紫薇。

(5)柑果,果实为肉质果,果皮厚,具油腺点;内分多室,由汁囊填满,每室有种子数颗,如橙子。

(6)核果,果实为肉质果,外果皮薄,中果皮呈肉质,内果皮则十分坚硬成核,内包有一枚种子,如李子。

(7)隐花果,果实为肉质果,果实着生于花被内侧,外观看到的是花被,真正的果实隐藏在内,如榕树。

(8)浆果,果实为肉质果,外果皮薄,中、内果皮则呈肉质,种子多枚,如西红柿。

果实的作用表现在以下方面。

(1)在发育过程中,果皮有保护种子的作用。果实成熟后,有助于种子的散布。果实和种子在成熟后散布各处,对植物种族的繁殖是极为重要的。种子散布的方式,各种植物有所不同,或借助外力的作用,或利用自身的力量,各有其特殊的适应。

(2)果实为种子提供营养,给传媒的松鼠等搬动动物提供奖赏;对人类来说,果实可以食用、榨油,也可作为药材、化工材料。

6. 种子

种子是裸子植物和被子植物特有的繁殖体,它由胚珠经过传粉受精形成。种子一般由种皮、胚和胚乳三部分组成,有的植物成熟的种子只有种皮和胚两部分。种子的作用如下。

(1)大部分蔬菜、一二年生花卉及地被植物用种子繁殖。

(2)实生苗常用于果树及某些种子植物木本花卉的砧木。

(3)杂交育种必须使用播种来繁殖,并且可以利用杂交优势获得比父母本更优良的性状。种子繁殖的一般程序是:采种→贮藏→种子活力测定→播种→播后管理。每一个环节都有其具体的管理要求。

（4）食用（甘薯、胡萝卜、萝卜、甜菜）；药用（人参、当归、甘草、龙胆）；工业艺术（甜菜根可作制糖原料、根的艺术品）；其他（保护堤岸，防止水土流失）。

三、物业绿化植物的相关性

1. 绿化植物生长相关性

构成植物体的各个部分，既有精细的分工，又有密切的联系；既有相互协调，又有相互制约，这种植物体各部分之间的相互协调与制约的现象称为相关性。植物生长的相关性包括地上部与地下部的相关，主茎与侧枝的相关，营养生长与生殖生长的相关等。

（1）地上部和地下部的生长相关性。植株地上部与地下部的生长存在着相互依赖、相互制约的关系。其一，地上部和地下部的物质交流。根系吸收水分，矿质元素等物质经根系运至地上部供给茎、叶、新梢等器官的建造和满足蒸腾作用的需要；根系生长和吸收活动又有赖于叶片光合作用形成同化物质及通过茎从上往下的传导。其二，激素物质起着重要的调节作用。正在生长的茎尖合成生长素，运到地下根部，促进根系生长。而根尖合成的细胞分裂素运到地上部促进芽的分化和茎的生长，并防止早衰。

（2）主茎和侧枝的相关性。主茎和侧枝的相关性体现在顶端优势现象上。顶芽优先生长，侧芽生长受抑制，而去顶芽后侧芽就可以生长。

（3）营养生长和生殖生长的相关性。营养器官和生殖器官的生长时间，基本上是统一的。生殖器官的生长所需的养料，大部分是由营养器官供应的。营养器官生长不好，生殖器官生长自然也不好。但是营养器官和生殖器官生长之间也是有矛盾的，它表现在营养器官生长对生殖器官生长的抑制，和生殖器官生长对营养器官生长的抑制两个方面。营养器官生长过旺，消耗较多养分，便会影响到生殖器官的生长。反过来，生殖器官生长同样也影响营养器官生长。

2. 绿化植物配置相关性

居住区植物造景的基本要求是植物配置的科学性和合理性，在尽量遵从自然的同时，利用植物的巧妙配置给人们提供美的享受。

（1）常绿与落叶树种的关系。常绿植物在一年四季中变化较少，即使在冬季也能给人们增添视线中的色彩，淡化冬季的惨白寒意。而落叶树种随着季节的变化会表现出不同季相，在不同的季节里带给人们不同的惊喜。将常绿植物与落叶树种混合搭配，能够形成层次丰富、季相丰富的景观，根据经验，常绿树与落叶植物的比例控制在 3：7 左右比较合理。

（2）乔木与灌木的关系。乔木一般比较高大，而灌木相对来讲是属于低矮性植物。在竖直空间，将二者混合搭配，相互衬托，会形成处处有景、处处有绿的效果。并且在光线利用上，乔木与灌木互不影响又能充分利用阳光，更好地还原了大自然的风貌。

（3）地被植物的巧妙利用。在居住区绿地，将地被植物与草坪结合，既能降低大片草坪的单调性，同时又能弱化绿地生树的感觉，在层次上补充了接近地面与灌木植物之间的空白。并且很多地被植物都是开花植物，鲜艳的花朵无疑会给居住区园林增添更多的风采，例如红花酢浆草，一大片的花草地会比单纯的草坪更加吸引人们的眼球。

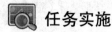 **任务实施**

根据本节绿化植物的基础知识,思考物业绿化植物的补种补栽,需要注意哪些事项。请把思考的主要内容写在下方方框中。

 任务评价

对教师、同学在课堂交流中的发言进行评价,将评价简要写在下表中并赋予分值。

序号	评价项目	教 师	同 学
1	发言内容的思政性(满分 20 分)		
2	发言内容的合理性(满分 20 分)		
3	发言内容的科学性(满分 20 分)		
4	发言内容的创新性(满分 20 分)		
5	发言内容的完整性(满分 10 分)		
6	发言方式的条理性(满分 10 分)		
合计	满分 100 分		

任务五　了解物业环境绿化的常见类型

学习准备

住宅小区园林景观对于改善小区环境、提高人们生活质量有着十分重要的作用。思考你见过的园林景观,并尝试把你见过的景观从两个角度进行归类:一是景观的类型;二是景观的层次。然后把思考的结果简要列举在下方方框中。

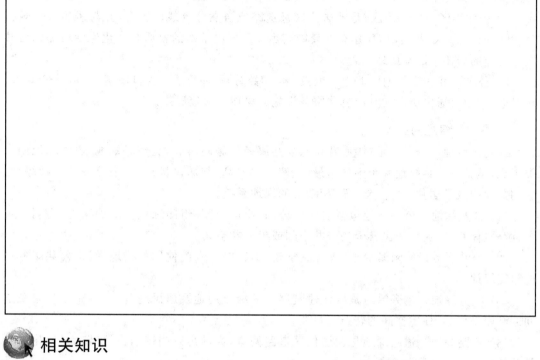

 相关知识

一、住宅物业的绿化

住宅物业的绿化是指在居住区用地上植树、栽花、种草,或进行山水、地形的设计和建设的活动,以创造安静、清洁和优美的生活环境。包括在居住区用地范围内公共花园的建造、庭院绿化、住宅建筑绿化、公共建筑绿化、防护隔离绿化等。居住区绿地是居民的主要户外生活空间,在城市园林绿地系统中分布最广,合理的居住区绿化用地一般约占居住区总用地 60%。

1. 住宅物业绿化设计的目的和住宅区的分级

(1)住宅物业绿化设计的目的。住宅物业的绿化可以为小区创造宜人的生态环境,提供优质的户外活动空间;美化环境,陶冶情操;绿化环境,调节气候。

(2)住宅区的分级。住宅区按居住户数或人口规模可分为居住区、居住小区、居住组团三级(见表 5-1)。各级标准控制规模,应符合以下图表中的规定。其规划组织结构可采用居住区小区组团、居住区组团、小区组团及独立式组团等多种类型。

表 5-1　住宅区的分级

项　　目	居　住　区	居　住　小　区	居　住　组　团
户数/户	1000~16000	3000~5000	300~1000
人口规模/人	3000~50000	1000~15000	1000~3000

① 居住区泛指不同居住人口规模的居住生活聚居地和特指被城市干道或自然分界线所围合,并与居住人口规模(30000~50000 人)相对应,配建有一整套较完善的、能满足该区居民物质与文化生活所需的公共服务设施的居住生活聚居地。

② 居住小区一般称小区,是被居住区级道路或自然分界线所围合,并与居住人口规模(10000~15000 人)相对应,配建有一套能满足该区居民基本的物质与文化生活所需的公共服务设施的居住生活聚居地。

③ 居住组团一般称组团,是指一般被小区道路分隔,并与居住人口规模(1000~3000 人)相对应,配建有居民所需的基层公共服务设施的居住生活聚居地。

2. 住宅区绿地的组成

住宅区绿地由公共绿地(中心花园)、公共服务设施附属绿地、宅旁绿地、道路绿地四大类组成,是城市园林绿地系统中分布最广、使用率最高、与居民最贴近、最经济的一种绿地,它们共同构成了居住区"点、线、面"相结合的绿地系统。

(1) 公共绿地。公共绿地包括居住区公园、小区游园、组团绿地及防护绿地,是利于观赏、游乐、休息和聚会、居民喜爱的公共空间或半公共空间。

(2) 公共服务设施附属绿地。医院、学校、影剧院等专门使用的绿地,属于公共服务设施附属绿地。

(3) 宅旁绿地。宅旁绿地是居住建筑周围的绿化用地及居民庭院绿地,属于半隐私空间或私密空间,是住宅空间的转折与过渡。

(4) 道路绿地。道路绿地是在居住区道路两旁,为满足遮阴遮晒、保护路面、美化街景等功能而设的绿地和行道树。

3. 住宅物业绿化设计原则

(1) 统一规划,协调布局。统一规划,协调布局使小区绿地系统化,以宅间绿地为分散点,公共绿地为面,道路绿化为线,来覆盖整个小区。绿化空间的分割要满足居民在绿地中活动时的感受和需求。当人处于静止状态时,空间中封闭部分给人以隐蔽、宁静、安全的感受,便于休憩;敞开部分能增加人们交往的生活气息。当人在流动时,分割的空间可起到抑制视线的作用,可创造人所需的空间尺度,丰富视觉景观,形成远、中、近多层次的空间深度,获得园中园、景中景的效果。

(2) 因地制宜,巧于因借。住宅小区是人们日常生活的地方,建筑风格多为现代建筑风格,各地区在建筑装饰上也强调要突出地方特色。绿化设计首先应该从这一大的前提出发,做到不同地域和建筑形式的小区绿化各具特色。其次,为了方便居民的户外活动,在空间组织上应考虑不同年龄段居民的需求,通过绿化带等形式划分出若干大小不同的活动空间;在道路、小广场的安排上,还必须考虑日常生活上的行动方便,以及突发事件发生后的防灾及人员疏散问题,因此绿化种植不应阻碍交通。选择适生树种和乡土树种,要做到宜树则树,宜花则花,宜草则草,充分反映地方特色,只有这样才能做到最经济、最节约,也能使植物发挥出最大的生态效益,起到事半功倍的效果。

(3) 以人为本,科学设计。"人"是景观的使用者。因此,住宅物业绿化设计应考虑使用者的要求、做好总体布局,使居民有一个舒适、安全、阳光的生活环境。一切要以人的需求为根本出发点,以人的尺度、人的活动为出发点,追求一种优雅、放松、生态、安全并有强烈归属感的景观风貌。在有限的空间内,为居民提供一个实用、自然、温馨的休息空间。

（4）生态平衡。住宅小区景观设计还要追求生态化。所谓生态住宅区,就是指在保证社区各项功能正常运行和维护社区内居民较好生活质量的前提下,尽量减少人均生态基区面积的居住社区。生态居住区的目的,是把可持续发展思想和生态学原理运用于居住社区的设计和规划之中,尽量减少对大自然的破坏,达到人与自然的和谐共生。它既是时代发展的产物,更是时代发展的需要。

（5）为民开放。居住区毕竟不同于公园,绿化应以满足居民生活为主,给居民创造一个生态环境良好,有一定户外活动场地为宗旨。因此,住宅物业绿化设计应本着经济实用的原则,根据已有的地形地貌,适当整理,没有必要大量改变原有的地形地貌,这也符合我国造园一向强调的要"因地制宜,巧于因借"的优良传统。树木搭配原则以乔灌结合,针阔混交,适当点缀花卉及爬藤植物,充分发挥植物的功用,做到春有花、夏有荫、秋有果、冬有绿、四季有景的景观效果。

（6）崇尚自然。住宅小区绿化设计应寻求人与自然的和谐,以"创造自然,享受自然"作为设计法则,贯穿于整个设计与建造中。只有在有限的生活空间利用自然、师法自然,寻求人与建筑小品、水体、植物之间的和谐共处,才能使环境融于自然。小区房屋建设对原有土壤破坏极大,建筑垃圾往往就地掩埋,已经造成了原有城市土壤的贫瘠化。再者,居住区环境的日常管理水平也不可能像公园绿地那样高。因此,应从较粗放的管理投入考虑,在树种选择上一定要以地方树种为主,否则会造成不必要的损失。

4. 住宅区绿地设计内容及要求

（1）住宅区绿地设计内容。住宅物业的绿化设计中大部分为空间绿地,在规划中重点突出了以人为本,为居民提供一个茶余饭后休憩、健身的地方。整个小区分几个组团,各绿地之间采用不同造园手法,以中心绿地为主要活动场所,配置各种活动器材及休闲设施和器具,花草树木合理搭配。各楼之间的绿地以小型景观为主,展现静、雅风格。设计中注重景观的搭配,各宅间绿地简洁、明快,各种树木及花卉在高低、色彩上充分协调,再与楼体形成鲜明对比,别有情趣。

设计中还应考虑为游人提供多种样式的休息座椅,形式新颖,美观大方,经久耐用,并在适宜的空间中配置凉亭及花架。小区公共绿地,以高大乔木为背景,以一定面积的嵌草铺装、色彩丰富的花带修饰,既加入了绿化面积,又扩大了活动空间。

（2）住宅区绿地设计应符合下列规定。

① 一切可绿化的用地均应绿化,并宜发展垂直绿化。

② 宅间绿地应精心规划与设计;宅间绿地面积的计算办法应符合国家有关规定。

③ 新区建设绿地绿率不应低于 30%;旧区改造绿地率不宜低于 25%。

居住区内的绿地规划,应根据居住区的规划组织结构类型、不同的布局方式、环境特点及用地的具体条件,采用集中与分散相结合,点、线、面相结合的绿地系统,并宜保留和利用规划或改造范围内的已有树木和绿地。

居住区内的公共绿地,应根据居住区不同的规划组织结构类型,设置相应的中心公共绿地,包括居住区公园（居住区级）、小游园（小区级）和组团绿地（组团级）,以及儿童游戏场和其他块状、带状公共绿地等。

④ 便于居民休憩、散步和交往之用,宜采用开敞式,以绿篱或其他通透式院墙栏杆作

分隔。

⑤ 组团绿地的设置应满足有不少于1/3的绿地面积标准的建筑日照阴影线范围之外的要求,并便于设置儿童游戏设施和适于成人游憩活动。

二、校园物业绿化

1. 校园植物配置原则

(1) 以人为本原则。校园景观设计应该坚持以人为本的设计原则,除了给人以视觉享受,还要提供良好的活动空间和人际交往空间。学校的主体是教师和学生,这就要求充分把握其时间性、群体性的行为规律,如大礼堂、食堂等人流较多的地方,绿地应多设捷径,园路也应适当宽些。空间的组织与划分应依据不同层次需要,不同活动空间各种设施设置、材料的选择、景观的创造要充分考虑师生的心理需求。

(2) 功能性原则。学校是一个传道授业解惑的地方,因此校园植物配置要满足一个基本的功能——学习,通过良好的景观与学校建筑的结合来创造出一个适合学生驻足学习、研究探讨的地方。而一个良好的校园景观规划将会提供一个更好的场所以便学生与学生、老师与学生之间的交流。学校主要包括校前区、教学区、生活区、课外活动区等功能区,设计时应根据各功能区的不同特点进行布置,既要满足教学、工作、学习、生活的物质功能,更要满足增进师生交流、激发灵感、创造智慧、提高修养、陶冶情操的精神功能。例如,校前区是学校对外形象的窗口,其重要性不言而喻,因此设计采用简洁、大方、明快的手法,而生活区则采用休闲、亲切的设计手法,创造宜人的空间,设置较多的圆桌、圆凳,为师生的休息、交流提供方便。

(3) 生态原则。生态原则即要体现可持续发展。以生态理论做指导,坚持以植物造景为主,尽可能进行乔、灌、草多层次复式绿化,增加单位面积上的绿量,有利于人与自然的和谐,使其可持续发展。一个良好的校园环境是一所好学校必不可少的,而且将生态思想融入校园景观,将人们从人造的绿色环境走向自然的生态环境,最终达到以生态效果为目的的校园景观。同时利用当地的资源进行回收利用,创造生态和谐校园。

(4) 景观美学原则。校园景观应体现校园的文化,让学生在休闲中获悉校园的历史与文化。校园景观也成为学校的一大亮点。校园景观可以利用一些雕塑、石碑等并结合富有特色的植物来强化校园的文化气息,通过借助一些特殊的材料和辅助工具,运用一定的审美能力和设计技巧,在精神与物质、心灵与审美的相互作用下,进行充满激情和活力的创造性劳动,让学生在其中领略惊喜,激发创新。而且校园景观的艺术性也是评价一所校园景观设计质量的标准。

2. 校园物业绿化的分区及其绿化种植设计

校园物业绿化按照校区功能分区可分为教学区绿化、体育运动区绿地、生活区绿化、道路绿化区绿化四种,每一个不同功能区的绿地因性质不同,植物配置的种类也不同。

(1) 教学区绿化。教学区以教学楼、实验楼、图书馆、办公楼为主体,是教职工办公、师生上课、做实验的场所,应该形成一个安静、清洁的环境。建筑物周围的绿地既要满足绿化美化作用,又要服从教学用房的功能要求。实验室前,应考虑室内通风、采光的需要,因此应栽植低矮的灌木或宿根花卉,高度不超过窗台。教学楼、办公楼、图书馆周围的绿化以树木为主,常绿树木与落叶相结合,充分利用植物衬托主体的艺术美,还可在草坪周围种植使人精神愉快、心情舒畅的芳香植物。

① 教学楼是进行教学、科研活动的地方,要求光线明快、有利于通风、环境优雅的空间,以满足教学需要。教学楼周围的基础带绿化需满足其采光、通风及消防的需要。

教学楼的植物配置应选用低矮的花灌木和小乔木,不宜种植高大的乔木和茂密的灌木。以乔木为主,上点缀花灌木及花卉。其绿地布局时,在平面上要注意图案构成和线性设计,应有丰富的植物及色彩。其目的主要是创造适合师生在楼上俯视的优美景观,以缓解学生们的学习压力,减少视觉疲劳。绿地布局在立面上要与建筑主体相协调,并衬托美化建筑,使绿地成为该空间的休闲主体和景观的重要组成部分。

② 实验楼的植物配置要求与教学楼相似,同时还应根据不同实验室的特殊要求,在选择植物时,综合考虑防火、防暴、抗污染及净空气等因素。

③ 图书馆的植物配置应强调宁静的氛围。在图书馆前可以铺设草坪,草坪内种植以孤植、丛植为主,乔灌草结合配置,体现层次感和美感;干道两侧种植树形高大、树荫浓密的观赏乔木;在转弯处和建筑物两窗之间应采用低矮的灌木,既不会影响室内的采光,也有利于通风。

④ 办公楼的景观配置要求建筑周围采用规则式绿化,种植色彩鲜艳的草花、色叶植物。场地较小的办公楼门口可以布置一些花卉、花台或小型的花坛,体现庄重、热情的气氛。树木的形状、色彩、规格都要和建筑物的体量大小、造型、颜色相协调。

(2)体育运动区绿地。学校运动区有篮球场、排球场、田径场等,一般远离教学区,靠近学生生活区。场地周围应选择季节变化显著的树种,以乔木为主,少种灌木以留出较多空地供活动用。田径场应选择耐践踏的草种作草坪,如结缕草、高羊茅等。体育运动区植物配置形式以规则、简洁为主,以植物群落季相景观为主格调,选择具有较强抗尘和抗机械破坏性能的植物,栽植一定面积耐践踏的草坪,为师生运动之后提供休息场地。

(3)生活区绿化。生活区的特点主要是学生集中、宿舍群集、人流量大及满足学生学习、生活的需求,在保证绿地率的同时,要留出学习、活动和休闲的场地。生活区绿化功能主要是改善小气候,为师生创造一个整洁卫生、舒适优美的休息环境。学生生活区人口密度大,要充分考虑室内采光和通风要求,窗口近墙处种植低矮花灌木、草坪,保证空气流通和自然采光。在宿舍附近可设置疏林草地、小游园,布置一些石凳、石桌等小品,供学生室外学习、休闲。食堂周围绿化以卫生、整洁、美化为目的,选用生长健壮、无毒无臭树种,多植常绿植物,创造四季常绿景观,同时起到防风、抗环境污染的作用。

在景观配置时可采用多种多样、自由活泼的植物配置形式,选用一些树形优美、花色艳丽的乔木、花灌木和丰富多样的花卉,注意植物的树形和色彩的搭配。在建筑和道路周围,常选用花灌木和小乔木。

(4)道路绿化区绿化。校园的道路通常分为主干道、支路和绿地小径。主干道绿化应以遮阴为主;支路、小径以美化为主。道路绿化既是校内联系各个分区的绿色渠道,又是不同功能分区的合并,具有庇荫、防风、防尘、减少干扰、美化校园的作用。道路两侧行道树沿道路纵轴线方向栽植。树种可用乔木、花灌木间植,与小游园结合形成多功能校园绿地。

道路绿化在进行区绿化景观配置时,主干道行道树可选用银杏、无患子、马褂木、榉树等落叶乔木,短距离的重要路段也可选用雪松、香樟等常绿乔木,道路外侧应留有带状绿地,配置地被植物或花灌木,以打破干道的规则平直。支路及小径的路旁绿化应活泼有变化,根据路段不同可分段种植不同植物种类,组成不同的景区。绿地中的植物多为自然式,既具有观赏性,也有引导、分隔的作用。

三、商业物业的绿化

1. 商业物业绿化原则

(1)人性化原则。商业物业具有积极的空间性质,它们为城市空间的特殊要素,不仅是表现它的物理形态,而且普遍地被看作人们公共交往的场所,它的服务对象始终是人。从人的行为、心理、视觉出发,满足人们对居住环境空间多方位、多层次的需要;注意环境空间的组织和环境设施的安排;以人的视觉、触觉及由此引起的心理感受为参照,在功能、样式、质感、色彩等方面,强调精品意识,创造优质的商业购物环境,突出景观性、功能性和安全性。因此,可在商业街的合适位置布置专门供老人和小孩休憩的绿色景观区域,设置供人们休息的凉亭、座椅等,充分体现商业街的景观美、自然美和植物美,满足商业街的绿色景观和功能要求,促进城市的文化、经济和社会发展。

(2)生态化原则。商业物业绿化中注重绿色环境的营造,通过对绿化的重视,有效地降低噪声和废气污染。植物景观设计上应注意丰富植物层次,注重利用植物的生态效益,充分发挥植物的制氧、杀菌、遮阳、降温功能,除了布置最常见的行道树外,还需合理设置步行街中的休闲绿地,从而为行人提供一个良好的购物、休闲、观光的环境,让市民在购物、休闲过程中感受自然、亲近自然。

(3)可识别性原则。构成并识别环境是人和动物的本能。可识别的环境可使人们增强对环境体验的深度,也给人心理上的安全感。通过对商业物业空间的收放、界面的变化和标志的点缀可加强可识别性,创造轻松、宜人、舒适的环境氛围。

(4)尊重历史的原则。许多商业物业绿化规划在有历史传统的街道中,那些久盛名的老店、古色古香的传统建筑,犹如历史的画卷,会使商业物业更增色生辉。在这些地段设计商业物业绿化时,要注意保护原有风貌,不进行大规模的改造。景观设计,与周围的自然相和谐的景观,才是真正自然的;与周围的历史传统文化相辉映的景观,才是和谐的。并且要使传统建筑的室内与室外空间、公共与私密空间相互融合,既要将建筑空间环境化,又要将环境空间建筑化。

(5)景观视觉连续性原则。城市商业街绿色景观设计应突出文化特色,每个城市都有独特的文化结构和文化肌理,通过强烈鲜明的文化特色,展现城市风范,提升城市整体形象。商业街绿色景观设计应从全局出发,配合独特的雕塑、景观小品等,在街心适当设计一些花坛,增加商业街的绿色景观特色和识别性,融合生活、科技、教育、哲学、艺术、历史、文化等多种元素,采用独特、先进、健康的设计理念,创造具有鲜明性格和特征的绿色景观,实现人与大自然的和谐统一,最大限度地保持自然形态,避免大填大挖,因为自然形态具有促进人类美满生存与发展美学特征。

2. 商业物业绿化设计要求

(1)商业物业绿化特点。商业物业一般分布在城市中心和分区中心的地段,靠近城市干道的地方,必须有良好的交通连接,使居民可以方便地到达。商业建筑分布形式有两种,一种是沿街发展,另一种是占用整个街坊开发。现代城市商业区的规划设计,多采用两种形式的组合。商业区是城市居民和外来人口经济活动、文化娱乐活动及社会生活最频繁集中的地方,也是最能反映城市活力、城市文化、城市建筑风貌和城市特色的地方。所以在进行绿化景观设计时,首先应注意如何使绿化景观与周围环境相协调;其次,在设计时景观的处理应较为细腻。

(2)商业物业绿化植物配置要求。商业街绿色景观设计应合理选择植物和花卉,注意不同植物和花卉的色彩、形态,使其和商业街的自然生态环境结合起来,乔木应雄伟挺拔、冠大荫浓,树形应整齐;花灌木应无异味、无刺、花期长。例如,种植杜鹃、月季等色叶灌木或花灌木,云杉、珍珠梅、玫瑰、紫薇、丁香等中层乔木,国槐、油松、垂柳、杨树等上层乔木。考虑到商业街的日照和遮阳要求,在商业街的休息空间区域种植落叶乔木,冬季乔木树叶脱落,可使人们享受到充足的日照;夏季乔木高大浓密的树冠,可以为人们遮阳避暑,在不同季节为来到商业街的人们提供舒适的环境。商业街绿色景观设计应考虑地域特点,合理布置绿色植物,北方城市商业街尽量多种植暖色调植物,南方城市商业街可布置冷色调植物,为人们提供一个舒适的街道环境。

商业街的植物配置应以高大乔木为主,灌木和草花为辅;当地树种为主,适当配以外来优良树种,同时注意不同叶色树种搭配;选择易栽种成活、阔叶、绿量大、树冠大、遮阴效果好的树种。另外,商业街中的植物多以可移动、可替换的方式设置,让商业街的植物景观保持一定的变化,让街道空间氛围具有较强的可变性,带给购物者不断的惊喜和视觉刺激。

(3)商业物业绿化景观功能。

① 实用功能。商业街的植物造景是选用多种多样的植物,包括高大乔木、灌木、藤本和草本等,它们具有遮阴、滞尘、降温、降噪、增湿、净化空气等作用。尤其在炎热的夏季,高大乔木那宽大的伞状树冠,把强烈的太阳辐射和热能予以阻隔,树荫下的行人能充分领略到植物对人类的人性体贴。合理运用植物,可以调节、缓解和弥补现代城市建设给人们带来的不利影响,也可以用植物材料来划分空间,组织行人路线。比如,可用绿篱或花灌木形成屏障,使行人无法逾越限定的范围,这样要比简单地用栏杆或铁丝围栏亲切、自然得多,也使人易于接受;设置下沉式花园以改变地坪高度,使人不易跨越;也可用植物做成象征性图形,结合文字补充,进行暗示和引导。

② 审美功能。商业街植物造景既是园林植物与人工艺术创造的结合,又是物境与人文的结合,融合了自然美、艺术美和社会美,满足了人们的审美需要。科学合理的植物造景对城市商业街具有自然和谐的、高品位的美化效果,可以柔化现代城市建筑冰冷单调生硬的直线条,给人以自然、宁静、艺术的享受。美化街景通过各种色彩、质地、姿态的植物材料和临街建筑物或各种服务设施有机地结合起来,可以很好地美化环境。对于一些有碍观瞻的植物景观,可以利用植物材料巧妙地遮掩,收到意想不想的效果;有时街上有喷泉、雕塑和凉棚等,往往是最吸引人的地方,如果用植物材料加以烘托或点缀,会使之更富有自然气息。而将植物和餐饮相结合,并对植物进行造型,则不失为别出心裁的设计,使步行街的绿化富有格调。

优美舒适的创意商业街植物造景,将使创意商业街设计更具吸引力,更加聚集人气,增加客流量,提高商品销售额,使商家获得更为丰厚的商业利润,从而使商业街更具商业价值,由此,将吸引更多的地产商、开发商、商业投资经营户,餐饮、娱乐、服务行业、品牌专卖店及金融、保险、证券、企业总部等入驻,进而促进城市的经济繁荣和商业繁荣。

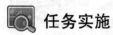 **任务实施**

请思考住宅物业绿化、校园绿化和商业绿化的相同点与不同点,在下方方框中写出要点。

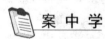 **任务评价**

对教师、同学在课堂交流中的发言进行评价,将评价简要写在下表中并赋予分值。

序号	评价项目	教 师	同 学
1	发言内容的思政性(满分 20 分)		
2	发言内容的合理性(满分 20 分)		
3	发言内容的科学性(满分 20 分)		
4	发言内容的创新性(满分 20 分)		
5	发言内容的完整性(满分 10 分)		
6	发言方式的条理性(满分 10 分)		
合计	满分 100 分		

案中学

1. 案例背景

某幼儿园位于城区,环境优美,设施齐全,但园内绿化植物不够丰富,景观效果不够突出。为了让孩子们在美丽的环境中学习成长,幼儿园决定对园区进行绿化植物改造,提升园内绿化景观。

2. 方案设计

(1)确定绿化植物种类。在确定绿化植物种类时,需要考虑季节变化、地域特点、栽种难度等因素。经过调查研究,幼儿园最终选定了适合当地气候条件、易于生长、观赏效果好的植物种类,包括银杏、枫树、桂花、紫薇、月季、爬山虎等。

(2)合理规划园区。幼儿园的园区面积不大,因此需要合理规划园区,避免植物过密或过疏的情况。在进行规划时,需要考虑植物的生长周期、树冠大小、树形等因素,避免相互遮挡或影响。同时,还需要注意孩子们的安全,绿色景观要与游戏区、走道等地方保持一定距离。

(3)科学施肥。施肥是绿化植物养护的重要环节,可以促进植物生长、增强抗病能力。在施肥过程中,需要根据植物的生长周期和需求,选择适当的肥料。例如,春季适合施用氮、磷、钾肥料,夏季适合施用有机肥料,秋季适合施用磷、钾肥料,冬季适合施用有机肥料和磷、钾肥料。

(4)及时修剪。修剪是绿化植物养护的必要环节,可以促进植物生长和美化形态。在修剪时,需要根据植物的生长形态和树冠大小,选择适当的修剪方法。例如,修剪树枝时,需要选择锋利的工具,避免伤及植物;修剪花草时,需要注意剪口的位置和角度,避免影响植物的生长。

(5)防治病虫害。病虫害是绿化植物养护中的常见问题,可以采用物理、化学和生物等多种方法进行防治。在防治过程中,需要根据植物的特点和病虫害的类型,选择适当的防治方法。例如,使用农药时,需要注意使用方法和剂量,避免对环境和人体造成危害。

3. 实施效果

经过实施,幼儿园的绿化景观得到了明显提升,园区内种植的银杏、枫树、桂花、紫薇、月季、爬山虎等植物种类丰富多样,形成了独具特色的景观。同时,植物生长健康,病虫害得到有效防治,幼儿园内的环境质量得到了明显提升。

4. 经验总结

(1)选择适合当地气候条件、易于生长、观赏效果好的植物种类。

(2)合理规划园区,避免植物过密或过疏的情况。

(3)根据植物的生长周期和需求,选择适当的肥料和施肥时间。

(4)根据植物的生长形态和树冠大小,选择适当的修剪方法。

(5)根据植物的特点和病虫害的类型,选择适当的防治方法。

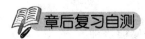 章后复习自测

一、选择题

1. 施肥完毕,必须将洒落在路面上的(　　　)清扫干净。

　　A. 肥粒　　　　　　B. 树叶　　　　　　C. 石头　　　　　　D. 纸屑

2. 给盆景补水时,要遵循(　　　)原则。

 A. 干透浇透   B. 湿透浇透

 C. 干透不浇   D. 多次少量浇

3. 室外温度高于(　　　)℃时,部分室外植物要注意浇水方法,不能往树冠上浇水,以免植物中暑。

 A. 40   B. 30   C. 50   D. 60

4. 给植物做病虫害防治时,要做到(　　　),平日护理以防为主,防治相结合。

 A. 对症下肥   B. 对症下水   C. 对症下药   D. 对症预防

5. 灌木脚部整齐清洁,无过长(　　　),无严重黄叶、积尘。

 A. 地被植物   B. 花草   C. 杂草杂物   D. 枯木

6. 对于防冻,可以在(　　　)到来之前,进行园林绿化养护时在苗木根基部进行培土。

 A. 寒潮   B. 霜降   C. 立冬   D. 大雪

7. 丛植是指(　　　)的树木,组合成一个整体结构。

 A. 5 株以上   B. 1~10 株   C. 10 株以上   D. 20 株以上

8. (　　　)指各种公园和向公众开放的绿地。

 A. 公园   B. 公共绿地   C. 公众绿地   D. 游园

9. "杯状形"的整形方式,属于(　　　)。

 A. 自然式   B. 人工式

 C. 几何体式   D. 自然人工混合式

10. (　　　)沿着房屋墙基的一种种植形式,种植的植物高度一般低于窗台。

 A. 墙基种植   B. 建筑装饰种植

 C. 基础种植   D. 窗下种植

11. (　　　)是计算公园各种设施数量、规模及公园管理的依据。

 A. 公园面积   B. 公园最大游人量

 C. 公园平均游人量   D. 绿化率

12. 对于孤植乔木一般采用(　　　)灌溉方式。

 A. 喷灌   B. 滴灌   C. 漫灌   D. 围堰灌溉

13. 草坪剪草高度一般为剪去修剪前高度的(　　　)。

 A. 1/2   B. 1/3   C. 1/4   D. 1/5

14. 种植草坪草合适土壤为(　　　)。

 A. 壤土   B. 沙土   C. 黏土   D. 细沙土

15. 多施有机肥料,土壤会变得(　　　)。

 A. 黏重   B. 砂性增加   C. 疏松   D. 容重增大

二、判断题

1. 对由于受意外伤害折断而枯黄的枝叶可以等一段时间再进行修剪清理。 (　　　)

2. 平时对植物做好细心的养护,均衡肥水,做好病虫害的防治,使植株健壮,增强植物自身的抵抗(抗寒、抗风等)能力。 (　　　)

3. 植物的病害可以用植物的杀虫剂来防治。 (　　　)

4. 植物的虫害只能用植物的杀虫剂来防止,植物的病害要用植物的杀菌剂来防止。　　　　　　　　　　　　　　　　　　　　　　　　　　　　　　　　　（　　）

5. 除草应采用蹲姿作业,不允许坐地或弯腰寻杂草。　　　　　　　　　　（　　）

6. 黏重的土壤保水能力强,所以灌水量及灌溉次数可以适当增加。　　　（　　）

7. 沙质土漏水漏肥,每次灌水量可多些,次数可少些。　　　　　　　　（　　）

8. 有机质含量高,持水量高的土壤或人工基质,灌水次数及数量可少些。　（　　）

9. 一般土壤含水量达到田间最大持水量30％～40％时,土壤中的水分和空气最符合树木生长的需要。　　　　　　　　　　　　　　　　　　　　　　　　　　（　　）

10. 冬季灌水可以提高树木的越冬安全性,而早春就没有必要再灌水了。　（　　）

11. 进入秋季后,为促进树木生长还应多灌水。　　　　　　　　　　　　（　　）

12. 通过修剪疏枝,使树冠内通风透光,促使下部枝条健壮生长,对开花、结果有利,可促使花芽,减少病虫害的发生,提高树木的观赏性。　　　　　　　　　　　　　（　　）

13. 多数树种不耐水涝,要及时排除地表积水。　　　　　　　　　　　　（　　）

14. 夏季中午温度高,水分蒸发快,植物应该在中午及时补充水分。　　　（　　）

15. 为了节约用水,可以用生活污水浇灌树木。　　　　　　　　　　　　（　　）

三、简答题

1. 简述物业环境绿化的作用。

2. 简述植物配置方法。

3. 简述草坪养护的步骤。

四、论述题

随着城市居民住房改善型需求得到不断地满足,房子越住越大是未来的趋势。室内绿化也成为越来越多人的生活需求,请你谈谈室内绿化的重要性、室内绿化的原则、室内绿化的种类、室内绿化养护等需要注意的事项。

五、案例分析题

室内绿化植物的病虫害防治

（1）基本情况

某工业园区会议室摆放的室内绿化植物上面发现了红蜘蛛。

（2）处理结果

会议室物业管理公司立即通知相关人员用小壶配了药对绿植进行喷施。

（3）问题思考

请问这种做法恰当吗？如何做好室内绿化的病虫害防治？

葛某诉某小区业委会业主知情权纠纷

（1）基本情况

葛某是蜀山区某小区业主。2019年5月14日,该小区召开业主大会,选举产生业委会,任期为2019年5月23日至2024年5月22日,并表决通过了管理规约、业主大会议事规则。葛某要求小区业委会公布小区公共收益、物业服务合同、业主大会及业委会所有决议及会议记录、专项维修资金的筹集及使用情况,在与小区业委会沟通未果的情况下,提起诉讼。

（2）处理结果

法院经审理后认为，业主对房屋维修基金的使用情况等事项具有知情权，故判决小区业委会在小区公告栏公布小区的公共收益、物业服务合同、业主大会及业委会所有决议及会议记录、专项维修资金的筹集及使用情况，并允许葛某复印、拍照。

（3）问题思考

如果对物业服务企业或业委会公布的公共收益、物业服务合同、业主大会及业委会所有决议及会议记录、专项维修资金的筹集及使用情况等基本情况存在疑问，该如何处理？

项目六

物业安全管理

学习目标

(1) 了解物业区域安全管理的构成。

(2) 了解治安管理系统、消防安全智能化系统的概念。

(3) 熟悉治安管理的内容及重点。

(4) 熟悉道路交通管理制度及规定和治安管理的各项规章制度。

(5) 掌握并能够熟练运用消防知识和各种紧急情况。

素质目标

(1) 具有良好的职业岗位适应能力。

(2) 具有良好的沟通能力和协调能力。

(3) 具备高度的责任心和服务意识。

(4) 具有良好的心理素质和风险管理能力。

(5) 具有安全意识和为民服务的精神。

能力目标

(1) 实践中能够应用所学的知识做好园区的治安工作。

(2) 工作中善于处理常见的业主之间、业主与物业管理人员之间的纠纷。

(3) 实践中能够做好火灾预防的各项工作。

(4) 能够熟练应用火灾发生时的逃生技巧。

(5) 在物业管理实践中能够采取有效措施保证车辆的安全与园区内部道路的畅通。

任务一　了解物业治安管理

 学习准备

　　李先生将摩托车停放于居住的小区 6、7 号楼之间的空地处。次日早 8 时许,朋友告诉李先生他的摩托车被盗,案发地西侧小区外墙的铁栅栏被人破坏。于是李先生在次日上午 11 时到当地派出所报案。

　　李先生认为是因为小区物业在管理中有过失,所以才使自己的摩托车丢失,于是一纸诉状将该小区物业管理分公司推上了法院的被告席。请问该物业管理公司该负何责任?为什么?

　　在下方方框中写出你的看法,并说明理由。

相关知识

一、物业治安的概念

　　治安有两层含义,一层是指社会治安秩序;另一层是指维护治安秩序的社会活动。

　　治安管理是国家为维护公共秩序和社会治安而依法组织的行政管理工作。

　　物业治安管理是物业公司依照我国治安管理的法律法规和规章,运用物业管理的手段和方法,为维护物业管理区域内的治安秩序,预防各种治安危害的发生,针对所管物业实施的一系列活动。

二、物业治安的价值

物业治安是保障物业管理区域治安环境的重要保障措施,其具体的实施是通过保安员来实现的。在进行治安服务过程中,治安人员要遵守国家的法律法规,其基本权限为执勤时可配备非杀伤性防卫工具和通信、报警用具,但不许配备枪支、手铐及警械,对违法犯罪行为有权制止、劝阻,并协助公安机关处置,但无处罚裁决权;对发生在责任区的刑事、治安案件,有权报警并采取措施保护发案现场、保护证据、维护现场秩序,以及协助公安机关处理相关事项;可根据派驻单位规章制度的规定,对责任区域进行安全防范检查,协助派驻单位完善有关规章制度,对存在的安全隐患有权提出整改意见、建议;在执勤中,如有犯罪嫌疑人故意滋事、不听劝阻,甚至行凶、报复,可采取正当防卫行为。

1. 预防和制止违反治安管理的行为及犯罪行为

物业的治安管理可以预防和制止扰乱公共秩序的行为,预防和制止妨碍公共安全的行为,预防和制止侵犯他人人身权利的行为,预防和制止妨碍社会管理秩序的行为,预防和制止违反消防管理的行为,预防和制止违反户口和居民身份证管理、出租屋管理的行为。

2. 维护小区正常秩序

物业的治安管理可以保护各类治安现场,疏导群众,维护秩序,维护小区内的交通秩序,协助小区内住户的报警,为行人、住户指引带路,救助突然受伤、患病、遇险等处于无援助的人,帮助遇到困难的伤残病人、老人和儿童,受理拾遗物品,设法送还失主或上交,巡视小区安全防范情况,提示公司有关部门、商铺、住户消除隐患。

3. 增强居民的安全感,提高小区的整体形象

物业的治安管理可以减少犯罪事件的发生,让居民获得更大的安全感,从而大幅提升整个小区形象,让人们更加愿意选择入住这个小区,提升物业公司的服务水平,让业主对物业公司的印象更好。

三、物业治安的特征

1. 综合性强,管理难度大

物业治安管理对象大部分为居住小区或者办公楼,它们的特征就是楼层高、面积大、进出人员多且复杂,因此管理起来存在一定的难度。

2. 服务性强

物业治安管理本身是为业主服务,为用户提供保卫安全服务,在服务过程中治安人员要坚持"服务第一,用户至上"的服务宗旨,才能为业主提供满意优质的服务。

3. 制约性强

物业治安人员在对物业进行治安管理过程中,虽然可以协助公安部门办案,维护物业安全,但是会受国家公安主管部门、物业管理服务合同等的制约。

4. 灵活性和能动性强

采取灵活多样的安保措施可以实现群防群治。物业公司可以根据小区内的安全情况及时调整巡逻和监控等措施,及时处理业主和居民反映的问题,提高服务质量,与公安部门保

持良好的联系,及时掌握周边治安情况,采取有效措施应对突发事件。

四、物业治安的任务

1. 维护物业区域内正常的治安秩序

巡逻时发现四处游荡的闲杂人员,要及时查询清楚,了解情况,尤其对于拉帮结派的闲杂人员更要认真对待,并及时进行清理。对于打架斗殴或聚众闹事的人员,要及时劝阻、制止。发现有人在辖区内无理取闹,影响正常秩序时,应予以劝阻,以维护正常秩序。对于私自进入物业区域的摊贩,要按相关规定加以清理。夜间巡逻时,对于重点区域如楼道应认真巡查,对于可疑的人或事要查明情况,及时处理,以防发生事故。

2. 保护物业区域内重点目标的安全

科学安排巡逻间隔时间。尤其是夜间,应尽量缩小巡逻的间隔时间,以便对重点目标实行有效控制。科学安排巡逻路线,应把重点目标作为巡逻的必经路线,以便随时巡查,科学配置巡逻力量。在巡逻时,对重点目标要加大巡逻力量,必要时可采取双组交叉巡逻的方法,使重点目标时刻处于保安员巡逻的视线之内。

3. 及时发现事故苗头,预防灾害事故发生

在举办大型文体娱乐活动的场所,人群流量高度密集的进场、退场期间,要积极宣传疏导,防止拥挤推搡致使挤死、挤伤人的事故发生。在物业区域内部和周边交通干线机动车往来频繁,与非机动车辆、行人混杂行驶期间,应加强分道行驶和互相礼让等疏导指挥工作,消除超速与抢行等不安全因素,防止交通事故发生。在工程施工现场、易燃品集中地和高层建筑的楼梯、门口等主要通道,重点应检查消防器材设施设备是否完备,安全照明是否有效,电线与电器设施设备有无漏电、断线、产生火花,现场施工是否有违章使用明火或使用明火与易燃品同步作业等现象,一经发现应立即报告,并及时消除。

4. 及时发现各种嫌疑情况,协助制止和打击违法犯罪活动

保安人员在执行巡逻任务过程中,对一切可能影响或危及巡逻区域及重点目标安全的各种嫌疑,应及时发现,严格控制,果断处理,以确保巡逻区域内的治安秩序和业户及财产的安全。巡逻中需要及时发现的问题主要包括以下方面。

(1)形迹可疑的人。对于擅自进入巡逻区域内的不明身份的人员,尤其是夜间进入巡逻区域内的人员,保安员要进行必要的盘查,以查明其身份、进入巡逻区域的原因和方法等。凡是擅自进入的闲杂人员,应及时要求其离开。对形迹可疑的人员,应报告相关部门进行审查。对于行为鬼祟或在窥视重点目标的人员,要提高警惕,密切监视;发现其有不轨行为时,应采取果断措施,制止违法犯罪行为。对嫌疑人要严格控制,并及时报告公安机关,协助公安机关打击违法犯罪活动,维护治安秩序。

(2)可疑的物品。保安员在巡逻时应细心观察,认真巡查,对于突然出现的不明物体或异常物品要及时查明有无危害并查清其来路,对于有危害性或破坏性的物品要及时清理,对于犯罪嫌疑人放置的作案工具要及时报告有关部门处理。

(3)可疑的现象。保安员在巡逻过程中要善于发现异常现象和异常事物。例如,重点目标本身或周围的某些变化,应锁闭却被开启的门窗、夜间突然断电、有不正常的响声、围墙或隔离网的损坏等各种异常现象都要及时发现,密切关注,并查明原因,及时处理,使违法犯

罪者无机可乘。需注意的是,各种异常现象的存在或出现并不明显,有些还很隐蔽。因此,保安员必须以高度负责的精神,细心观察、认真对比、综合分析,及时发现各种异常现象,防止各种违法犯罪行为发生。

(4)加强对灾害事故现场和犯罪现场的保护。对于爆炸、火灾等灾害事故现场,保安员一方面要积极灭火救灾,抢救伤亡人员和财产,使灾害造成的损失降到最低限度;另一方面要在抢险救灾的同时注意保护现场,尽量使现场不被破坏,为查明原因、分清责任创造条件。在巡逻执勤中一旦发现物业区域内发生案件、事故,无论其产生的原因是什么,都应按照现场保护任务和要求,马上采取行动,一方面报告公安机关和有关部门,另一方面立即采取措施,划定现场区并实施封闭,设置警戒,严禁无关人员进入,同时紧急抢救伤者,保护好证据,注意发现各种可疑情况和抓获违法犯罪分子,倾听现场周围群众的各种议论反应等。

对于犯罪嫌疑人正在作案的犯罪现场,保安员应根据现场的实际情况采取果断措施予以制止,并及时将其抓获,防止其逃跑或毁灭证据,同时报告公安机关予以处理。

(5)处置巡逻中发现的突发事件和意外事件。突发事件,是指行为人故意制造的,对物业区域及人员安全有较大危害和较大影响的突然性事件,主要包括聚众闹事、大型斗殴、哄抢物资、纠缠有关人员及凶杀、纵火等犯罪案件。意外事件,是指人们不能预见和控制的事件,主要包括自然灾害和意外事故。

对突发事件的处置,应事前做好以下几方面的工作。

① 要有切实可行的应急处置方案。

② 对不同类型的事件要有不同的处置方法,做到有备无患,一旦发生突发事件可以及时、迅速地按照预定方案实施。

③ 要有快速反应的应急力量。处理突发事件应及时果断,处理迅速,因此要确保一定的机动力量随时待命。巡逻中一旦发生突发事件,能够做到快速反应,制止事态蔓延,迅速平息事件。

④ 要有可靠的通信联络方法。保安员在巡逻中发现突发事件,应尽快报警或通知其他保安员及有关部门,组织力量迅速赶赴现场,尽快平息事件。

⑤ 要有平息突发事件的策略。对于闹事、斗殴等突发事件,在平息的过程中要注意讲究方式方法,做好正面的引导,分化瓦解工作;要注意稳定行为人的情绪,消除其过激反应,以便控制事态的发展,并进行疏导教育,缓解矛盾,平息事件。对于不听规劝或左右事件发展的人,要采取相应的措施制止其闹事或继续斗殴。

⑥ 要有制止打击犯罪的手段。对于行凶、杀人、抢劫、绑架等犯罪活动,要采取果断措施予以制止,并积极协助公安机关打击犯罪活动。

意外事件的处置过程中应采取的步骤如下。

第一步,迅速报告并进行抢救,巡逻中发现意外事件,要将事件的基本情况、涉及范围、发展趋势等情况向有关部门报告,并积极参与抢救工作。

第二步,保护好现场,协助进行事件调查。

第三步,积极协助做好善后工作。

保安巡逻方式是指保安员实施巡逻服务时所采用的方法,主要有步行巡逻、自行车巡逻、机动车(如摩托车)巡逻。在物业管理中,步行巡逻和自行车巡逻这两种方法运用得最为普遍,巡逻方式要因地、因时制宜,同所处环境相适应。

保安巡逻服务的实施方法如下。

① 定点巡逻法。定点是指巡逻区域内的重点目标或重点部位。定点巡逻法是指保安员按照管理处规定的要求，对巡逻区域内重点目标、要害部位进行重点巡查的巡逻方法。

② 定线巡逻法。线是指巡逻的路线。定线巡逻法就是指保安员在一定的时间和区域范围内，按照指定的巡逻路线作有规律的往返警戒和看护检查的一种固定线路的巡逻方式。

③ 点线结合巡逻法。点线结合巡逻法是指以巡逻区域的重点目标为中心，围绕中心确定巡逻路线，组成点线结合巡逻网络的巡逻方法。

④ 不定线巡逻法。不定线巡逻法是指保安员在巡逻区域内，根据实际任务的需要自由选择巡逻路线，自由灵活实施巡查的方法。

保安巡逻服务的要求如下。

① 制订完备的巡逻方案和详细的巡逻计划。执行巡逻任务前应制订详细具体的巡逻计划，明确巡逻范围、巡逻任务、职责要求、人员配置、巡逻路线、巡逻方式、应急处置等具体内容，并严格按照计划执行巡逻执勤，以保证巡逻任务的顺利完成。

② 建立一支经过专门训练的保安巡逻队伍。保安巡逻服务的涉及面广，机动性较强，随时都可能遇到突发事件或意外事故，面对比较复杂的情况，对执行巡逻服务的保安员应提出更高的要求。因此，需要有一支素质高、业务能力强的保安队伍执行巡逻任务，要求每一个保安员都经过专门训练，掌握巡逻执勤的业务知识和方法技能，只有这样，才能较好地完善巡逻任务，保证巡逻业务的正常开展。

③ 加强保安通信器材和装备的配置。巡逻服务具有突发的运动性特点，业务空间较大，经常会遇到各种各样的情况，需要及时通报、联络好请求援助；在发生突发事件时，也需要相关的装备配置进行处理。因此，应按照有关规定，确保执行巡逻任务的保安员之间、巡逻人员与指挥系统之间的正常通信，一旦发生突发事件或意外事件，便于及时报告和请求援助，同时，也可以大大提高保安员的应急处置能力。

④ 合理科学地配置和使用巡逻力量。对于巡逻范围大、重点保护目标多的巡逻区域，可设立巡逻队，布置足够的力量执行巡逻任务。对于巡逻空间小、没有重点目标或重点目标较少的巡逻区域则可适当安排巡逻力量，以避免造成人员上的浪费。

⑤ 增强巡逻人员的防范意识。保安员必须时刻保持警惕，加强防范意识。巡逻执勤时要善于观察、善于分析、善于发现问题，不放过任何异常情况和可疑的迹象。发现问题，果断决策，及时处理。

⑥ 加强与公安机关及有关部门的联系。维护巡逻区域内的正常秩序和良好的治安环境，协助公安机关制止和打击违法犯罪活动，是保安巡逻服务的一项重要任务。而且巡逻中遭遇的许多突发事件离不开公安机关的支持，需要公安机关进行处理。因此，保安巡逻服务必须加强与公安机关的联系，取得业务上的支持和帮助。

五、物业治安的方式

1. 封闭式管理

封闭式管理就是以楼宇的整体为管理单位，用隔离体将楼宇（含附属场地）与外界分开，在管理范围内对进出楼宇区域的人员、车辆等流动性因素进行控制管理，并为业主用户提供周密细致的衣、食、住、行、用等方面的服务。

物业入口有保安员 24 小时值班,且有门禁系统。出入口门禁安全管理系统是新型现代化安全管理系统,它集微机自动识别技术和现代安全管理措施为一体,涉及电子、机械、光学、计算机技术、通信技术、生物技术等诸多新技术,是解决重要部门出入口实现安全防范管理的有效措施。这种方式适用于政府机关、部队等一些要害部门,别墅、高级写字楼等一些高档物业,以及业主、使用人有特别要求的物业管理。其管理特点是整个物业为封闭体系,物业出入口有专门的保安人员岗位看守,业主、使用人有专用通行证件,外来人员须征得业主、使用人同意并办理登记手续方可入内。

由于封闭式管理能够对进出物业的人员、车辆和物品进行有效监管,对保障物业安全具有非常重要的作用,因此在条件许可的情况下,应尽可能地采用封闭式管理,尤其是对居住物业,国家物业管理主管部门和行业协会也大力倡导这种管理方式。但封闭式管理有时受到环境和条件的限制(如公共场所,像公共写字楼、超市等较难实行人员的登记管理;又如小区内包含市政道路,就难以对车辆进行管理等),而且管理成本相对较高,管理难度相对较大,有时会引起业主或使用人的不便。正是由于封闭式管理的上述特点,在实际工作中会采用全封闭式管理、半封闭式管理和局部封闭式管理几种方式。

(1) 全封闭式管理。全封闭式管理是对进出物业的人、车、物全部实行查验放行的管理方法,全封闭式管理要求物业具有物质上的全部隔离装置,而且往往采用先进技术来防止翻越及翻越报警,对物业所有的出入口都进行管理,具体管理内容主要有以下方面。

① 人。访客必须得到业主的许可,并进行登记;其他人员禁止入内。

② 车。所有机动车辆进行登记发卡,验证后放行。

③ 物。禁止物业不允许存放的物品入内(如危险品、剧毒物品等),大件或具有一定价值的物品需由业主本人同意方可运出。

全封闭式管理虽然安防效果好,但成本较高,较高档次的住宅物业,尤其是高层住宅楼宇较多采用这种管理方法。

(2) 半封闭式管理。半封闭式管理是对进出物业的人、车、物实行部分查验放行的管理方法,半封闭式管理要求物业具备对需要进行验放内容进行限制、隔离和管理的物质条件、技术手段和管理方法。当实行全封闭式管理条件不足时,可考虑进行半封闭式管理,一般较大型的住宅小区、写字楼、工业区较多选用半封闭式管理。

半封闭式管理同样需要根据物业的实际情况进行设计。通常情况下有下列几种类型。

① 对大型住宅小区的半封闭式管理。对人和物品进行选择性限制(选择性限制是指保安员根据目测、观察和经验,有选择地对可疑的人员和物品进行查验放行),而对全部机动车辆进行登记发卡和验证放行。

② 对写字楼的半封闭式管理。对人和进入物品进行选择性限制,对大件的运出物品进行验证放行,对全部机动车辆进行登记发卡和验证放行。

③ 对工业区的半封闭式管理。对人和进入物品进行选择性限制,对全部的运出物品进行验证放行,对全部机动车辆进行登记发卡和验证放行。

(3) 局部封闭式管理。局部封闭式管理是对物业进行区块上的划分,对部分区域进行封闭式管理而对其他区域进行敞开式管理,多数运用于混合型物业,如对包含商业街的住宅区,可以对住宅部分进行封闭式管理,而对商业部分则进行敞开式管理。

2. 开放式管理

一些大的住宅小区或商业楼宇都采用开放型管理方式，不仅业主、使用人无须办理专用通行证件，且外来人员只要着装整洁均可自由进出。不过一些商业楼宇在非办公时间也采用封闭式治安管理，以确保业主、使用人的财产安全。

 任务实施

思考你所在小区或学校治安的状况、所采取的方式、其成功之处有哪些，哪些地方可以改进与提高。请把你思考的主要内容写在下方方框中。

 任务评价

对教师、同学在课堂交流中的发言进行评价，将评价简要写在下表中并赋予分值。

序号	评价项目	教　师	同　学
1	发言内容的思政性(满分 20 分)		
2	发言内容的合理性(满分 20 分)		
3	发言内容的科学性(满分 20 分)		
4	发言内容的创新性(满分 20 分)		
5	发言内容的完整性(满分 10 分)		
6	发言方式的条理性(满分 10 分)		
合计	满分 100 分		

任务二　了解物业消防管理

 学习准备

据应急管理部统计,2022 年前三季度全国共接报火灾 63.68 万起,死亡 1441 人,受伤 1640 人,直接财产损失 55 亿元。与去年同期相比,火灾起数和损失分别上升 8.19% 和 2.72%,受伤人数下降 9.64%,死亡人数同比持平,火灾形势总体平稳。从起火场所看,居住场所发生火灾 22.38 万起,死亡 1061 人,分别占火灾总数和死亡人总数的 35.15%、73.63%。从起火时段看,22 时至次日 8 时共死亡 760 人,占总数的 52.7%,多与夜间火灾发现晚、扑救逃生迟缓有关。

根据上述材料思考火灾为何不能得到有效控制,其原因有哪些。请把思考的结果填写在下方方框中。

 相关知识

一、物业消防的基础知识

1. 燃烧

燃烧是物质剧烈氧化并发光发热的化学现象。燃烧必须同时具备以下三个基本条件。

(1)可燃物。凡是能与空气中的氧或者其他氧化剂发生燃烧反应的物质,都属于可燃物。按其物理状态分为气体可燃物、液体可燃物和固体可燃物三种类别。例如,木材、纸张、汽油、酒精、煤气等。

(2)助燃物。凡与可燃物结合能支持和导致燃烧的物质,即为助燃物,一般指氧和氧化剂,主要是指空气中的氧。这种氧称为空气氧,在空气中约占 21%。可燃物质没有氧参加化合是不会燃烧的。例如,燃烧 1kg 石油就需要 $10\sim12m^3$ 空气,燃烧 1kg 木材就需要 $4\sim5m^3$ 空气。当空气供应不足时,燃烧会逐渐减弱,直至熄灭。当空气的含氧量低于 14%～18% 时,就不会发生燃烧。

(3) 点火源。凡能引起可燃物燃烧的点燃能源即为点火源。例如,明火、摩擦、冲击、电火花等。

具备以上三个条件,物质才能燃烧。例如,生火炉,只有具备了木材(可燃物)、空气(助燃物)、火柴(火源)三个条件,才能使火炉点燃。

并不是三个条件同时存在就一定会发生燃烧,还必须三个因素相互作用才能发生燃烧。

2. 火灾

火灾的分类有两种形式,一种是按照燃烧物特性不同划分;另一种是按照人员伤亡和财产损失数不同划分。

(1) 按燃烧物特性不同划分为 A、B、C、D、E 五类。

A 类火灾:固体物质的火灾,如木材、纸张。

B 类火灾:指液体和可熔化的固体物质火灾,如汽油、煤油等。

C 类火灾:指气体火灾,如天然气、煤气等。

D 类火灾:指金属火灾,如钾、钠、镁等。

E 类火灾:电器火灾和精密仪器火灾。

(2) 根据人员伤亡和财产损失数不同划分为特大火灾、重大火灾和一般火灾。

① 特大火灾:死亡 10 人以上;重伤 20 人以上;死亡、重伤 20 人以上;受灾 50 户以上;烧毁财物损失 100 万元以上。

② 重大火灾:死亡 3 人以上;重伤 10 人以上;死亡、重伤 10 人以上;受灾 30 户以上;烧毁财物损失 30 万元以上。

③ 一般火灾:不具备前两种情形的为一般火灾。

3. 防火基本措施

(1) 控制可燃物和助燃物。用难燃或不燃材料代替易燃或可燃材料;用防火涂料浸涂可燃材料,以提高其耐火极限;对于易燃易爆物质的生产,要在密封设施设备中进行;对于易形成爆炸性混合物的生产设施设备,要用惰性气体保护。

(2) 控制或消除点火源。通常引起火灾主要是由于有明火点燃,因此,超前控制这些火源的产生和使用范围,严格用火管理,控制或消除点火源是防火的重要措施。经常引起火灾的常见点火源大致有下列 9 种:①生产用火;②生活用火;③燃放爆竹;④炉火及飞灰,如锅炉、加热炉、电炉等内的炉火,烟道喷出的过热飞灰;⑤电器设施设备发热,如由于长时间用电、短路、超负荷等原因产生的表面高温、电弧或电火花;⑥机械设施设备发热;⑦物质本身由于升华作用产生的能引起燃烧的热;⑧静电火花、雷击等火源;⑨人为纵火,如报复故意纵火,为掩盖罪行而纵火等。

(3) 阻止火势扩散蔓延。阻止火势扩散蔓延就是防止火焰或火星等火源窜入有燃烧、爆炸危险的设施设备、管道或空间,或阻止火焰在设施设备和管道中扩展,或者把燃烧限制在一定范围不致向外延烧。

4. 灭火基本方法

（1）冷却法。冷却法就是采取措施将燃烧物的温度降至着火点（燃点）以下，使燃烧停止。具体措施如下。

① 用水扑救一般固体物质火灾。

② 用二氧化碳扑救精密仪器、图书馆等贵重物品和特殊建筑物火灾。

③ 用水冷却受威胁的可燃物、建筑物等，阻止火势蔓延。

（2）窒息法。窒息灭火其主要的灭火机理是降低氧浓度。二氧化碳灭火剂主要依靠窒息作用和部分的冷却作用灭火，往着火的空间充灌惰性气体、水蒸气等，这样的灭火方法称之为窒息法。具体措施如下。

① 用浸透水的海棉被、湿麻袋、沙子等难燃或不燃材料覆盖燃烧物，阻止空气进入燃烧区。

② 用泡沫覆盖固体或液体表面。

③ 用水蒸气或惰性气体（如二氧化碳、氮气）灌注容器设施设备，稀释空气含氧量。

（3）隔离法。用难燃或不燃物体遮盖受火势威胁的可燃物质等这样的灭火方法称之为隔离法。具体措施如下。

① 关闭可燃气体、液体管道的阀门，以减少和阻止可燃物质进入燃烧区。

② 将火源附近或燃烧区周围受到火势威胁的可燃物和助燃物搬走或移开。

③ 拆除与火源或燃烧区相连的易燃建（构）筑物，形成阻止火势蔓延的空间地带。

（4）抑制法。抑制法是将有抑制作用的灭火剂喷射到燃烧区，并参加到燃烧反应过程中去，使燃烧反应过程中产生的游离基消失，形成稳定分子或低活性的游离基，使燃烧反应终止。目前使用的干粉灭火剂、1211等均属此类灭火剂。

5. 扑救火灾的一般原则

（1）报警早，损失少。报警应沉着冷静，及时准确，简明扼要地报出起火部门和部位、燃烧的物质、火势大小；如果拨打119火警电话，必须讲清楚起火单位名称、详细地址、报警电话号码及自己的姓名，同时派人到消防车可能来到的路口接应，并主动及时地介绍燃烧的性质和火场内部情况，以便迅速组织扑救。

（2）边报警，边扑救。在报警同时，要及时扑救初起火，在初起阶段由于燃烧面积小，燃烧强度弱，放出的辐射热量少，是扑救的有利时机。只要不错过时机，就可以用很少的灭火器材，如一桶黄沙或少量水就可以扑灭，所以就地取材，不失时机地扑灭初起火灾是极其重要的。

（3）先控制，后灭火。在扑救火灾时，应首先切断可燃物来源，然后争取灭火一次成功。

（4）先救人，后救物。在发生火灾时，如果人员受到火灾的威胁，人和物相比，人是主要的，应贯彻执行救人第一，救人与灭火同步进行的原则，先救人后疏散物资。

（5）防中毒，防窒息。在扑救有毒物品时要正确选用灭火器材，尽可能站在上风向，必要时要佩戴面具，以防中毒或窒息。

（6）听指挥，莫惊慌。平时加强防火灭火知识学习，并积极参与消防训练，才能做到一旦发生火灾不会惊慌失措。

6. 灭火器的选用和使用常识

火灾发生初期,火势较小,如能正确使用灭火器材,就能将火灾消灭在初起阶段,不至于小火酿成大灾,从而避免重大损失。通常用于扑灭初起火灾的灭火器,类型较多,使用时必须针对火灾燃烧物质的性质正确选择灭火器的类型,正确使用灭火器,否则会适得其反,有时不但灭不了火,而且会发生爆炸。由于各种灭火器材内装的灭火药剂对不同火灾的灭火效果不尽相同,所以必须熟练地掌握灭火器在扑灭不同类型火灾时的灭火作用。

1)灭火器分类

(1)水基型灭火器。水基型灭火器适用于扑救固体或非水溶性液体的初起火灾,是木竹类、织物、纸张及油类物质的开发加工、贮运等场所的消防必备品。其中水基型水雾灭火器还可扑救带电设备的火灾。

(2)干粉灭火器。干粉灭火器可扑灭一般火灾,还可扑灭油、气等燃烧引起的失火。干粉灭火器是利用二氧化碳气体或氮气气体作动力,将筒内的干粉喷出灭火的。干粉是一种干燥的、易于流动的微细固体粉末,由能灭火的基料和防潮剂、流动促进剂、结块防止剂等添加剂组成,主要用于扑救石油、有机溶剂等易燃液体、可燃气体和电气设备的初期火灾。

(3)二氧化碳灭火器。二氧化碳灭火器有流动性好、喷射率高、不腐蚀容器和不易变质等优良性能,用来扑灭图书、档案、贵重设备、精密仪器、600 伏以下电气设备及油类的初起火灾,适用于扑救 B 类火灾(如煤油、柴油、原油、甲醇、乙醇、沥青、石蜡等火灾)、C 类火灾(如煤气、天然气、甲烷、乙烷、丙烷、氢气等火灾)、E 类火灾(物体带电燃烧的火灾)。

(4)洁净气体灭火器。洁净气体灭火器包括七氟丙烷、1211 等,主要适用于扑救易燃、可燃液体、气体、金属及带电设备的初起火灾;扑救精密仪器、仪表、贵重的物资、珍贵文物、图书档案等初起火灾;扑救飞机、船舶、车辆、油库、宾馆等场所固体物质的表面初起火灾。

2)常用灭火器的使用方法

(1)手提式干粉灭火器的使用方法。手提式干粉灭火器的使用方法简单地可以概括为"一摇、二拔、三稳、四压",具体来说,第一步摇晃灭火器,让干粉松动;第二步拔掉保险销;第三步握紧稳住喷管;第四步按压压把,干粉即可被顺利喷出进行灭火。如果能正确掌握灭火器的使用方法,那么就能将火灾扼杀在萌芽中,阻止惨剧的发生。

具体操作流程如下。

① 检查灭火器是否过期(检测合格证和有效期等信息),压力表指针指向绿色区域(黄色区域表示超压,红色区域表示欠压),喷嘴是否被堵塞,检测瓶身是否有锈蚀或损坏。

② 手提灭火器提把,迅速赶到着火处,与火源保持 2~3m 的安全距离,避免火焰太近导致人受到伤害,准备灭火,使用前上下晃动灭火器两次,让瓶内的干粉充分混合,达到最佳的喷射效果,发挥最大灭火效能。

③ 拔掉灭火器上面的铅封,拉出灭火器上的保险销,左手握喷管对准火焰根部,右手提着按下压把干粉剂喷出,同时左手左右摆动喷管,使气体喷扫火焰根部,并逐渐向前推移,应从火焰侧面对准火焰根部,左右扫射,当火焰被赶出容器时,应迅速向前,将余火全部扑灭。

④ 抬起灭火器压把,停止喷射。

(2)二氧化碳灭火器使用方法。二氧化碳灭火器在使用时先拔出保险销,再压合压把,将喷嘴对准火焰根部喷射。

具体操作流程如下。

① 将灭火器提至火灾现场,拔出保险销,一手握住喇叭筒根部的手柄,另一只手紧握启闭阀的压把,把喇叭筒往上扳 70°～90°。

② 对准火焰根部,压下压把,药剂即喷出灭火;放开手把,可停止喷射,从而实现间隙喷射。灭火时,当可燃液体呈流淌状燃烧时,使用者将二氧化碳灭火剂的喷流由近而远向火焰喷射。如果可燃液体在容器内燃烧时,使用者应将喇叭筒提起,从容器的一侧上部向燃烧的容器中喷射。但不能将二氧化碳射流直接冲击可燃液面,以防止将可燃液体冲出容器而扩大火势,造成灭火困难。

二、物业消防的原则

1. 谁主管谁负责原则

单位的法定代表人或主要负责人要对本单位的消防安全全面负责,是消防安全责任人;分管其他工作的领导和各业务部门,要对分管业务范围内的消防安全工作负责;车间、班组领导,要对本车间、班组的消防安全工作负责。

2. 依靠群众的原则

消防安全管理工作的基础是做好群众工作,要采取各种方式方法,向群众普及消防知识,增强群众消防意识和防灾抗灾能力;要组织群众中的骨干,建立义务消防组织,开展群众性防火、灭火工作。

3. 依法管理的原则

依法管理就是单位的领导和主管或职能部门依照国家立法机关和行政机关制定颁发的法律法规、规章,对消防安全事务进行管理;要依照法规办事,加强对职工群众的遵纪守法教育,对违反消防管理的行为和火灾事故责任者严肃追究,认真处理。

消防法规不仅具有引导、教育、评价、调整人们行为的规范作用,而且具有制裁、惩罚犯罪行为的强制作用。

4. 科学管理的原则

科学管理,就是运用管理科学的理论,规范管理系统的机构设置、管理程序、方法、途径、规章制度、工作方法等,从而有效地实施管理,提高管理效率。消防安全管理首先要依照客观规律办事,必须遵循火灾发生、发展的规律;要知道火灾发生的因素;火灾随着经济的发展,生产、技术领域的扩大和物质生活的提高而增加的规律;火灾成因与人们心理和行为相关的规律;火灾的发生与行业、季节、时间相关的规律等。其次,要学习和运用管理科学的理论和方法提高工作效率和管理水平,并与实践经验有机地结合起来;还要逐步采用现代化的技术手段和管理手段,以取得最佳的管理效果。

5. 综合治理的原则

消防安全管理在其管理方式、运用管理手段、管理所涉及的要素及管理的内容上都表现出较强的综合性质。消防管理不能单靠一个部门,只使用某一种手段,要与行业、单位的整体管理统一起来。管理中不仅要用行政手段,还要用法律的、经济的、技术的和思想教育的手段进行治理。管理中要考虑各种有关安全的因素,即对人、物、事、时间、信息等进行综合治理。

三、物业消防管理的任务

物业消防工作的任务是：坚持贯彻"预防为主，防消结合"的方针，严格做好物业辖区的消防监督与管理，加强消防安全部（队）队伍建设和消防工作业务建设，努力防止火灾的发生，有效地扑灭各类物业火灾，减少辖区火灾损失，保护公司（员工）财产及小区业主（住户、顾客）的生命财产安全，为公司经济建设保驾护航，确保物业小区安全。

1. 消防队伍的建设与培训

物业服务企业的专（兼）职消防管理人员应具备一定的防灾灭火知识，熟悉《中华人民共和国消防法》和相应法律法规。消防控制室的操作人员必须经消防部门的教育培训后持证上岗，具有现代消防技术方面的知识，熟练掌握消防设施的运行情况和操作方法。

1）消防队伍建设

（1）专职消防人员。物业服务企业应根据所管物业的类型、档次、数量，设立相应的专职消防管理人员，负责消防工作的管理、指导、检查、监督与落实。

专职消防管理人员的职责如下。

① 对本部门和物业经理负责，负责管理、指导、督促检查、整改所管辖区域内的消防工作。

② 落实各项防火安全制度和措施，严格贯彻执行消防法规。

③ 组织宣传消防教育，加强业主（用户）的消防意识。

④ 负责所管区域内动用明火作业的签批和现场监护工作。

⑤ 熟悉并能正确使用各种消防设施和器材。

⑥ 管理好小区内各种消防设施、设施设备和器材。

⑦ 定期巡视、试验、检查、大修、更新各种消防设施和器材，指定专人管好设施设备，对产生的故障和不足，应及时报告给主管领导，并作出维修计划。

⑧ 定期检查所管小区内要害部位，及时发现和消除火险隐患。

⑨ 抓好义务消防队的训练和演习。

⑩ 负责消防监护报警中心，24 小时日夜值班，做好值班记录和定期汇报工作，发现火警火灾时，立即投入现场指挥和实施抢救。

（2）义务消防队。义务消防队是群众性的基层消防组织，是我国消防力量中的一个重要组成部分。义务消防队的主要工作是预防工作。

义务消防人员的职责如下。

① 物业管理企业全体员工都应是义务消防人员，必须履行消防人员的职责。

② 认真学习有关消防知识，掌握各种器材操作技术和使用方法。

③ 积极做好防火防范宣传工作。宣传教育内容主要有：防火灭火方法，各物业内消防设施及其功能与使用，安全疏散和人员抢救等。宣传方式可采取专人上门发通知、张贴广告、出墙报、利用电视网络等。

④ 定期检查本部门和所管区域内的消防器材设施设备的完好状况。

⑤ 一旦发生火警火灾，立即投入现场抢救。

2）贯彻落实"谁主管，谁负责"的消防原则

（1）"谁主管，谁负责"原则的中心就是层层落实防火责任制，从而调动各部门、各岗位和全体员工搞好消防工作的积极性。

（2）物业管理公司的法定代表人是本单位的防火安全工作第一负责人。

（3）物业管理公司各部门各管理处负责人是本部门的防火安全负责人。

（4）各班组负责人以至每个职工都要对自己管辖工作范围内的防火安全负责。

2. 搞好消防教育宣传

物业管理公司每年都要举办防火知识宣传活动，每半年至少开展一次面向业主的宣传消防知识。在小区内设置消防宣传标志牌，在居民楼道内张贴固定消防警语，制订居民消防公约，组织宣传消防安全知识，强化人们的消防安全意识，形成家庭一般火灾防范的基本概念，懂得起初火灾处理的基本方法；充分发挥物业与广大居民群众之间的联系和纽带作用，组织消防灭火训练演习，使广大人民群众掌握灭火的基本方法和火场自救逃生的基本技能。

3. 消防设施设备设施和器材的配备与管理

在楼宇内应常备一些消防器材，有些楼宇还应安置一些消防装置。有专职消防队的物业公司还应备有小风车和其他消防设施设备。

（1）灭火器。灭火器是一种可由人力移动的轻便灭火器具，它由筒体、筒盖、瓶胆、喷嘴等部件组成。灭火器种类较多，按其移动方式主要有手提式灭火器和推车式灭火器。

（2）消火栓系统。消火栓系统主要由供水泵、管网、消火栓、水带、水龙头、喷水栓、报警按钮及报警电话等组成，分为室内消火栓和室外消火栓两种。

① 室内消火栓。室内消火栓是建筑物应用最广泛的一种消防灭火系统，是扑救室内火灾的重要设施。室内消火栓箱内的组件有消防水带、水枪、栓阀、消火栓报警按钮，部分消火栓箱内会设置消防软管卷盘（轻便消防水龙）、灭火器。

室内消火栓使用注意事项：定期检查，有无生锈、漏水；检查接口垫圈完整情况；阀杆上应加注润滑油；定期进行放水试验，确保有水。

室内消火栓的使用方法：用手启动室内消火栓旁边的按钮，打开室内消防栓的箱门，从消防栓箱中取出水带、水枪；检查水带及其接头是否完好，若有破损，则严禁使用；向火场方向展开铺设水带，避免扭折，将靠近消火栓端的水带与消火栓进行快速连接，在连接时将连接扣准确插入滑槽，按顺时针方向拧紧且牢固；将水带的另一端与水枪快速连接，在连接时将连接扣准确插入滑槽，按顺时针方向拧紧且牢固（以防脱开高压水伤人）；连接完毕至少2人紧握水枪，对准火场，按逆时针方向缓慢打开消火栓阀门至最大，对准火场根部进行喷水灭火；灭火后，将水龙带晾干，按盘卷或折叠方式放入箱内，将枪头放在夹内，关好箱门。

② 室外消火栓。室外消火栓既可供消防车取水，又可连接水龙带、水枪，直接灭火。室外消火栓分地上消火栓和地下消火栓。

地上消火栓适用于温暖地区，包括弯座、阀座、排水阀、法兰接管启闭杆、本体和接口。每月或重大节日前，应对消火栓进行一次检查；清除启闭杆端部周围杂物；用专用工具检查启闭杆，并注油；检查闷盖垫圈完好；检查供水情况，观察漏水，发现问题及时检修。

使用地下消火栓时，打开消防栓井盖，拧开闷盖，接上水龙带，打开阀塞即可出水。

（3）火灾自动报警系统装置。火灾自动报警系统由探测器、区域报警器和集中报警器组成。它的作用是尽早地探测到火灾的发生并发出警报,以便采取措施,预防和减少火灾的发生和造成的损失。按监测的火灾特性不同,火灾探测器常分为以下几种:感烟式火灾探测器;感温式火灾探测器;感光式火灾探测器;可燃气体火灾探测器。

（4）自动喷淋灭火系统装置。自动喷淋灭火系统是按适当间距和高度装置一定数量喷淋头的供水灭火系统,主要由喷头、阀门、报警控制装置和管道等组成。自动喷淋灭火系统安全可靠、控制灭火成功率高;结构简单、操纵养护方便;使用时间长,一般可保持几十年完好无损,灭火成本低且对环境无污染;可用电子计算机进行监控,便于集中管理和分区管理,自动化程度高,适用范围宽等。目前一些高档公寓、别墅、酒店及商贸楼宇都已安装了这种装置。自动喷淋灭火设施设备分:①喷雾水冷却设施设备;②喷雾水灭火设施设备(扑救固体物质火灾,对车库、配电室等有良好的灭火效果);③喷洒水灭火设施设备(用于扑救固体物质火灾和对设施设备冷却,不适用液体气体火灾)。

（5）防排烟系统。防排烟系统是防烟系统和排烟系统的总称,由送排风管道、管井、防火阀、门开关设备、送风机、排风机等设备组成。防烟系统是采用机械加压送风方式或自然通风方式防止烟气进入疏散通道的系统,排烟系统采用机械排烟方式或自然通风方式,将烟气排至建筑物外的系统。现代化的高层楼宇里在安全通道附近都安装排烟装置。

（6）加压送风系统。发生火灾时,为防止烟雾、毒气进入疏散通道及消防电梯厅,除安装防火门外,还在每一层的疏散楼梯及消防电梯前安装百叶式加压送风系统,以供应充足的新鲜空气,确保人员疏散和消防电梯的正常运行。

（7）安全通道与消防电梯。当发生火灾时,人员可通过安全通道(即防火楼梯)进行紧急疏散直达室外或其他安全处(如避难层、平台等)。消防电梯是供消防灭火、抢救伤员、运输消防器材的专用电梯,高层建筑必须设置消防电梯运送器材或人员。起火后,全部电梯归首,确认无人。消防电梯则由消防队员操纵投入灭火救援工作。消防队员启动控制按钮,充分发挥其运送功能。

（8）消防水箱。消防水箱一般都设置在屋顶,用于扑灭初期火灾。正常情况时,高位水箱里保持一定水位,并与消防管道相通,管道中充满水。一旦发生火灾,喷头破裂,管网的水顺势流出。之所以将消防水箱设在屋顶,是因为屋顶设置的增压、稳压系统和水箱能保证消防水枪的充实水柱,对于扑灭初期火灾的成败有决定性作用。低层建筑水箱贮存 10 分钟的消防用水量;高层一类建筑不应小于 $18m^3$,二类建筑和一类住宅建筑不应小于 $12m^3$,二类住宅建筑不应小于 $6m^3$。

（9）火灾事故照明和疏散指示标志。在楼梯、走道、消防电梯及前室、配电室、控制室、水泵房、发电机房设事故照明和疏散指示标志(见图 6-1);指示灯应设在墙面及转角处、楼梯间门口上方,间距不大于 20m,距地 1.5~1.8m,有红色"EXIT"字样。事故照明方式:一是手提式照明灯具,断电会自动亮灯,可手提;二是荧光涂料(硫化锌),是照明方式的一种发展趋势,无放射性。事故照明应保证通道上的必要照度,其他场所的最低照度;对指示灯外表加设保护措施。

4. 消防管理制度制订

物业服务企业应根据所管物业的实际情况,制订出适合所管物业的消防制度和防火规定,避免火灾事故的发生。

图 6-1　事故照明和疏散指示标志

（1）消防制度的内容。

① 消防管理岗位职责如下。

消防主管岗位职责：监督消防制度的落实，做好消防保障；熟悉消防法规、条例并执行；协助经理处理消防事务；制订月度消防工作计划，交整改报告；进行消防知识培训，实施疏散演习，普及宣传防火知识和自救逃生技能；建立消防管理体系，掌握突发事件的处理程序和扑救措施。

消防领班的岗位职责：熟悉国家消防机关及上级有关部门和物业关于消防工作的法规制度及要求，认真完成上级交办的各项消防任务；负责消控中心的日常管理工作，合理安排消防值班员的班次；熟悉物业的各种工作计划，对消控中心人员进行必要的培训和考核；制订消控中心的工作计划，对消控中心人员进行必要的培训和考核；制订和组织实施消防设施设备的月检、季检、年检计划，在经理领导下组织贯彻实现；认真做好消防设施设备的巡检工作，发现问题及时处理；了解掌握设施设备运转情况，对经常发生误报的部位进行分析，并将分析报告上交部门汇总；协助主管做好物业的防火工作。

消防值班员岗位职责：熟练掌握监控设施设备的操作方法，遵守规章制度，规范值班，树立良好形象；工作认真，密切注意各种信息和设施设备运转状况，发现问题及时上报并详细记录；接到报警，要迅速准确按报警程序工作；维护中控室的卫生，保持良好环境；认真记录值班情况，做到准确、详细、清晰；努力学习业务知识，提高处理和解决问题的能力，服从领导工作安排，并提出消防工作的合理化建议。

② 消防中心值班制度。对于消防值班员，应制定出工作职责和要求、交接班制度，定时巡逻，定期对消防设施设备、设施进行检查和保养；消防值班人员必须树立高度的责任感，

严肃认真地做好消防中心的值班监控工作；制订消防中心值班制度和消防监控室值班制度。

③ 消防档案制度。物业服务企业应建立完善的消防档案资料，对火灾隐患、消防设施设备状况、重点的消防部位都要记录在案，以便有备可查。消防档案包括：防火档案（负责人、平面图、管理制度、重点部位、工作概要、设施设备状况、交通及水源）；火灾档案（调查、扑救、责任人、通知书）；消防设施档案（设施数量、位置、储水）。

④ 消防安全检查制度。公共区域、公共设施消防安全检查：每月末及节日前，对公共区域检查；由总负责人组织，工程、保安、部门负责人配合检查；检查项目为各灭火器材、消防栓；检查各机房的设施设备的消防规范；检查电梯厅、通道，烟感及指示灯。

执行消防检查制度：定时进行消防安全巡逻，做好记录，发现问题及时上报；定期由消防主管会同防火负责人对区域进行消防安全检查，对消防器材设施点检；消防主管会同工程部专业人员对消防系统进行测试检查；重大节日、活动前夕进行消防安全检查；突击检查监控中心值班情况及对系统操作的熟练性、规范性；每年进行年终消防安全大检查，包括客户单元；检查发现的问题，由保安部及时发整改报修通知，并复查。

⑤ 消防安全公约。消防安全公约主要是为了加强消防工作，保护公共财产和广大居民生命财产安全，根据《中华人民共和国消防法》和有关消防管理规定制订的。

⑥ 动用明火管理制度。为了贯彻执行国务院颁发的消防监督条例，加强对消、防、检的管理，加强严格控制火源，加强使用明火管理，物业管理公司根据所管物业情况制订动用明火管理制度。

⑦ 施工防火安全管理制度。凡是进入辖区物业内进入室内装修的施工单位都必须遵守管理公司的装修安全管理规定，以确保施工中的防火安全。

⑧ 重点部位防火管理制度。依据法律法规的有关规定，确定变配电室、生产原料/成品仓库、化学物品仓库、电梯机房、空压/真空设施设备房、空调机房、纯水设施设备房等为消防安全重点部位，消防安全重点部位的消防安全管理应明确责任部门和责任人，应设置禁烟禁火等各种文字、符号的警告标志；应配备相应的灭火器材、装备和个人防护器材。制订和完善事故应急处置操作程序；消防安全重点部位应每两小时进行一次防火巡查，并填写《消防安全重点部位防火巡查工作记录》。

（2）防火规定。防火规定指从预防的角度出发，对易起火灾的各种行为作出规定，以杜绝火灾隐患。主要包括：消防设施设备的使用、维护、管理规定；公共楼道、楼梯、出口等部位的管理规定；房屋修缮和装修中明火使用规定；电气设施设备安全使用规定；易燃、易爆物品的安全存放、贮运规定等。

5. 消防演习

物业消防演习是一种模拟火灾或其他紧急情况的活动，旨在提高物业员工和住户的消防安全意识，以及检验应急预案的有效性。物业服务公司每年应组织一至两次消防演习，通过演习来检验灭火应急疏散预案的实用性和可操作性，增强员工及业主、使用人的消防意识，提高业主、使用人的逃生及自救能力；检验员工灭火，疏散业主、使用人，保护物业等能力，也可以检验消防设施保养及运作情况。在物业消防演习中，通常会组织人员进行火灾逃生、灭火器使用、报警等演练。通过这些演练，可以让大家更好地了解如何在火灾发生时保持冷静、迅速逃离现场，并正确使用灭火器等设备进行灭火。

任务实施

假如你是物业项目的负责人,请思考如何做好你所在项目的消防工作。请把主要内容写在下方方框中。

 任务评价

对教师、同学在课堂交流中的发言进行评价,将评价简要写在下表中并赋予分值。

序号	评价项目	教 师	同 学
1	发言内容的思政性(满分 20 分)		
2	发言内容的合理性(满分 20 分)		
3	发言内容的科学性(满分 20 分)		
4	发言内容的创新性(满分 20 分)		
5	发言内容的完整性(满分 10 分)		
6	发言方式的条理性(满分 10 分)		
合计	满分 100 分		

任务三　了解物业车辆交通管理

 学习准备

请观察、思考你所在的小区和学校是怎样管理车辆的。把你观察和思考的内容简要地写在下页方框中。

相关知识

一、物业车辆交通管理的重要意义

随着人们生活水平的提高,汽车也日渐成为每个小康家庭的标准配备。车辆的急剧增加导致很多一、二线城市出现了不同程度的停车难问题,其中在各个城市的小区中表现最为明显。各小区车位本来已经车满为患,而因为小区使用时间较长,无车位线或车位线不清晰,使车辆停放散乱现象较为严重。近年来,小区拥挤时段的车辆几乎到了把小区双向车道变成单向车道的地步,甚至每幢楼门口、行人通道也停满了车辆。

若各小区车辆无相应的车卡管理,非小区车辆随意进出小区、随意停放的现象大量存在,从而造成车辆堵塞通道,发生互相擦、碰、刮、蹭、出、入、停、靠困难等情况,将严重影响小区住户的正常生活秩序。更有甚者,为快速通行,频繁鸣笛、制造噪声,严重影响、干扰小区居民生活。

物业车辆交通管理主要是做好车辆停放和交通安全管理,保证车辆和行人的安全。因此,良好的交通管理对物业环境管理与服务至关重要,人车分流、出行便利、交通安全都是各个物业项目必需的管理内容,这些内容除了前期规划设计要重点考虑,后期物业管理也很重要。物业良好的车辆交通管理解决了各小区车辆停放、出入困难的局面,加强了小区道路及车辆管理,规范了车辆停放秩序;有效避免了区域内的交通安全隐患;保护了全体住户的合法权益;完善了区域规划,彰显了物业管理企业的管理能力。

二、物业车辆交通管理的内容

物业车辆交通管理是物业管理服务中一个重要部分,一是制订车辆管理制度,严格控制车辆进出,防止交通事故的发生,可以为业主提供良好、安全的车辆管理服务;二是车辆停放有序,检查及时到位,交通标志醒目合理;三是地下车库内的设施设备要整洁完好。物业车辆交通管理的内容主要包括道路管理、交通管理、车辆管理、停车场管理。

1. 道路管理

道路管理是车辆与停车管理的重要基础。

(1)道路的分级。根据功能要求和居住物业规模的大小,区域内道路一般分为3级或4级。

① 居住区级别道路:内外联系的主要道路。当居住区规模过大时,要考虑城市公共电车、汽车的通行,妥善地选择公共车辆的通行路线,减少干扰。道路断面形式多采用一块板形式或者三块板的断面形式。机动车与非机动车一般采用混行方式。红线宽度为20~30m;车行道宽不小于9m,如设公交,增至10~14m;在车道两旁各设2~3m宽人行道。

② 居住小区级别道路:联系公共建筑和中心绿地。内部车行和人行交通,不宜横平竖直,一通到头,多采用一块板的断面形式;搞好绿化、铺地、小品等的设计,创造良好的环境;因地制宜,节约造价;红线宽度为10~14m,车行道宽度为6~9m,人行道宽度为1.5~2m。

③ 组团路:居住小区内部的主要道路。人车混行,自行车、行人、轻机动车等应满足消防车通行要求;组团入口处应设置明显的标志;在适当地段做节点放大,铺装路面,设置座椅供居民休息、交谈;或在组团入口处设置障碍,确保通行安全;红线宽度为8~10m,车行道宽度为5~7m。

④ 宅间小路:通向各户和各单元门前的小路。宅间小路主要供自行车和人行交通,满足清除垃圾、救护和搬家等需求。宜将住宅与宅间小路之间场地铺装,作为过渡领域供居民使用,便于自行车的临时停放。宅间小路的路面宽度一般为2.5~3m,连接高层住宅的宽度不小于3.5m。货车和消防车通过,两边还应留出不小于1m的宽度。

(2)道路规划布置的基本要求。

① 居住区内部道路主要为本居住区服务,不应有过境交通穿越居住区,不宜有过多的车道出口通向城市交通干道。

② 道路走向要便于职工上下班,住宅与最近的公交站之间的距离不宜超过500m。

③ 应充分利用和结合地形,如尽可能结合自然分水线和汇水线,以利于排除雨水。

④ 车行道一般应通至住宅每个单元的入口处。

⑤ 尽端式道路长度不宜超过120m,在尽端处应便于回车,回车场地应不小于12m×12m。

⑥ 如车道宽度为单车道时,则每隔150m左右应设置车辆会让处。

⑦ 道路宽度应考虑工程管线的合理铺设。

(3)道路管理的主要工作内容。掌握各类设施的布局、结构情况,方便对道路进行管理;物业管理人员负责对道路的日常巡查,随时发现纠正违反物业管理规定的现象,并根据管理规定作出相应的处理;物业企业下达的道路维修计划要及时执行,保证行人和车辆的安全;负责道路设施的日常养护工作,随时了解设施的运行状况,发现异常及时上报和处理。

2. 交通管理

物业区域内的交通管理,就是处理好人、车、路的关系,在可能的情况下做到人车分流,保证物业区域内的交通安全、畅通,重点是机动车辆的行车管理;在物业区域发生交通事故时要及时进行处理、疏通,保障交通秩序的有序;做好停车场管理、车辆出入登记管理,以及交通秩序维护工作。此外,物业管理区域内的机动车停车位应当提供给本物业管理区域内的业主、使用人使用。

交通管理的重点是机动车自行车管理,其主要内容如下。

(1)建立机动车通行证制度,禁止过境车辆通行。

(2)根据小区内道路情况,确定部分道路为单行道,部分交叉路口禁止左转弯。

(3)禁止乱停放车辆,尤其在道路两旁。

(4)限制车速(5km/h),确保行人安全。

3. 车辆管理

物业区域内的车辆管理主要是对机动车、摩托车、自行车的管理。车辆管理的主要职责是禁止乱停乱放和防止车辆丢失、损坏。车辆管理琐碎,因此必须建立严格的管理制度,包括门卫管理制度和车辆保管规定。车辆管理人员职责主要是熟悉物业管理区域内的车辆流通、车位情况,合理引导业主使用车位;负责对停车场内的机动车、非机动车进行管理;实行 24 小时轮流值班,服从统一调度;按规定着装,佩戴工牌,对出入车辆按规定程序指挥放行,并认真填写车辆出入登记表;负责指挥物业管理区域内车辆行驶和停放,维持物业管理区域内的交通、停放秩序;负责对停车场进行巡视和查看,保障车辆安全。

(1)机动车管理。机动车管理是通过落实门岗管理制度和车辆停放规定来实现的。门岗包括停车场门岗和小区大门门岗,对进出的机动车必须坚持验证换证放行制度,对外来车辆要登记;对长期(以月为最短计时单位)停放于小区的车辆,公司与业主/住户签订《车位租赁协议》,确定停车点(地面或地下车库),收取停车费,明确双方责任。

① 车辆进入小区。当发现有车辆需进入小区,驶近挡车器前时,应立即走近汽车,向司机立正行举手礼,使用智能 IC 卡泊车系统的小区,月租车辆按该系统的说明书操作;当司机开启车窗,递上停车卡的同时说:"先生(小姐)请收好停车卡",迅速在登记表上准确填写各栏目,发卡登记完毕后应立即将道闸开启放行,并提示行驶路线;若后面有紧跟车辆排队时,应示意其停下,并致歉"对不起,久等了",然后发卡,车辆安全进入道口后方可放下道闸,以确保道闸不损坏车辆;当遇到军队、警察、政府部门执行公务的车辆要进入时,查证后放行,但应做好记录。

② 车辆离开小区。小区内车辆到达挡车器前时,应上前立正并说"先生(小姐)您好,请您出示停车卡",并核对车牌号,交换证件;使用智能 IC 卡泊车系统的小区,月租车辆按该系统的说明书操作,进场时间如果没有超过 15 分钟,开启道闸放行;如果超过 15 分钟则应按标准收取停车费,并出具发票;收费手续完毕后开启道闸放行,并说"谢谢,请慢走",准确进行有关登记,若后面有车紧跟,应立即示意停下,放下道闸,并说"对不起,久等了",再按上述规程放行。

③ 车辆出入注意事项如下。

车辆出入后应放下道闸,以防车辆冲卡,放下道闸时应格外小心,防止道闸碰损车辆和行人,坚持使用文明礼貌用语。

车辆进场。当有车辆驶入车库时,应立即开启车挡,准确迅速地进行必要的登记,特别是车辆外观的记录,并提醒司机车辆外观状态,指引车辆缓行,安全地停放在自己的车位上,提醒司机关锁车辆门、窗,车上不要存放贵重物品,并检查是否漏水漏油。

车辆保管。每小时巡视检查一次车辆是否正常,如果有车被损坏、车门未关、车未上锁、漏油漏水等情况应及时通知车主处理并做好记录;未通知到车主时,应及时向上级汇报;清点车库内的车辆与记录是否一致;严密注意车辆情况和驾驶员的行为,若遇醉酒驾车者应立即劝阻,并报告上级及时处理。

车辆出场。当车辆驶出车库时,应仔细核对出场的车辆和驾驶员,查对无误后,开启车挡并做好登记;若对出场车辆和司机有疑问时,应立即到车挡前面向司机敬礼,再向司机询问核对有关情况;若在询问和核对中发现问题,应立即扣留车辆,机智地应付司机,并用对讲机向上级报告请求帮助。

车辆被盗、被损坏的处理规程。当发现停车场里的车辆被盗或被损坏时,执勤保安人员应立即通知车主,并报告上级,属撞车事故的,执勤保安人员不得放行肇事车辆,并保护好现场;属楼上抛物砸车事故的,执勤保安人员应立即制止,并通知肇事人对造成的事故进行书面确认。执勤保安人员应认真进行记录,如实写明车辆进场时间、停放地点、发生事故的时间经过及发现后有关人员的情况。如属车辆在停车场被盗的,执勤保安人员应报上级,由公司确认后协同车主向警方报案;发生被盗或损坏事故后,被保险人双方(车主、停车场)应立即通知保险公司,执勤保安人员应配合警方和保险公司做好调查处理工作。

(2)摩托车、自行车的管理。自行车、摩托车管理规定自行车、摩托车实行统一保管,分为月保管和临时保管,业主需要保管车辆时,先到管理处办理登记手续,领取存车牌,挂于车上,凭牌享受月收费待遇,门卫查收。管理处/客户服务中心负责月租车位登记,守车员负责核证放车或凭牌放车。

① 摩托车、自行车月保的管理。小区有摩托车的业主/住户到管理处/客户服务中心缴纳月租费用,客户服务中心工作人员在对该车的主人姓名、住址、车型、颜色、车牌号、缴款期限等进行详细记录,并复印一份,留原件备查,管理处/客户服务中心将复印表格送一份到保安队,保安队大门岗值班人员依据这份表格,对进出的摩托车进行有效控制;对没有去客户服务中心登记和缴费到期的车,及时通知其主人;保安队对小区有自行车的业主/住户发放停车铝牌,并知会维修人员在自行车尾镶上相同号码的铝牌。

小区有自行车的业主(住户)去物业管理中心缴纳月租费,业主(住户)进出小区大门时,须下车推行。进入小区时,门岗值班人员根据自行车尾的号码,把相应停车铝牌发给业主(住户);离开小区时,业主(住户)把停车铝牌交还给门岗值班人员,值班人员对照车尾号码,号码相同,予以放行。

车主先到收费处办理登记,缴纳车辆月保费,领取车辆月保管号牌;车辆凭号牌停放,号牌禁止外借,客户如更换车辆,需到车场办理手续;月保管车辆进场需按指定的区域停放,将号牌挂于车上,便于车管员核对。

② 摩托车、自行车临时保管的管理。临保车辆进场需按指示停放在临时点;发放临时号牌,并做好登记工作,临保号牌分为两个相同的号码,一个挂在车辆上,另一个由车主随身携带,用于取车;车辆停放后,车主需交纳临保费;临保车离场时,车主需交回号牌,车管员核对无误后放行。

4. 停车场管理

停车场分为地面停车场和地下停车场两大类。停车场管理是物业综合管理的重要内容之一,进入物业管理区域内的车辆必须服从物业管理企业的停车场管理。

(1)停车场管理的基本要求。

① 场内车位划分明确。为安全有序地停放车辆,避免乱停乱放现象,停车场内应用线框明确划分停车位。停车位分固定车位和非固定车位,大车位和小车位。车主必须按类使用车位,需经常停放的车辆,应小理手续有偿使用固定车位,外来车辆和临时停放的车辆有偿使用非固定车位。

② 场内标志清楚。场内行驶标志要清楚明确,为便于管理,停车场一般只设一个进口和出口,进出口的标志一定要明确,场内行驶路线要用护栏、标志牌、箭头指示清楚。

③ 车辆进出停车场管理严格。进出停车场管理要严格,车辆进出停车场要验证发牌,并做登记,驶离停车场时要验证收牌,对外来车辆要计时收费。在车辆进出高峰期间,管理人员还要做好现场的车辆引导、行驶、停放与疏散工作。

④ 车辆防盗和防损坏措施得力。车辆防盗和防损坏措施要得力,为避免在场内车辆被盗和被撞等事件发生,一方面保安人员要加强对车辆进入的登记与车况的检查,实行 24 小时值班制度和定期巡查制度;另一方面保安要提醒车主在场内要服从管理人员的指挥与安排,缓慢行驶,注意安全,按规定车位停放车辆,离开时锁好车门,调整防盗系统至静音警备状态,随身带走贵重物品。

⑤ 停车场安保人员应有相应的素养。

第一,有一定的年龄要求和一定的体能基本素质。年龄一般控制在 60 周岁以下,身体健康,身体和大脑要具有敏锐的反应速度,反应敏捷、动作迅速。

第二,经过适当的交通管理培训,保证负责车辆管理的保安人员指挥姿势正确、顺畅,用语规范、符合标准。保证车场保安人员均能具备维持车场秩序的工作能力。其中,最重要的是指挥交通的能力,以及与车辆驾乘人员沟通协调的能力。

第三,负责车辆管理的安保人员应熟悉所辖园区的道路结构,准确掌握消防通道、公共入口、车行道、起卸货物区域、停车场、自行车停放区等区域的位置,并能用彩色编码识别体系清楚说明不同的区域。

⑥ 对停车业主有明确要求。严格遵守车场内行驶路线,并按照指定车位停放车辆,不能将车辆停放在车位范围之外,也不得在非停车区域内停车、逆行违章。车辆驶入停车场时应慢速行驶,车速为 5km/h,不得高速行驶,下雨天更应小心慢行。如在停车场内发生轻微交通事故,请车主或驾驶员把车辆靠边停放解决,不得阻碍交通。车辆必须按照停车场的导向标识和保安员的指引行驶、泊车;不能逆行、不得违规超车;停车场严禁吸烟,装载易燃易爆物品。

(2)停车场巡查。保安人员在进行停车场巡查时要礼貌待人、热情服务,维护车辆的停放及行车秩序,指挥车辆的出入,引导车辆正确停放,认真检查停放车辆,发现漏水、漏油等现象,设法尽快通知车主,并提供相应的服务,及时制止并纠正违章车辆。

(3)停车场收费。停车场的收费标准是按照市场调节定价,并需要报物价部门审核备案。

保安人员在收费过程中要收费技巧:首先需熟悉各种操作流程,按操作流程来操作,加快收费的速度;熟悉车主和车辆情况,做到人车相符;执行收费制度、坚持原则,不徇私舞弊;礼貌待人、热情服务,做到钱票相符,日清月结;做好财物的保管工作,防止被盗;协助巡查岗维护车场秩序,保证车辆安全。

(4)车辆受损处理。当发现车辆被碰撞、摩擦造成损坏时,车管员要记下肇事车辆号牌,通知收费岗暂不放行该车辆并及时通知领导和受损车主,由肇事车主与受损车主协商处理;车辆被损未及时发现,应及时通知主管领导和车主,由领导和车主协商处理。

(5)车辆被盗处理。车辆被盗后,由上级主管确认后,立即通知车主,协同车主向公安机关报案。事故发生后,投保人(车主、停车场)双方应立即通知保险公司,保管单位要协助车主向保险公司索赔,车管员、停车场车主要配合公安机关和保险公司做好调查处理工作。

(6)常见的停车场交通设施。

① 地面箭头:包括直行标志、左转弯标志、右转弯标志、直行左转弯标志、向左转弯标志、向右转弯标志和人行横道标志,箭头的长度为4m。

② 车位号,车位线。

③ 色带:防眩晕的专用色带,采用防霉、防潮专用涂料。

④ 护角:防止撞击,抗撞能力强,采用优质橡胶。

⑤ 管理规定:明确责任,减少纠纷,增强司机责任意识。在明显位置设置管理规定,可以减少纠纷与管理人员的摩擦。管理规定采用铝基加反光膜。

⑥ 反光镜:解决视线盲区,避免车辆碰撞。采用防爆镜面,清晰度高,抗撞能力强,冲撞后能正常使用。

⑦ 减速带:设置在减速位置。

⑧ 诱导标和警示带:提高行车安全、整体美观的效果。

⑨ 轮廓标:安装在通道的两侧,安装间距为3~4m。

⑩ 道钉:在较暗或停电的情况下,能够准确提示通道边缘轮廓,保证车辆能够快速出入停车场。

⑪ 网格线:为保证出入口行车安全,在出入口位置划出禁停网格线。

⑫ 限高吊杆:提示司机注意停车场的限高吊杆。

⑬ 出入口门头牌:出口位置会有车场出口、禁止驶入的提示语,入口位置会有P标志、禁止鸣喇叭、限速5km/h、限高标志、禁止烟火等标志。

⑭ 出口指示牌,电梯指示牌。

三、物业车辆交通管理的目标

物业相对于其外部环境,车辆交通是对外联系的主要载体与通道,在物业使用中有着特殊的重要性。车辆交通管理的目的是建立良好的交通秩序、车辆停放秩序,确保物业业主、使用人和受益人的车辆不受损坏和失窃。

1. 合理规划交通,实现规范化管理

根据所管物业区域的实际交通道路情况,合理规划物业的进出口和行驶路线。对交通车辆实行规范化管理,具体表现在标志规范、指挥规范、制度规范等方面,如确定道路的使用性质、行驶方向,时间或区间限制等内容,并确保使用人知晓;配备相应的交通标识,包括指示牌和道路线;制订并贯彻有关交通管理制度;根据实际情况制订相应的限速规定,必要时铺设限速装置。

2．实施车辆环保管理

车辆鸣喇叭会给业主带来严重的噪声污染，因此有条件的物业可以增加噪声监测系统等智能化硬件设施，对此严格管制，以维护物业良好的办公、居住环境。

3．机动车停放管理目标

物业的道路交通、停车管制是管理运作的动脉及联络各功能区的基本因素。因此，物业管理所要考虑的首先是规格的设计与设施配套的合理性；其次是日常管理监控力度。

规格设计上要减少动态车流对物业的滋扰，解决好静态交通车，缩减车流进入车库的最短路径，使车库内的车流方向自成一环流。另外，要着重考虑消防通道的畅驶问题。

配套方面设计要加设必备的减速墩、反光物镜，各交叉口处设立各类交通标志或铺设颜色明显的警示地砖，交通主干道方向种植绿灌植物，减少司机眼睛疲劳。建筑平面的设计要预留低位的排风、照明、CTV 安装部位及排污口，设立车道、人行道在车库内的划隔等。

日常的管理主要包括进出口控制，现金管理，保安、消防车库巡逻、交通控制等。

（1）进出口控制旨在确保车库内的控制系统与出入口人员值守相互配合、登记、控制进出车辆，以作为整个交通畅流的前提。

（2）现金管理用以核计收费现金、停车通行证及车库使用的会计登记。

（3）保安、消防车库巡逻在拟订岗位分配、岗位运行、岗位职责及突发事件应变措施的基础上，加派人员巡查车道、障碍物、车辆位置的安全停放及处理车场内意外的交通事故等。

（4）交通控制以确保交通顺畅为主，安排进行车场内外交通疏导，处理控制系统失灵而导致交通阻塞从而切换手动人员操作的情况等。

4．非机动车停放管理目标

自行车的管理也是一项非常重要的工作。物业接管后，将会针对业主自行车状况进行专项调查，确定合理的方案，安排专人管理，确保位置统一、摆放整齐。

四、物业车辆交通管理的原则

1．依法办事原则

依法办事原则是指严格执行交通法规，维护良好交通秩序，有效保证交通安全与道路畅通。物业管理公司应对违反交通法规等行为要依法劝导，保障交通安全和道路畅通；禁止乱停车、占用消防通道、人行道等违规行为，保证业主及车辆的正常通行；加强与公安部门的联系，及时掌握周边交通情况，采取有效措施应对突发事件。根据《中华人民共和国道路交通安全法》和《中华人民共和国物业管理条例》，物业公司作为业主委员会的代表，可以对违反交通法规的行为进行管理和监督，包括对违规停车、超速行驶、酒驾等违法行为进行处罚。但是，物业公司在进行处罚时必须遵守相关法律法规，不能滥用职权或者侵犯业主的合法权益。

2．规范管理原则

规范管理原则应按交通管理的正规指挥方式指挥，按交通设施标志规范车辆停放与行驶。物业管理公司需制订并执行交通管理制度，包括停车规定、车辆通行规定、交通安全标志等，对业主和租户进行交通安全教育，增强其交通安全意识和遵守交通规则的自觉性；加强巡逻巡查,及时发现和处理违规停车、乱穿马路等违法行为;加强设施维护,确保道路畅通,如及时清理积水、修复路面坑洼等;与公安部门建立联系,共同维护社区的交通秩序和安全。

3. 文明服务原则

文明服务原则是指在车辆管理工作中,要注重服务质量,提高服务水平,为业主提供优质的服务。物业管理公司在物业管理区域为业主提供优质的停车服务,合理规划停车位,确保车辆有序停放;定期组织交通安全宣传活动,增强业主和租户的交通安全意识;建立完善的投诉处理机制,及时解决业主和租户的交通问题和投诉。

五、物业车辆交通管理的方式

居民的出行目的、出行方式和出行频率,是规划道路所必须考虑的重要因素。步行、骑自行车和公共交通占绝大部分比重,步行300~500m是轻松愉快的,超过1km人就开始感到疲惫;骑自行车2~3km感到轻松自如,但距离若超过5km,人就觉得费劲了。因此,在面积有限的小城市中,居民出行以步行为主;中等城市骑自行车更为便捷;而在规模大的城市中,当出行距离在5km以内时骑自行车较方便,距离更远时居民则往往会选择以公共交通工具代步。在进行物业车辆交通管理过程中,根据道路网规划可以分为人车分流、人车混行和人车共存三种方式。

1. 人车分流

人车分流是指机动车与行人在不同的道路断面中通行,是由20世纪20年代由佩里首先提出的,1928年在美国新开发的住宅计划中提出了"雷德朋"式的完全人车分流系统,雷德朋居住区道路布置呈树枝状尽端式,主要车行道设在各邻里单位四周。枝状尽端车行道深入每一个住宅组团,尽端设回车场。步行系统与绿地结合设于邻里单位中央,枝状尽端步行道深入每一个住宅组团,与枝状车行尽端路相间布置,使每个住宅单元均有车行道联系外围,车行道均有步行道联系内部绿地和公共服务设施。

1933年在美国新泽西州的雷德朋小镇规划中首次采用人车分流并实施:在同一平面上行人和机动车有各自的流线,在人、车发生冲突的地方设置简易立交,通过立体空间的处理达到人车分流的目的。这种方式一般是以步行系统整体或局部高架处理,做一些两层步行平台或步行天桥,使人行和车行在立体空间上得以分离,达到比一般平面人车分流更好的效果。人车分流的道路系统较好地解决了汽车和行人的矛盾,在私人小汽车较多的国家和地区广为采用。

人车分流的布局原则:车行与步行在空间上分开,形成两个独立系统;车行系统分级设置;设必要的停车空间和枝状尽端回车场;步行路应结合绿地、户外活动场地、公共服务设施设置。

人车分流的特点:保持居住区内部的安全和安宁,保证区内各项生活与交往活动正常舒适地进行;居住区内汽车和行人分开,避免大量私车对生活环境产生影响;车行道分级明确,常设在居住小区或住宅组团的周围,且以枝状或环状尽端道路深入区内或组团内;步行道贯穿在区内,将绿地、户外活动空间、公共建筑联系起来;可以通过立体空间的处理达到人车分流的目的。

2. 人车混行

人车混行是指机动车与行人在同一的道路断面中通行,这种方式是居住区道路交通规划组织中最常见的一种体系。人车混行的交通方式,经济方便、车行道分级明确,并贯穿于居住区或小区内部,道路系统多采用互通式、环状尽端式或两者结合使用。

在人车混行的住区,通常使用完全人车混行或局部人车混行的方式布局道路。

3. 人车共存

人车共存是指在不威胁行人、自行车的通行及沿街住户生活活动的范围内,允许汽车通行的道路。这种道路系统更加强调人性化的环境设计,认为人车不是对立的,而应是共存的,将交通空间与生活空间作为一个整体。

人车共存的具体实施措施:城市过境交通和与居住区无关车辆不进入居住区内部,并对街道的设施采用多弯线型、缩小车行宽度、不同的路面铺砌、路障、驼峰及各种交通管制手段。

 任务实施

观察你所在的小区和学校车辆管理存在着哪些问题,思考如何解决这些问题。请把你看到的问题与解决办法简要写在下方方框中。

任务评价

对教师、同学在课堂交流中的发言进行评价,将评价简要写在下表中并赋予分值。

序号	评价项目	教　师	同　学
1	发言内容的思政性(满分 20 分)		
2	发言内容的合理性(满分 20 分)		

续表

序号	评价项目	教　师	同　学
3	发言内容的科学性(满分20分)		
4	发言内容的创新性(满分20分)		
5	发言内容的完整性(满分10分)		
6	发言方式的条理性(满分10分)		
合计	满分100分		

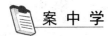　**案 中 学**

案例一

北京某先生来电反映,自己所住的楼栋中间的电梯之前就出现多次滑梯的现象,今天自己从业主群中了解到西边的电梯又出现停梯的现象。业主表示自己已经反映过很多次,得到的结果都是正在检查,正在修理。或者是说已经修好了,可没有两天又会出现滑梯的现象,业主表示自己住在20楼,现在都不敢坐电梯。业主要求负责人在1小时内能给其联系,如果这件事情处理不了就会联合楼栋里的业主进行投诉。

1. 管理启示

电梯安全关系园区业主的生命和财产安全,是物业管理安全工作的重中之重,稍有疏忽就有可能酿成重大责任事故。部分园区因交房时间较早,电梯设备运行多年老化现象比较严重,如果发现电梯有问题可能部分设备零件需要定做,所以维修时间较长,造成业主的不满。

2. 建议措施

(1) 物业服务中心积极协调维保单位尽快落实电梯的调试工作,确保电梯稳定运行。物业服务中心通过园区宣传栏、电梯轿厢张贴告知广大业主电梯目前调试的情况,让业主了解目前的维修情况。

(2) 物业服务中心落实电梯移动信号覆盖工作,并在电梯内张贴紧急情况联系电话,同时将电梯维保单位的维修电话发至门岗、消监控中心值班人员,便于遇到突发情况时值班人员及时联系维修人员。

(3) 物业服务中心可以请电梯维修负责人来园区进行一次应急预案培训,并进行电梯困人的实战演练,以提高突发事件处理能力;在电梯轿厢里张贴遇到紧急情况的相关注意事项及温馨提示。

(4) 物业服务中心严格落实服务承诺,园区一旦交付,所有的共用设施设备均应在服务中心管理范畴,对于暂时未移交或尚在维保期的共用设施设备应联同项目公司加大对外来服务单位的监管力度,严格按照《前期物业服务协议》中约定的服务承诺履行义务。例如,电梯关人等不超过30分钟赶到现场处理,每15天进行一次有计划的常规检查和例行保养等。

案例二

杭州某小区于女士来电反映,自己的孙子在12月6日掉到了阴沟里,当时给媒体打了电话,媒体也曝光了这件事情。在媒体面前,物业服务中心的经理答应给自己一个满意的答复,之后物业服务中心也拿水果篮去看望过自己的孙子,但是于女士表示不需要水果篮,只需要一个说法,于是又把水果篮退还给了物业服务中心。今天于女士去找服务中心经理询问这个问题,但是服务中心经理没有正面回答这个问题,经理说从物业费中扣除 3000 元作为补偿。但是于女士表示自己不能接受。于女士希望物业服务中心能给自己一个满意的答复。

1. 管理启示

几乎每个小区都有窨井或是化粪池,有一些大家能分辨得清,但也有一些隐藏在草丛或灌木绿化带中,一旦破损,就会成为致命的杀手。此前多地发生人员跌入窨井事件,造成重大安全事故,也让相应的家庭付出了惨重的代价。

该事件发生后,据物业服务中心回复该检修井自物业接管以来就一直铺设人工塑料草坪,物业服务中心检查时该检修井草坪上方能够承受成年人站立,服务中心由此认为检修井属正常(其实塑料草坪下方是用木板盖的)。由于长期受到日晒雨淋,铺设在检修井上方的木板已经腐朽,导致业主小孩玩雪时踩踏木板后掉落检修井内。

出事后物业服务中心负责人也在第一时间到达现场询问孩子是否受伤,随后负责人也向业主表示歉意,承认事故是由其管理失误所致,同时安慰业主物业服务中心愿意承担相应的责任。此时服务中心经理助理和秩序维护副队长也已将该检修井放置新的盖板。

物业服务中心也对该事件举一反三,对园区所有窨井进行了一次全面的彻底排查,并对所有窨井盖进行编号,纳入台账记录,以此彻底消除隐患。该事件的发生也反映出部分物业服务中心安全意识的淡薄,对园区安全隐患排查的缺失。

2. 建议措施

物业集团客服部下发《关于重点排查园区窨井安全隐患情况的紧急通知》,各分公司、子公司、物业服务中心紧急对园区(包括住宅、写字楼等所有类型项目)所有公共部位及别墅区私家庭院内窨井等进行全面排查,具体相关要求见通知。

各分公司、子公司应结合集团运营管理中心下发的《关于开展百日安全服务活动的通知》《关于下发〈物业危险源管控手册〉和〈物业服务风险源管控手册〉的通知》对园区内的危险源、风险源进行重点关注。

各公司、分子公司应组织各物业服务中心进行危机公关培训,尤其是对重大事项、群体性事件、媒体采访等制度进行重点培训,必须严格按照集团下发的《关于重申〈重大信息上报及披露制度〉的通知》要求,对突发事件、重大事故类重大信息,必须在时间发生或发现 2 小时内上报。

 章后复习自测

一、选择题

1. 用灭火器灭火时,灭火器的喷射口应该对准火焰的(　　)。

    A. 上部　　　　　　B. 中部　　　　　　C. 根部　　　　　　D. 任何部位

2. 下面(　　)火灾用水扑救会使火势扩大。

    A. 油类　　　　　　B. 森林　　　　　　C. 家具　　　　　　D. 茅草房

3. 火灾初起阶段是扑救火灾( )的阶段。

    A. 最不利　　　　　　B. 最有利　　　　　　C. 较不利　　　　　　D. 较有利

4. 某客户一定要在样板房内抽烟,保安员无法劝阻,应( )。

    A. 大声喝止,让保安员将其拖出样板房

    B. 拿着烟灰缸在其身后,直至其羞愧难当,自动熄灭烟

    C. 强行用水浇熄烟头

    D. 严厉批评,促使其熄灭烟头

5. 当你正在接听电话时,有客户来访,你应当按照( )方式来处理。

    A. 继续接听电话,长话短说,同时用微笑及手势示意客户稍等

    B. 立即撂下电话,接受客户咨询

    C. 继续接听电话,对客户来访视而不见

    D. 放下电话,但电话不挂断,接受客户咨询

6. 进入小区(大厦)停车库机动车限速是( )km。

    A. 5　　　　　　　　B. 10　　　　　　　　C. 15　　　　　　　　D. 20

7. 启动喷淋系统喷头动作的温度( )℃。

    A. 50~61　　　　　　B. 65~71　　　　　　C. 73~80　　　　　　D. 81~86

8. 违反治安管理,主要根据( )进行处罚。

    A.《中华人民共和国刑法》　　　　　　B.《中华人民共和国治安管理处罚条例》

    C.《中华人民共和国劳动合同法》　　　　D.《中华人民共和国刑事诉讼法》

9. 业主直接参与物业管理区域的物业管理,这种自治管理是通过( )实现的。

    A. 业主大会　　　　　　　　　　　B. 业主代表大会

    C. 业主大会或业主代表大会　　　　D. 物业管理公司

10. 住宅小区物业管理的主要对象是( )。

    A. 房屋　　　　　　B. 业主　　　　　　C. 设备　　　　　　D. 环境

11. 以下不是物业管理公司治安管理的工作内容的是( )。

    A. 培训保安人员　　　　　　　　　B. 抓捕犯罪嫌疑人

    C. 维护管区内的治安秩序　　　　　D. 完善管区内安全防范设施

12. 机动车在辖区内道路上的限速是:时速不得超过( )km。

    A. 5　　　　　　　　B. 10　　　　　　　　C. 15　　　　　　　　D. 20

13. 引起烟感误报的主要原因是( )。

    A. 气温过高和灰尘过大　　　　　　B. 设备老化

    C. 声音过大　　　　　　　　　　　D. 烟雾和灰尘过大

14. ( )在小区可以例外行车、停泊。

    A. 车库已满,无法在车库停车时的业主车辆

    B. 车库已满,无法在车库停车时的外来来访者车辆

    C. 消防车、警车、救护车

    D. 执行任务的消防车、警车、救护车

15. 物业管理公司的治安管理实质上是( )。

    A. 治理　　　　　　B. 管理　　　　　　C. 治安　　　　　　D. 服务

二、判断题

1. 发生了燃烧就发生了火灾。　　　　　　　　　　　　　　　　　　（　　）

2. 当单位的安全出口上锁、遮挡，或者占用、堆放物品影响疏散通道畅通时，单位应当责令有关人员当场改正并督促落实。　　　　　　　　　　　　　　　　（　　）

3. 发现火灾时，单位或个人应该先自救；当自救无效，火越着越大时，再拨打火警电话119。　　　　　　　　　　　　　　　　　　　　　　　　　　　　　　（　　）

4. "ABC 干粉灭火器"的意思是能灭 A 类、B 类和 C 类火灾。　　　　　（　　）

5. 安全防护用品可以以货币或其他物品形式发放。　　　　　　　　　　（　　）

6. 特种作业从业人员应严格在其资格证书的操作范围内作业。　　　　　（　　）

7. 工业区车辆管理的重点是防止车辆乱放和丢失，因此，应搞好车场的建设。（　　）

8. 在车位已满的情况下，可以在人行道临时停放车辆。　　　　　　　　（　　）

9. 火警发生后，所有电梯会迫降至最底层。　　　　　　　　　　　　　（　　）

10. 在车位已满的情况下，可以在人行道临时停放车辆。　　　　　　　（　　）

11. 搞好物业管理区域内的车辆交通管理至关重要的是停车场的管理，保证车辆停放有序。　　　　　　　　　　　　　　　　　　　　　　　　　　　　　　（　　）

12. 水泵和水箱设备的日常性保养一般每月或每季度进行一次，并定期列入大修或更新计划。　　　　　　　　　　　　　　　　　　　　　　　　　　　　　（　　）

13. 车辆入库后，车内贵重物品丢失由物业管理公司负责。　　　　　　（　　）

14. 在住宅区内道路上教练学开机动车辆时，必须限速行驶。　　　　　（　　）

15. 有时可以用消防栓的水浇花、擦地。　　　　　　　　　　　　　　（　　）

三、简答题

1. 常用消防灭火器有哪几种？分别是用什么原理灭火的？

2. 简述干粉灭火器的使用方法。

四、论述题

如何做好物业消防的管理？

（提示：从消防管理人员的配置、消防队伍的建立、消防制度的建设、消防宣传、消防器材的配备检查与试用、消防通道的日常检查、消防演练等方面全面阐述。）

五、案例分析题

某办公写字楼停车场发生了这样一件事：一辆武警牌照的外来轿车要进入停车场，物业安保人员见是外来车，便告知这里是私家停车场，请他到其他的地方停放。而车主声称是来找楼上业主的，并以进去调头为借口驶入车场后，把车停在道路中间，开始破口大骂。安保人员见他堵塞交通，又如此蛮横不讲理，就与他争执起来。如果你是该安保人员，应该如何解决该事件？

和谐人文社区的建设与管理

学习目标

（1）了解物业环境管理与和谐社区的概念及特点。

（2）了解和谐社区建设的目标。

（3）熟悉和谐社区建设的任务和标准。

（4）掌握和谐社区管理的方式。

素质目标

（1）具有良好的职业岗位适应能力。

（2）具有良好的沟通能力和协调能力。

（3）具备高度的责任心和服务意识。

（4）具有良好的心理素质和风险管理的能力。

能力目标

（1）在工作实践中懂得如何建设好和谐社区。

（2）能够管理好一个已经建成的和谐社区。

（3）能够发现社区建设中不和谐的因素，并能够及时采取有效措施予以纠正。

任务一　了解物业环境管理与和谐社区

学习准备

　　党的二十大报告指出，要健全基层党组织领导的基层群众自治机制，加强基层组织建设，完善基层直接民主制度体系和工作体系，增强城乡社区群众自我管理、自我服务、自我教育、自我监督的实效。城市社区是我国行政管理体系的最基本单元,现代城市发展离不开社区建设。社会治理必须从社区治理做起,只有将社区治理的步伐迈得平稳,才能行稳致远,达到社会治理的目的。习近平总书记指出:"时代是出卷人,我们是答卷人,人民是阅卷人。""城市是人民的城市,人民城市为人民。"

就你自己的感受而言,谈谈社区建设的重要性及从哪些方面着手来建设和谐社区。请把你的想法写在下方方框中。

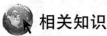 **相关知识**

一、和谐社区的概念

和谐社区是指在全面建成小康社会、努力构建社会主义和谐社会的新阶段,通过社区与政府、企业、社会,社区与环境,社区与居民的良性互动、协调发展,实现社区居民自治、管理有序、服务完善、治安良好、环境优美、文明祥和,形成人人关心、人人参与、人人支持、人人热爱、人人享有的安全、团结、幸福、和谐的大家园。

社区是城市居民情感的纽带,守望互助、邻里帮扶的基地,是社区社会管理、社会救助、社会保障的依托。社区是社会的基本单元,是居民群众的社会生活共同体。只有社区日趋和谐,构建和谐社会才有坚实基础。

二、和谐社区的特点

1. 文明向上

社区用崇高的理想信念、科学的理论和先进的文化引导居民热爱祖国,遵纪守法,知荣明耻,弘扬正气,崇尚科学,勤奋学习,勇于创新,文明礼貌,团结友善,勤俭自强,爱岗敬业,积极向上,自觉做社会主义荣辱观的践行者,做良好社会风尚的推动者,做民主法制的实践者,做社会主义和谐社会首善之区的建设者。

2. 安全健康

社区内安全防范体系、群防群治网络健全,有化解矛盾的长效机制,有处理突发事件的应急预案,社区内居民具有公共安全常识和应对日常生活中公共安全突发事件的能力,社区秩序井然,预防和减少伤害,社区居民安全感不断增强。社区公共卫生服务体系健全,服务功能完善,能够为居民提供预防、医疗、保健、康复、健康教育和计划生育技术等综合性服务和心理保健咨询服务,居民的安全健康权利得到保障。

3. 生活便利

社区内便民利民服务网络健全,服务功能完善,服务形式多样,服务水平和服务质量较高,社区居民的日常生活需求得到基本满足,社区特殊群体生活和需求得到基本保障,社区居民个性化需求逐步得到满足。

4. 环境整洁

社区自然环境、生态环境保持良好,社区环境基础设施齐全,绿化美化程度高,社区内绿地完好、清洁、美观,公共场所和居民庭院卫生整洁,居民环保意识较强,自觉维护城市公共环境秩序,保护自然环境、节约能源。生活环境整洁、恬静,适宜居住。

5. 民主自治

社区各类组织健全,设置合理,职责明确,民主制度、民主参与机制和社区公共管理体系完善,社区居民的主体作用和各类组织的优势充分发挥,对社区的认同感、归属感较强,参与率较高,能够做到思想共识、规划共商、资源共享、软硬件共建、规章制度共同遵守、社区环境共治,形成了社区各方面力量广泛参与、共建共享的良好氛围。

三、物业环境管理与和谐社区的关系

物业环境管理是指物业管理公司通过执法检查、履约监督、制度建设和宣传教育等工作,进行物业环境维护及综合整治工作的总称。物业环境管理旨在从精神上、文化上、制度上和管理上影响业主和使用人,使业主和使用人树立起高度的环境保护意识,力求业主和使用人素质与环境质量的高度协调与统一,共同创建一个整洁、舒适、优美、文明的生活和工作环境。

随着城镇化进程的进一步推进,住宅小区越来越成为居民居住的主流,小区物业管理因需求应运而生,有什么样的物业管理,就有什么样的小区环境,也决定了产生什么样的社会环境。好的物业环境管理不仅可以使小区环境优美,也可以加快和谐社区的建设。新型的人文环境应该是和睦共处、互帮互助的生活环境;互利互惠、温馨文明的商业环境;融洽和谐、轻松有序的办公环境;安全舒适、相互协作的生产环境等。新型的人文环境可以使人们焕发热情,提高工作效率,热爱生活,充满爱心,并对社会治安状况的好转有着很大的促进作用,和谐社区的建设也会让物业环境管理变得更加规范。

任务实施

对照和谐社区的特点,思考你所在的社区或所在的村子,具有了和谐社区的哪些特点。对于没有具备的特点,物业该如何努力。把你思考的要点列举在下方方框中。

 任务评价

对教师、同学在课堂交流中的发言进行评价,将评价简要写在下表中并赋予分值。

序号	评 价 项 目	教 师	同 学
1	发言内容的思政性(满分 20 分)		
2	发言内容的合理性(满分 20 分)		
3	发言内容的科学性(满分 20 分)		
4	发言内容的创新性(满分 20 分)		
5	发言内容的完整性(满分 10 分)		
6	发言方式的条理性(满分 10 分)		
合计	满分 100 分		

任务二　了解和谐社区建设

 学习准备

某社区辖区内有 2 个自然小区、50 幢居民楼组,有常住人口 3180 人,其中包括外来人

口 677 人；60 岁以上老人 720 人，其中有 15.28％为独居老人；残疾人及优抚对象共 48 人。社区内配备有社区服务志愿者队伍 26 支，党员同志 290 人，其中 55％为退休党员，社区党总支部下设 5 个分支部，党小组 11 个。

近年来，外来人口流入及人口老龄化的加剧，使得该社区居民年龄层次出现倾斜，并且外来人口的临时住户比例逐渐增大。该社区秉持"团结协作、开拓创新、求真务实、积极进取、勇争一流"的社区精神，在社区党总支部、居委会、办事处等多方机构的领导下不断发展。但是许多社区常见的现象仍然存在，比如占用楼道公共空间，社区内随意栽种植物，垃圾乱丢乱放等，打造和谐社区成为该社区建设的重点。

思考如何解决上述存在的问题，请把你想的办法简要写在下方方框中。

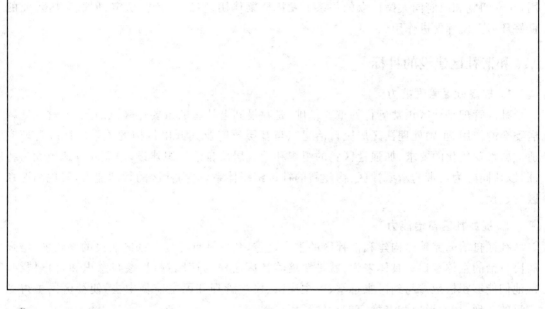

 相关知识

一、和谐社区建设的重要性

改革开放以来，城市社区建设虽然有了很大的发展，但随着我国经济结构、社会结构的深刻变化，城市社区已经由原来单纯居住区演变成各种社会群体的聚集区、各社会单位的落脚点、各种社会矛盾的交汇点。社区建设面临着许多新的矛盾和挑战。突出表现在：①随着人们生活水平的提高，人民群众的美好生活需要趋于多样化，而社区发展相对滞后，基础公共设施相对不足，社区服务功能亟待提高；②劳动者就业结构和方式的深刻变革使人员流动性加大，传统单位制的社会结构向多样化方向转变，人员构成复杂化，社区组织管理难度加大；③文化多元化日趋明显，有些社区缺乏具有地方特色的文化活动，居民的文化生活质量较低；④人民群众的民主法治意识不断增强，政治参与意识不断提高，社会自治和民主管理亟待改进；⑤构建和谐社会的任务落实在社区。社区是党在城市执政的重要基础，党和国家在城市的各项方针政策和工作部署，最终都要靠社区去贯彻执行，居民群众的意愿和要求,最终要靠社区去了解和反映,推动城市社会主义物质文明、政治文明、精神文明与和谐社会建设全面发展,最终要靠社区组织居民去实现。

和谐的社区的建设对构建和谐社会意义十分重大,可以看出建设管理有序、服务完善、文明祥和的和谐社区对于最大限度激发社会活力、最大限度增加社会和谐因素、最大限度减少社会不和谐因素,提高社会管理科学化水平,完善党委领导、政府负责、社会协调、公众参与的社会管理格局具有重要意义。和谐社区是时代的呼唤,是城市物质文明、政治文明、精神文明与和谐社会建设全面发展的必然要求,是巩固党在城市执政基础,落实科学发展观的具体体现,是开创社区建设新局面的重要任务。社区是社会的基本单元,是居民群众的社会生活共同体。只有社区日趋和谐,构建和谐社会才有坚实基础。构建社会主义和谐社会和创新社会治理,要求从建设和谐社区入手,使社区在提高居民生活水平和质量上发挥服务作用,在密切党和政府同人民群众的关系上发挥桥梁作用,在维护社会稳定、创造安居乐业的良好环境上发挥促进作用。

二、和谐社区建设的目标

1. 提高社区管理能力

社区管理是社区正常运行的重要基础,是建设和谐社区的重要保障。因此,要重视社区居委会的作用,正确处理社区居民自治组织与基层政府及其派出机构的关系。社区管理应适应城市现代化的要求,加强社区党的组织和社区居民自治组织建设,建立起以地域性为特征、以认同感为纽带的新型社区,构建新的社区组织体系,提高社区的管理能力,实现和谐社区的建设。

2. 提高社区自治能力

社区自治的完善是构建和谐社区的重中之重,其关键点是提高社区居民的参与度,增强居民自治的主体意识。具体来说,就是要培养社区居民的社区意识、参与意识和合作精神,使他们能够积极地参与到民主选举、民主决策、民主管理和民主监督中去,使社区民主得到广泛的实现,从而形成和谐稳定的社区环境。

3. 提高社区服务水平

加强社区管理,理顺社区关系,完善社区功能,改革城市基层管理体制,建立与社会主义市场经济体制相适应的社区管理体制和运行机制,加大基础设施建设,增强建设功能,推动和谐社区建设。城市社区应具备的最基本的功能便是社区服务,它也是建设和谐社区的关键所在。我国社会的改革和发展是以人民群众是否满意作为基本标准,同样建设和谐社区的根本出发点和落脚点也应遵循方便群众、服务群众的原则。

4. 丰富社区文化

社区文化是构建和谐社区的精神依托,和谐社区建设应将社区文化建设列为社区发展的重点工作之一,使其在建设和谐社区的道路上发挥其应有的作用。坚持政府指导和社会共同参与相结合,充分发挥社区力量,合理配置社区资源,大力发展社区事业,不断提高社区居民的素质和文明程度,努力建设管理有序、服务完善、环境优美、治安良好、生活便利、人际关系和谐的新型社区;以拓展社区服务为龙头,不断丰富社区建设的内容,增加服务的发展项目,促进社区服务网络化和产业化,努力提高居民生活质量,不断满足人民群众日益增长的物质文化需求。

5. 提高社区治安水平

社区的稳定和安全是社区居民生活的重要保障，也是构建和谐社区的重要保障。良好的社区治理体系能够为社区居民提供良好的居住环境、公共服务和社会安全。因此，在和谐社区建设中，社区应该建立起完善的社区巡逻制度，加强对社区内的治安隐患的排查和处置。同时，社区还应该加强对居民的安全教育，提高居民的安全意识和自我保护能力，最终实现社区和谐稳定。

6. 改善社区环境

社区环境关系到社区居民的基本生活，是和谐社区建设的重点内容。良好的社区环境可以提高居民的舒适度和幸福感，改善居民的居住质量和生活体验。改善社区环境可以通过加强社区环境保护宣传教育，将社区的绿化、美化、净化工作落到实处，如实现垃圾分类等，使居民养成符合新时代要求的生活方式和生活习惯。

三、和谐社区建设的原则

1. 以人为本原则

和谐社区建设应充分尊重社区居民的基本需求，不断满足社区居民物质和文化生活需求，提高生活质量和文明程度，把为社区居民和单位服务作为和谐社区建设的出发点和落脚点，将居民在社区的共同利益与社会公共利益有机结合，切实实现好、维护好、发展好居民群众物质需求、精神文化、政治参与、生活交往等方面的根本利益。坚持以不断满足社区居民的社会需求，提高居民生活质量和文明程度为宗旨，把服务社区居民作为社区建设的根本，充分挖掘整合社区的物质基础设施资源，充分调动社区的组织资源，合理调配社区的人力资源。

2. 共同责任原则

推进和谐社区建设，人人有责，需要全社会的共同参与。和谐社区建设要充分发挥社区居民在和谐社区建设中的主体地位，进一步明确居民在和谐社区建设中的权利和义务，明确各级党委政府、市有关部门、街道办事处、社区居委会、社区居民、驻区单位、社会中介组织等在和谐社区建设中的职责定位，各司其职、密切配合、通力合作，形成和谐社区建设的整体合力，实现共建共享。充分调动社区内机关、团体、部队、企业事业组织等一切力量广泛参与社区建设，最大限度地实现社区资源的共有、共享，营造共驻社区、共建社区的良好氛围。按地域性、认同感等社区构成要素科学合理地划分社区，在社区内实行民主选举、民主决策、民主管理、民主监督，逐步实现社区居民自我管理、自我教育、自我服务、自我监督。

3. 持续改进原则

和谐社区建设是一项系统工程，需要循序渐进的发展过程，必须坚持从实际出发，既要大胆创新，加快推进，又要实事求是，精心培育；既要着眼未来，又要立足当前，从注重目标管理转向注重过程管理，根据社区居民共同需求的变化发展，及时采取相应的措施和办法，推动和谐社区建设不断向新的台阶迈进。

4. 协调发展原则

和谐社区建设必须坚持与当地经济社会发展相协调，与社会其他各项事业的发展相协调,与人民的生活水平相协调,与社区整体功能发展相衔接,整体推进和谐社区建设。改革城市基层社会管理体制,建立健全社区组织,明确社区组织的职责和权利,改进社区的管理与服务,寓管理于服务之中,增强社区的凝聚力。坚持实事求是,一切从实际出发,突出地方特色,从居民群众迫切要求解决和热切关注的问题入手,有计划、有步骤地实现社区建设的发展目标。

四、和谐社区建设的举措

社区是满足家用需求的载体,是满足柔性需求的场所,是梦想需求实现之地,为了满足所有社区成员的需求,和谐社区建设的举措如下。

1. 以党建工作为龙头促进党群关系和谐

充分发挥社区党组织的领导核心作用,充分发挥社区党员的先锋模范作用。创建和谐社区,必须紧紧依靠辖区各单位的党组织和其他社会群团组织。因为社区是一个松散的小社会,对辖区内的机关、企事业单位和居民群众没有什么行政约束力。因此,创建和谐社区,就要大力调动党员创建和谐社区的积极性,社区党组织真正形成坚强有力的领导核心,形成思想工作联做、社区治安联防、基础设施联建、公益事业联办、文化生活联动。社区党组织领导班子成员必须思想统一,每个成员都要以身作则,做创建和谐社区的领头羊和带头人。在创建和谐社区的活动中,通过党员、干部自身的模范带头作用,与人民群众建立互信、互助、互爱的良好关系,形成团结社区居民共同参与创建和谐社区的新格局。

2. 以文化建设为抓手促进精神生活和谐

创建和谐社区,要突出时代主题,加强思想教育,要加强社会主义核心价值观教育。大力宣传和倡导"诚信、创新、和谐"的时代精神,积极普及全民健身和科普教育,凝聚社区文化、社区理念和社区精神。以马克思主义、中国特色社会主义和爱国主义、集体主义为主要内容,认真贯彻《新时代公民道德建设实施纲要》,全面加强社会公德、职业道德和家庭美德教育,把社区建设成为弘扬先进文化的主阵地。社区党组织要广泛发动党员和居民骨干,带领居民群众纷纷走出家庭,并及时将其组织起来,成立社区群艺团,开展丰富活动,展示精神风采。根据社区实际情况,每年可组织一些参与面广、档次高、规模大、影响力强的"品牌"活动。如举办"社区文化艺术节"等,做到重大活动安排好,平时活动天天有,达到娱乐大众,凝聚人心,升华社区之目的。

3. 以科学的管理和温馨服务促进物质需求

坚持以人为本,整合社区资源,健全服务网络,创新服务方式,强化服务功能,不断提高社区服务水平,以满足社区居民日益增长的物质生活需要。科学的管理和温馨服务要做到如下几个方面。

(1)关心群众诉求,当好政府助手。创建和谐社区必须建立畅通的利益表达渠道,社区完全可以发挥在政府与群众之间沟通信息的桥梁作用;必须尊重和最大限度地满足不同利益群体所表达的合理愿望与要求,让各阶层群体的利益诉求,都能够通过所在社区的党组织和居委会,送达到当地政府,从而得到重视,以妥善解决各方面群众的实际需求,并能淡化和消除群众与政府,以及不同利益群体之间的隔膜和疏远排斥状态,加强人们之间的相互信任,强化社区成员之间的相互团结。

（2）兼顾各方利益，保障社会公平。兼顾各方利益，保障社会公平，是形成团结互助、扶贫济困、平等友爱、融洽和谐的社区环境的必然要求。只有找到大家共同关心的问题，找到各种利益的交汇点，才能促使大家积极参与和谐社区的创建。要通过社区服务和社区发展来解决社会弱势群体的实际困难，确保他们的基本生活水平不断提高，使社区成员能够分享发展成果。

（3）健全服务网络，强化服务意识。建立党员、居民小组长为主体的志愿者服务网络，按特长、兴趣、爱好分别成立助困解忧队、医疗保健队、理发修车队等社区志愿者服务队伍，充分挖掘和发挥居民群众服务社区的才能。尝试建立离退休人员关爱服务网络，将离退休人员按片分成若干个关爱小组，以提高互相帮助、自我服务能力，努力为老人提供"老有所爱、老有所学、老有所为、老有所乐、老有所养、老有所医"的社区服务平台。

五、和谐社区建设标准

1. 组织健全

（1）社区党组织。社区党组织健全，应实行网格化设置，党组织延伸到楼栋。社区内具备条件的非公有制经济组织、社会组织、商务楼宇、专业市场和流动人口聚居地应建立党组织，未建立党组织的实现工作覆盖。

（2）社区居民委员会。社区居民委员会应健全，社区居民委员会下属委员会和居民小组健全，人员配置到位。

（3）社区社会组织。社区群团组织健全，拥有 5 个以上注册或备案的社区社会组织，按要求依法成立业主大会和业主委员会。

（4）社区工作者。社区工作者是指经过一定的选拔或公开招考程序，被各街道（镇）或社区的两委一站（党委党组织、居民委员会、社区服务站）选用的人员，并在以社会基层社区为基本的服务区域，为居住在小区内的各类人群提供各类公共服务（协同治理）与其他公益服务的专职工作人员。

2. 管理民主

（1）选举民主。社区党组织成员应实行公推直选，社区居民委员会应实行直接选举，无违法违章撤换、罢免社区居民委员会成员的现象，任期内社区党组织和居民委员会成员无违法犯罪现象。

（2）民主决策。居民会议制度健全，每半年应至少召开 1 次居民代表大会，社区应有居民自治章程或居民公约，社区议事协商机制健全，每年应至少进行 1 次居民民主评议，居民满意率不得低于 80%，事务公开，应建有社区事务公开栏，实行党务、居务、财务、服务公开制度，涉及居民利益的重大事项通过民主听证等形式广泛听取居民意见。

3. 制度规范

（1）职责规范。社区居民委员会应依法协助基层人民政府的工作事项，责权明晰，社区居民委员会应自觉接受社区党组织的领导，社区党组织支持和保障社区居民委员会依法行使职权，社区专业服务机构应在社区党组织统一领导下有序开展工作，社区党组织和居民委员会为社区社会组织提供组织运作、活动场地等帮助支持，业主委员会和物业服务企业主动接受社区居民委员会的指导和监督。

（2）管理规范。应建有社区工作者分片包块、上门走访、服务承诺、结对帮扶等制度,社区财务、档案、公章管理规范,应有社区应急处置、学习、教育、会议、培训等制度,社区应实行错时上下班、全日值班、节假日轮休、首问负责、一岗多责等工作制度。

（3）参与广泛。健全相应的制度,应建立在职党员到社区报到制度,报到率达标;应建有社区党建联席会议制度,形成区域化党建格局;应建有社区党组织、社区居民委员会、驻区单位共同参与的协商议事制度或工作联席会议制度,共建机制完善,社区与驻区单位签订共驻共建协议,每年应开展 1 次以上评议活动。

（4）渠道畅通。社区社会组织应有参与社区管理和服务的渠道和途径,流动人口应依照有关规定参与社区居民委员会选举和社区公共事务管理,社情民意表达渠道应畅通,并及时回应居民诉求。

4. 设施完备

（1）社区硬件设施齐全,管理规范,运转正常。建立有多功能、综合性的社区服务站,提供劳动保障、帮扶救助等服务项目,功能完善,服务高效。

（2）设有社区党员议事和活动场所,有必备的党员教育设施,党建工作经费保障到位。

（3）社区服务设施健全、网络完善,有各种形式的商业服务圈、生活服务圈、文体娱乐服务圈,社区居民多层次、多样化需求基本得到满足。

（4）社区卫生服务中心（站）管理规范、服务到位;社区居民健康档案建档率不低于居民总数的 60%;有社区健康教育宣传栏且每月更新,每月至少举办 1 次健康教育讲座。

（5）社区警务室配备完善,建立人防、物防、技防、消防四位一体的社区防控网络,安防系统安装率达到 90%,监控系统覆盖社区公共区域。

（6）按要求建有能满足社区老年人需求的日间照料、居家养老等服务设施。

（7）建有社区事务公开栏、宣传橱窗、体育健身点及室内外文化活动场所。

（8）依托计算机、电话、网络、呼叫器等设施,建立现代信息化网络阵地,开设社区网站、社区论坛等,居民可以通过社区综合信息平台参与管理、反映诉求、获得服务。

5. 主体多元

（1）行政组织。基层人民政府及其派出机构在社区应设有面向居民群众的"一站式"服务窗口或代理代办服务点,市政服务单位服务进社区,居民满意度达 80%,建立党员干部与困难群体帮扶结对制度,参加志愿服务的党员人数不少于总数的 50%。

（2）社区组织。社区居民委员会应根据居民需要组织公益服务项目,每年为居民办实事不少于 10 项。

服务社区的社会组织和社区社会组织类型齐全,开展多样化服务。

（3）驻社区单位。有条件的社区实行物业管理,物业服务企业群众满意率应达 80% 以上;建有驻区单位与社区双向服务制度,驻区单位应向社区居民开放服务设施。

6. 体系健全

（1）基本公共服务。社区公共服务体系健全,涉及社区居民利益的公共服务事项应实现全覆盖。社区便民利民网点应布局合理,形成方便快捷的生活服务圈。

（2）志愿服务。建立社区志愿者注册登记制度,社区志愿者注册率不低于社区常住人口总数的 10%。

（3）特殊人群服务。社区服务项目、服务活动应覆盖流动人口,积极开展面向农村进城务工人员的公益性文化活动,有为老年人、未成年人、残疾人、优抚对象、计划生育特别扶助对象等群体服务的特色项目,社区矫正、戒毒、刑释解教、邪教转化人员帮教机制应健全。

（4）专业服务。专业社会工作服务普遍开展,应设有1~2个专业社会工作服务组织。

7. 运转有效

（1）服务外包。政府委托社区组织办理(协助)的事项应"权随责走、费随事转"落实到位,政府购买服务项目向社区倾斜,社区组织每年承接1~2个政府购买服务项目。

（2）人员配置。社区服务人员配置合理,每300户配备1名专职社区工作者。应具备社区服务热线、公共信息查询服务、互联网服务、短信服务平台、网站等多种信息化服务手段,至少有一名熟练信息化技术工作者。

（3）经费保障。基层社区经费保障制度的建立是提高社区治理水平和服务质量的重要举措。通过设立专项基金、制定预算管理制度、强化财务监管、加强信息公开、提高社区自筹能力等措施,可以确保经费的来源稳定,提高使用效益,增强经费管理的透明度。

（4）品牌建设。应有1~2个深受居民喜爱的社区服务项目和品牌,社区居民对社区服务满意率应不低于80%。

8. 环境优美

（1）社区卫生。实行社区垃圾分类,无卫生死角、无污水漫溢、无暴露垃圾、无乱扔废弃物。社区内应无油烟污染、无噪声扰民、无强光污染。楼道应卫生整洁,无杂物堆放,内外照明设施齐全。

（2）社区设施。社区内道路应平整,无坑洼积水,社区建筑物应清洁美观,无乱贴乱写乱画现象,无乱设摊点,无违章搭建,室外活动设施和公共服务设施应及时维护,无损毁破旧现象。

（3）社区绿化。社区内应绿树成荫,无毁绿现象,居民自觉养成爱绿护绿习惯。

9. 秩序良好

（1）管理有序。建立社区实有人口、流动人口、居民房屋坐落、社区单位和企业档案信息数据库,社区内车辆应停放有序,宠物应文明豢养,社区应设立人民调解委员会,及时开展矛盾纠纷排查化解工作,做到应调尽调,防止矛盾激化。

（2）治安良好。应配有社区民警和专兼职巡防队伍,配备警用器械和通信设备,建有人防、物防、技防相结合的社区综合网络防控预警系统,社区生活安全和谐,社区两年内应无重大刑事案件,无群体性事件,无邪教组织活动,无黄赌毒现象。

（3）突发应急处理妥善。应建有自然灾害、事故灾难、公共卫生事件和社会安全事件应急管理机制,并配备应急器材,定期组织居民开展防灾知识宣传与演练、自救互救技能培训。

10. 关系和谐

应配齐楼院门栋长并有效发挥作用,经常性开展邻里互助活动,邻里之间矛盾纠纷化解及时,志愿服务活动常态化,定期开展"和谐楼院""和谐家庭""邻里节"等活动,社区居民家庭和睦幸福,人际关系和谐,社区内企业应遵守劳动保障法律规定,劳动关系和谐,无重大劳动关系群体性、突发性事件发生。

11．健康向上

积极开展培育和践行社会主义核心价值观活动，倡导社区居民语言美、行为美，居民间互相尊重、文明礼让，引导居民良好的卫生习惯和健康低碳的生活方式。群众性文体活动丰富多彩，群众参与广泛，居民对社区的归属感和认同感强。建设社区文艺骨干队伍和体育活动指导员队伍，指导开展文体活动。社区学习氛围浓厚，依托社区市民学校、老年大学、人口学校等教育基地，普及健康知识、法律知识、科普知识等，社区居民应无违法生育现象。

 任务实施

请对本节所讲的和谐社区建设的措施进行深入思考，你觉得还有其他好的举措吗？如果想到还有其他举措，请写在下方方框中。

任务评价

对教师、同学在课堂交流中的发言进行评价，将评价简要写在下表中并赋予分值。

序号	评价项目	教　师	同　学
1	发言内容的思政性(满分 20 分)		
2	发言内容的合理性(满分 20 分)		
3	发言内容的科学性(满分 20 分)		
4	发言内容的创新性(满分 20 分)		
5	发言内容的完整性(满分 10 分)		
6	发言方式的条理性(满分 10 分)		
合计	满分 100 分		

任务三　了解和谐社区管理

学习准备

　　某居民小区位于本市城乡接合部,小区内有住户 1840 户,常住居民 5300 多人,基本上都是由农民回城的人员、动迁人员和外地入住人员组成。小区人员有三大特点:一是无业和生活困难的居民多;二是 60 岁以上的老人多;三是外来人员多。小区接上级综合治理部门的通知,要求在小区各楼道内安装电子防盗门。然而有的居民认为,外来人员多的楼道安装防盗门的实际意义和效果不大;有的居民觉得经济困难,拿不出钱来安装;还有人顾虑防盗门质量不一定有保障等。

　　面对不少居民都拒绝安装电子防盗门的情况,请你思考如何将该项工作顺利推进,并将思考的结果简要写在下方方框中。

相关知识

一、和谐社区建设的必要性

1. 建设和谐社区是构建和谐社会的必然要求

　　社区是社会的细胞,建设和谐社区是构建和谐社会的基础。随着改革开放的深入和社会主义市场经济的发展,城市基层社会结构正在发生深刻的变化,社区的地位和作用越来越重要。全面加强和谐社区建设,是城市经济社会发展到一定阶段的必然要求,是构建和谐社会的重要组成部分。随着人民生活水平的不断提高,当前社会已进入追求更高水平、更加协调发展的新阶段,把握有利时机,全面建设和谐社区,使之适应构建和谐社会的新形势,对加快经济和社会协调发展有着极其重要的基础性作用。

2. 建设和谐社区是巩固和发展文明城区的客观需要

巩固和发展和谐城区需要促进人与人之间的和谐关系,要做好和谐社区建设。社区居民的文化素质和文明程度是文明城区的重要标志。建设和谐社区,丰富居民的精神文化生活,倡导科学、文明、健康、和谐的生活方式和团结互助、奋发向上的新风尚,提高社区居民的思想道德素质、科学文化素质和健康素质,促进人的全面发展,是不断推进社区文明、城区文明、社会文明的关键所在。

3. 建设和谐社区是服务群众、凝聚人心的重要途径

社区是社会的基本单元,是居民群众的社会生活共同体。社区与居民群众联系最直接、最密切,实现好、维护好、发展好人民群众的根本利益是社区工作的出发点和落脚点。坚持以人为本、服务群众、造福群众,使社区服务个性化、多样化和人性化,是不断满足人民群众日益增长的美好生活需要的重要途径。

4. 建设和谐社区是加强基层治理的根本保证

社区基层自治组织是社区建设的主体。加强以党组织为核心的社区组织建设,充分发挥社区党组织和社区自治组织、群众性团体、民间组织的作用,协调各方形成建设和谐社区的合力,有利于巩固城市基层政权,加强基层治理。

二、和谐社区管理的原则

1. 法制化原则

社区安定是社会稳定的基础,没有良好的社区治安,建设和谐社区就无从说起。和谐社区管理,首先要认真立法,有社区居民自治章程或居民公约,让社区居民的一言一行、一举一动都有法可依,社区成员自觉遵守,规范和维护社区秩序;其次在进行和谐社区管理过程中要严格执法,不能徇私枉法,对社区内所有居民都一视同仁,经常在社区里采用各种途径对社区居民进行法制教育,深入开展普法宣传和法制教育,大力倡导社区居民学法、执法、懂法、守法、用法,引导居民以合情合法的形式表达利益的要求,解决利益矛盾,自觉维护安定团结,有利于和谐社区的管理。

2. 社会化原则

和谐社区管理逐步减少政府行政行为,扩大社区社会行为,高度重视和充分发挥居民自治组织、社会团体、行业组织社会中介等群众组织的作用,形成社会管理合力,充分发挥社区整体优势,社区党组织要成为社区各种组织的各项工作领导核心,充分发挥服务群众,凝聚人心的作用,形成社区管理的合力,依靠群众自我管理,保证广大人民群众在基层社会事务管理中当好家,做好主才能充分调动社区居民的积极性,激发社区管理的社会化活力。

3. 教育和疏导原则

和谐社区的管理要注重团结社区内一切可以团结的力量,调动一切积极向上的因素,形成促进和谐社会人人有责、和谐社会人人共享的生动局面,对被管理对象进行正面教育,灌输"社区意识"和"主人意识",教育和引导广大社区居民群众牢固树立"社区(村)是我家、建设靠大家"的社区(村)建设理念,努力营造"人人关心社区(村)建设、人人参与社区(村)建设"的浓厚氛围。在社区管理中对群众要以理服人，积极疏导。例如，可以放弃直接进行劝说来让居民了解一些相关概念，可以选择在过节的时候举办相关的活动，这样既会显得热闹，也传递了相关的概念。

4. 现实与长远相结合的原则

和谐社区管理必须从现实出发，根据社区的实际情况制订相应的民主自治制度和社区工作制度，注重可操作性和实际效益。和谐社区管理还要有预见性，不能仅仅按照社区现有的情况制订相关的制度，要制订长远目标，满足社区不断发展的需求。

三、和谐社区管理的方式

国家和社区的关系决定了社区管理模式的选择。根据国家和社区的关系，通常把城市社区管理模式分为政府主导型、社区自治型和和谐社区混合管理三种。

1. 政府主导型管理模式

(1) 政府主导型管理模式的含义。

政府主导型模式是政府主导、居民响应参与、自上而下推行的社区治理模式。政府主导模式体现为政府行为和社区行为的紧密结合，政府对社区进行直接管理，并在社区设有许多派出机构。社区管理以政府为主导。国家住宅发展局是负责社区管理的专门机构，其职责是对住宅小区、邻里中心和社区中心及其公共服务设施的规划；对社区领袖和居民顾问委员会、社区中心管理委员会及居民委员会等社区组织负责人进行培训；为居民委员会提供办公场所和设施，建立社区和政府的交流渠道；发起社区的一些活动，培养价值观；对社区给予财政资助。

(2) 政府主导型管理模式的特点。

① 政府为主导。政府在社区管理中地位不可动摇，政府领导兼任全国社区管理机构的负责人，不同层次政府领导兼任同级别的社区管理机构的负责人，社区管理是政府工作的重要构成部分，建立自上而下完善的社区管理组织，对社区进行有效的管理。

② 完善的社区管理体系。在政府主导型和谐社区中有完善的社区管理体系，可成立居民顾问委员会、社区中心管理委员会和居民委员会。其中居民顾问委员会的地位最高，负责社区的公共福利，协调社区内其他组织间关系。居民委员会主要负责治安、环境卫生和组织活动等。

③ 居民主动参与意识差。在政府主导的模式下，居民习惯接受制度安排，习惯自上而下的管理模式，所以居民对社区管理的主动参与意识比较薄弱。

2. 社区自治型管理模式

(1) 社区自治型管理模式的含义。社区自治模式体现为政府行为和社区行为相对分离，政府对社区以间接管理为主。具体而言，政府通过制定各种法律法规来规范社区的行为，为社区的广泛民主参与提供制度支持。社区发展规划在社区居民广泛参与下制订，充分体现民主性，但是要通过政府的批准，才能发放政府拨款。社区的自主权力比较大，在符合法律规定的前提下，每个社区可以决定自己的特色。

(2) 社区自治型管理模式的特点。

① 依法管理。在社区自治型管理模式的和谐社区中，政府通过制定各种法律法规和制

度来规范社区的行为,为社区管理提供完善的制度支持。在地方政府层面,当地政府应该结合该区域特点,制定相应的法律法规。

② 社区规划强调和谐性。社区应该和所在区域和谐发展,和地方文化和谐发展,和自然和谐发展,从而构建和谐社会。在社区规划中要特别强调人与环境的协调,强调以人为本,从细节处为人着想,人与自然、社会的和谐发展是社区规划的重要原则,社区规划中把人作为第一位。

③ 自下而上的民主参与式管理。社区管理由居民选举产生的社团组织来行使。社团组织权力来源决定社区居民在社区管理中的话语权,从而最大限度地保证社区居民利益。为了弥补社区经费不足,政府往往通过名目繁多的资助计划资助社区各种活动。社团组织通常由董事会、执行总裁、正式员工和志愿者构成。董事会由投资人、社区居民代表、政治领袖和社会工作者构成,其职责是制订社区规划和发展目标,任免工作人员。执行总裁由董事会任免,其职责是执行董事会制订的规划,管理组织资源,开发服务项目,争取社会募捐,考核和评估员工。正式员工是有工资的,其职责是协助总裁开展日常工作,进行人员培训。志愿者没有工资,但是其工作范围非常广泛。

3. 和谐社区混合管理模式

(1)和谐社区混合管理模式的含义。和谐社区混合管理模式是指政府对社区干预和社区自治相互融合,政府的职责是规划、指导并提供经费支持。政府部门人员与地方及其他社团代表共同组成社区管理组织机构,或是由政府有关部门对社区工作和社区建设加以规划、指导,并拨给相应经费,但政府对社区的干预相对比较宽松和间接,社区组织与管理以自治为主。

政府在此管理模式中处于主导地位,地方政府对应设立社区建设委员会和自治活动等机构,在基层社区中设有具有地方特色的自治组织,如居民委员会或村民委员会。他们的职责是负责社区内垃圾清扫、收集和运输、青少年教育、环境卫生管理、社区治安管理、基础设施设备的维修与养护、公共场地的管理、医保与社保的办理、社会救济物资的发放,以及对刑满人员的跟踪管理和工作安置等。

(2)和谐社区混合管理模式的特点。

① 政府指导、支持和监督。政府通过相应的政府组织指导社区工作,并对社区提供资金支持,但是政府资金的使用规范非常严格,有一套完善的资金使用流程,从而保证资金使用到最需要的地方。

② 民主化自治趋势。政府并不过多直接管理社区事务,而是由社区中的自治组织进行社区管理,居民参与意识和自治意识比较强。随着城市住宅物业的发展,民主自治的方式越来越多地以单个物业项目的形式开展。对已建立业主委员会的住宅物业,业主委员会是民主自治的有效组织形式。居民可以通过多种形式参与社区管理,充分表达自己的意愿。

③ 以人为本。和谐社区混合管理模式充分体现了以人为本的思想,与其说是管理,更确切地说是服务。围绕着"服务"这个核心,组织者充分调动服务人员的积极性,为社区居民服务,尤其对社区的弱势群体,如老人、小孩、残疾人等给予特别照顾。

任务实施

撰写某社区打造和谐社区的任务书。

项目详情：某社区坚持以党建带动共建，以党员带动群众的理念，通过整合、提升、改造现有资源，建设一站式便民生活广场和"一站（新时代文明实践站）三中心（党群服务中心、老年活动中心、少儿抚育中心）"现代化邻里服务阵地，实现"办公场所便民化、社会服务最大化、运营模式常态化、邻里工作一站化"的服务格局。

要求：

（1）和谐社区建设任务。

（2）和谐社区建设内容。

请把要点写在下方方框中。

 任务评价

对教师、同学在课堂交流中的发言进行评价，将评价简要写在下表中并赋予分值。

序号	评价项目	教　师	同　学
1	发言内容的思政性（满分 20 分）		
2	发言内容的合理性（满分 20 分）		
3	发言内容的科学性（满分 20 分）		
4	发言内容的创新性（满分 20 分）		
5	发言内容的完整性（满分 10 分）		
6	发言方式的条理性（满分 10 分）		
合计	满分 100 分		

 **案中学**

1. 基本情况

合肥高新区某小区业主朱某与物业公司签订前期物业服务协议的同时,又签订了前期物业特约服务协议书。该特约服务协议约定,由物业公司向业主另外提供小区秩序管理、清洁卫生、设备设施完善、社区文化生活等公共区域升级物业服务。交房后,朱某认为前期物业特约服务协议书是物业公司以提供特约服务的方式变相提高物业服务收费标准,故诉至法院,要求解除该合同。

2. 处理结果

法院认定前期物业特约服务协议书主要内容涉及对公共区域物业服务的升级化管理,旨在维护全体业主的共同利益,而非针对特定业主提供的物业服务之外的个性化服务。因涉及全体业主共同利益,对业主具有普遍约束力,业主需依照法定程序共同决定解聘物业服务人进而解除特约服务合同,单个业主不具有单方解除权。此后法院就物业服务中的特约服务合同、增值服务合同签约中产生的问题向相关监管部门发出司法建议书,建议加强对物业服务企业的监管,综合考虑服务成本、市场行情、区域差异适时调整合肥市物业费指导价格。

3. 问题思考

从和谐社区建设的角度考虑,如何避免此类纠纷或诉讼的发生。纠纷或诉讼发生之后,物业服务企业该如何改善与此业主的关系。

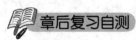 **章后复习自测**

一、选择题

1. (　　)是社区正常运行的重要基础,是建设和谐社区的重要保障。
   A. 社区管理　　　　　　　　　　　　B. 物业公司
   C. 学校管理　　　　　　　　　　　　D. 业主委员会

2. 在创建和谐社区的活动中,通过(　　)自身的模范带头作用,与人民群众建立互信、互助、互爱的良好关系,形成团结社区居民共同参与创建和谐社区的新格局。
   A. 优秀群众　　　　　　　　　　　　B. 社区人员
   C. 党员、干部　　　　　　　　　　　D. 物业公司工作人员

3. 政府主导型模式是(　　)主导、居民响应参与、自上而下推行的社区治理模式。
   A. 社区　　　　B. 政府　　　　C. 物业公司　　　　D. 业主

4. 和谐社区混合管理模式充分体现了(　　)的思想,与其说是管理,不如更确切说是服务,尤其对社区的弱势群体(老人、小孩和残疾人)特别照顾。
   A. 以人为本　　　B. 统筹兼顾　　　C. 发展　　　D. 改革

5. 下列不属于社区文化的特点的是(　　)。
   A. 专业性　　　B. 地域性　　　C. 群众性　　　D. 多样性

6. 扩大社区民主,实行居民自治,是社区建设的根本。这是(　　)社区发展的新形式。
   A. 服务型社区　　　　　　　　　　　B. 自治型社区

C. 学习型社区　　　　　　　　　　　D. 数字型社区

7. 国家卫生城市验收标准规定,建成的绿化覆盖率至少要达到(　　)。

A. 25%　　　　　　　　　　　　　　B. 30%

C. 35%　　　　　　　　　　　　　　D. 40%

8. 按照区域特征,我们通常可以把社区划分为(　　)。

A. 农村社区、城镇社区和城市社区

B. 平原社区、山区社区和牧区社区

C. 流动型社区、半固定型社区和永久型社区

D. 传统社区、发展中社区和现代社区

9. 对社区建设的总体部署是(　　)。

A. 社区文化　　　　B. 社区规划　　　　C. 社区精神　　　　D. 社区服务

10. 在职业活动中,社区工作者不仅不允许自己做有损于本职业的事情,也不容忍他人做有损于自身职业的行为,这体现了社区工作者的(　　)。

A. 择业精神　　　　B. 廉业精神　　　　C. 敬业精神　　　　D. 勤业精神

11. 社区建设重点解决好(　　)的关系和衔接问题。

A. 政府依法行政与社区民上自治　　　B. 驻街企业与居民群众

C. 物业公司与业户　　　　　　　　　D. 居民自我服务与自我监督

12. 社区建设的宗旨是(　　)。

A. 为人民服务　　　　　　　　　　　B. 自我服务

C. 为油田建设服务　　　　　　　　　D. 自我教育

13. 目前,城市社区的范围是(　　)。

A. 街道

B. 居民委员会

C. 一般是指经社区体制改革后作了规模调整的居民委员会辖区

D. 一个物业项目的管理区域

14. 社区居民委员会的性质是(　　)。

A. 地方性自治组织

B. 社区居民的管理、服务和教育组织

C. 社区居民的群众性非正式的自治组织

D. 党领导下的社区居民实行自我管理、自我教育、自我服务、自我监督的基层群众性自治组织

15. 社区建设的核心是(　　)。

A. 社区居民委员会的自我服务　　　　B. 社区居民委员会的自治管理

C. 社区居民委员会的自我教育　　　　D. 社区居民委员会的自我监督

二、判断题

1. 社区是社会的基本单元,是居民群众的社会生活共同体。　　　　　　　　(　　)

2. 要以提高居民居住环境质量为宗旨,把服务环境建设作为社区建设的根本。(　　)

3. 社区社会组织建设要求社区群团组织健全,拥有 2 个以上注册或备案的社区社会组织,按要求依法成立业主大会和业主委员会。　　　　　　　　　　　　　(　　)

4. 和谐社区的管理要注重团结社区内一切可以团结的力量,调动一切积极向上的因素。　　　　　　　　　　　　　　　　　　　　　　　　　　（　　）

5. 和谐社区是社会稳定的基础。　　　　　　　　　　　　　　　　（　　）

6. 转变观念,调整思路是社区自治的前提。　　　　　　　　　　　（　　）

7. 资源共享,共驻共建是社区自治的关键。　　　　　　　　　　　（　　）

8. 社区建设是前提,社区自治是主题,社区服务是目的。　　　　　（　　）

9. 推进社区建设是党中央、国务院做出的重大决策。　　　　　　　（　　）

10. 要构建一个充满生机和活力、健康运行和秩序良好的社会管理体制,创建"和谐社区"是一条有效途径。　　　　　　　　　　　　　　　　　　　　　　　（　　）

11. 政府购买公共服务等同于公共福利、财政拨款或对非营利组织的资助。　（　　）

12. 社区建设和管理是宏观的社会建设。宏观的社区建设是微观的和谐社会构建的出发点。　　　　　　　　　　　　　　　　　　　　　　　　　　　　　（　　）

13. 公众理所当然是社会管理的最重要的主体,特别是在社会管理体制尚未健全的情况下,公众要发挥社会管理的主导作用。　　　　　　　　　　　　　　　　（　　）

14. 以社区自治组织、非营利社会组织和广大公民为主体的社会自治组织和自我管理,是现代社会管理体制的两大组成部分之一。　　　　　　　　　　　　　　（　　）

15. 社区服务,是一个社区为满足其成员物质生活与精神生活需要而进行的社会性福利服务活动。　　　　　　　　　　　　　　　　　　　　　　　　　　　（　　）

三、简答题

1. 和谐社区建设的任务有哪些?

2. 和谐社区的有哪些特点?

四、论述题

如何建设好和谐社区?

五、案例分析题

姚某诉某物业公司协助安装充电桩纠纷

（1）基本情况

姚某系合肥某小区业主,购买了该小区地下产权车位。2020 年 11 月,姚某购买一辆小型电动车,在与电力部门沟通安装充电桩事宜时,电力部门告知其安装充电桩需提供物业公司允许充电桩施工的证明材料。姚某为此多次与物业公司沟通,因遭物业公司拒绝,诉至法院。

（2）处理结果

法院审理后认为,姚某对其购买的车位享有专有使用权,该权利包括在其停车位上停放新能源汽车并安装便于使用设施。姚某在符合施工和使用安全要求的条件下,要求物业公司协助其安装充电桩并提供允许施工的证明材料,物业公司应予以配合。故判决物业公司于判决生效之日起 7 日内为姚某出具允许在该小区车位安装充电桩施工的证明材料,并协助姚某安装充电桩。

（3）问题思考

以上述案例为契机,谈谈从物业服务企业的角度来说,怎样建设好和谐社区。

物业公司诉群体性业主收取物业费纠纷

（1）基本情况

瑶海区某小区物业公司与业主之间矛盾持续多年，2018年年底，该小区部分业主列举了包括消防、安保、楼宇可视对讲、电梯等问题，以此拒缴或者迟缴物业费。物业公司以欠缴物业费为由将该小区上百户业主起诉至法院。

（2）处理结果

法院在诉前调解阶段，一方面以电话、短信、邮寄、上门等方式约谈业主，与业主沟通，告知业主不履行缴纳物业费用的后果，引导合理表达诉求；另一方面对业主反映的问题进行实地走访，与物业公司负责人面对面座谈交流，指出物业存在的服务漏洞和缺陷，提醒他们从自身剖析问题，重视业主诉请，完善物业服务机制。法院将有明确诉求和有调解意愿的业主与物业公司负责人一并邀请至法院调解室先行调解。最终该批案件调撤率达到了67.7%，调解率57.9%，近半数案件以调解或撤诉方式结案。

（3）问题思考

物业收费是物业服务企业工作的重点之一，也是难点，是引发物业服务企业与业主之间矛盾的主要诱因。请从物业收费的角度考虑如何保证收费的同时又能做好和谐社区建设。

参 考 文 献

［1］戴璐.物业环境管理［M］.武汉：华中科技大学出版社,2004.

［2］代岚.物业环境管理［M］.北京：机械工业出版社,2006.

［3］周成学.物业安全管理［M］.北京：中国电力出版社,2009.

［4］张天琪,黄金华.物业环境管理［M］.北京：中国物资出版社,2011.

［5］娄成武,孙萍.社区管理学［M］.3 版.北京：高等教育出版社,2012.

［6］宁艳杰.物业环境管理［M］.北京：中国林业出版社,2013.

［7］康亮.物业绿化管理［M］.上海：华东师范大学出版社,2015.

［8］张雪玉.物业环境管理［M］.北京：北京理工大学出版社,2022.